解説と鑑賞

書で味わう万葉百歌

針原孝之
福島一浩

はしがき

数年前に、書道研究誌『書教』に万葉秀歌を解説するよう依頼を受けました。依頼の主は、二松学舎大学教授で書家の福島一浩氏です。それを機に、万葉集の秀歌を集めて福島氏がそれを作品化し、針原が解説を施して一冊の本にまとめてみたいという思いが二人をかりたてました。それが本書の企画の発端です。

万葉集は、日本人の詩情、国民性を表した産物です。その中には、皇族・貴族・官人等の歌、東歌、作者未詳歌、旅の歌、従駕歌など様々な歌があります。それら数多くの歌の中から、まず針原が百首を選びました。選び出した百首は、ぜひとも心にとどめておいてもらいたい秀歌ばかりです。これまでにも万葉秀歌の本は、たくさん出版されています。斎藤茂吉、久松潜一、岡野弘彦、中西進氏らが共通して選んでいる歌も多くありますが、解説を書くにあたってはそれらの学術的遺産も継承できるよう心がけました。

選び出した百首は、巻一から順に並べ、それに書き下し文・原文・意味（口語訳）・解説を付しています。解説はすべて簡潔に要領よくまとめたつもりです。右頁の仮名書の作品はもちろん福島氏渾身の書き下ろし作品です。福島氏本人による「創作のポイント」と合わせて鑑賞していただければと思います。最初から順に読むのも良し、あるいは途中から読み進めるのも良い。また、仮名作品の鑑賞に重きを置き、解説を後から読むのも良いでしょう。どんな読み方をしてもきっと読者の心の糧になることでしょう。

最後に、本書の解説を書くにあたって、清水道子氏と桐生貴明氏の多大な協力があったことをここに記します。また、出版に際し、いろいろお世話くださった小径社の稲葉義之氏に謝意を表します。

二〇一八年一月

針原孝之

凡　例

一、本書の書き下し文は、「新編日本古典文学全集」（万葉集一〜四）を用いた。
一、書き下し文、原文の歌番号は「国歌大観」による。
一、見出しの和歌書き下し文には旧仮名づかいで、解説中の人名・難解語には現代仮名づかいでルビを付けた。
一、出典は次の略記を使用した。

「新編日本文学全集」→新編全集
「日本文学全集」→全集
「万葉集全注」→全注
「新古典文学大系」→新体系
「新潮古典集成」→集成
「萬葉集注釈」→注釈

もくじ

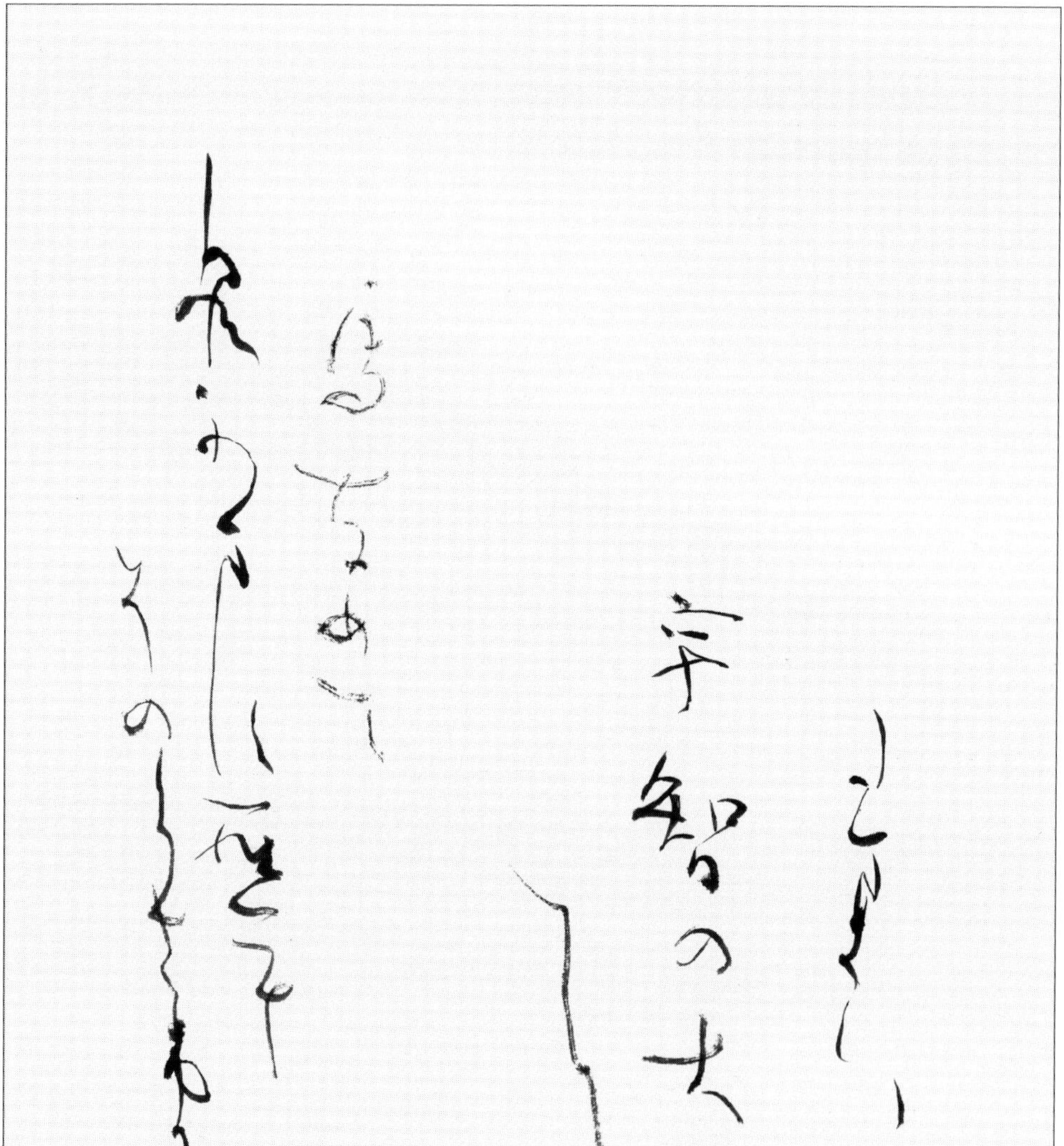

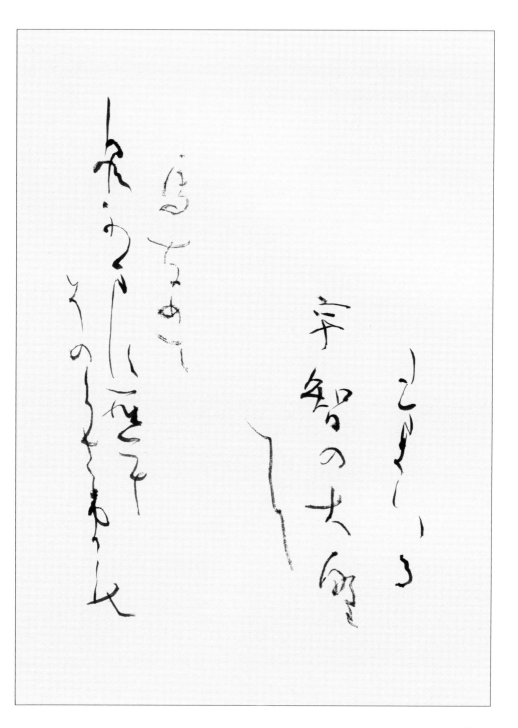

一　たまきはる　宇智《うち》の大野《おほの》に　馬並《うまな》めて　朝踏《あさふ》ますらむ　その草深野《くさふかの》

（巻一・四）

原文　玉剋春　内乃大野尓　馬数而　朝布麻須等六　其草深野

意味　（「たまきはる」は枕詞）宇智の大野に馬を並べて、朝の野をお踏みになっているであろう。あの草深い野原を。

解説　題詞に「天皇、宇智の野に遊猟する時に、中皇命《なかつすめらみこと》、間人連老《はしひとのむらじおゆ》に献《たてまつ》らしむる歌」とあり、長歌・反歌がある。本歌はその中の反歌である。題詞にある中皇命は天皇のお側で祭祀を主宰する女性をいうのであるが、誰をさすかについては、間人皇《はしひとのひめ》女《みこ》とする説が有力である。また、斉明天皇とする説もある。

歌の作者は、中皇命か間人連老かについては不明であるが、間人連老が代作したとする説もある。長歌は「やすみしし　我が大君の　朝には　取り撫でたまひ　夕にはい寄り立たしし……」と歌い始め、弓の音や狩場の状況を述べて朝狩・夕狩の獲物が多いことを願う儀礼歌の強い歌である。本歌は一転して狩の様子を思いやり格調高い歌であるが、狩場のことを予祝したものである。第五句「その草深野」に焦点をあて体言で終わるのは効果的である。

斎藤茂吉（『万葉秀歌』）は「長歌といひこの反歌といひ、万葉集中最高峰の一つとして敬ふべく尊むべきものだとおもふ」と讃美している。

創作のポイント

多万支八る　宇智の大野
耳　馬奈めて　朝ふ万須羅
牟　そのくさ布可能

右下集団では大らかさ、膨張感を主に、左集団では縦への降下、また行の収束を示しています。

右下集団における表現の要は「宇智の大野」による放ち書きで、文字の大小・太細を変化させながら、一体感のある柱の行としています。左集団は連綿美を中心とした表現へ展開し、「朝ふ万須」から「羅牟」へ、縦から横へ運動の主体は移り、「曽のくさ布可能」の伸びの中に、「布可」の密度が生きていることは見逃せません。

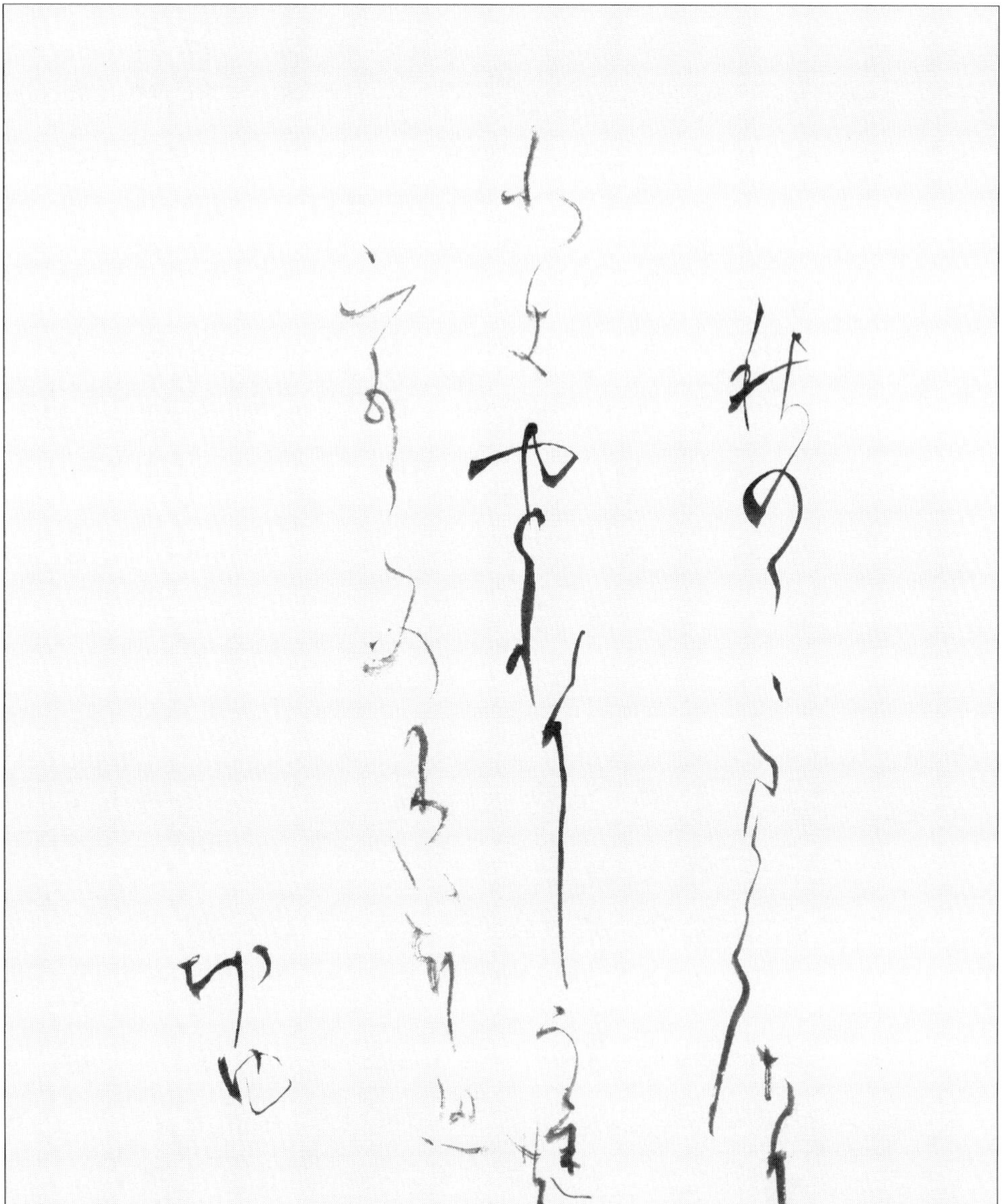

2　秋《あき》の野《の》の　み草《くさ》刈《か》り葺《ふ》き　宿《やど》れりし　宇治《うぢ》のみやこの　仮廬《かりいほ》し思《おも》ほゆ　（巻一・七）

原文　金野乃　美草苅葺　屋杼礼里之　兎道乃宮子能　借五百磯所念

意味　秋の野の草を刈って屋根をふいて旅の宿りをした、宇治の都の仮の庵のことが思い出される。

解説　題詞に「額田王《ぬかたのおおきみ》の歌 未詳」とあり、歌の作者は額田王とするか、小注にある「未詳」とするか疑問である。また左注に「右山上憶良《やまのうえのおくら》大夫の類聚歌林《るいじゅうかりん》に検《ただ》すに曰く、一書に戊申《ぼしん》の年、比良宮《ひらのみや》に幸せるときの大御歌《おおみうた》といふ」とある。「戊申の年」は大化四年とすれば孝徳天皇の御製となる。「大御歌」は大化年代の孝徳天皇の作か、その姉皇極上皇の作か不明。さらに左注に「紀に曰く、五年の春正月己卯《きぼう》の朔の辛巳《しんし》に天皇紀の温湯より至ります」の記事があり「五年の春正月」以下は斉明紀五年の記事とほとんど同じである。よって天皇は斉明天皇とする。こうしてみてくると作者については、額田王、未詳、孝徳天皇、皇極天皇（斉明天皇）など考えられるが詳細は不明である。歌の意味から考えても作者はどちらともとれる。現在は額田王作とする考えが有力である。

結句の「思ほゆ」で結んだ回想の歌は古い表現であるが、本歌はその一例である。

斎藤茂吉（『万葉秀歌』）は「この歌は独詠的の追懐であるか、或は対者にむかってかういふことを云ったものかは不明だが、単純な独詠ではないやうである。……単純素朴のうちに浮んで来る写象は鮮明で、且つ声調は清潔である」と評している。

創作のポイント

秋の、、見く佐可利ふ支
やとれりし う遅農宮この
可利い本し思本ゆ

第一行は「重・軽・重」として、左回り的な背骨をもって下部「佐可利」を特に下に沈ませています。

第二行は左下、右下への振幅があり、「やどれりし」を中核に、「宮この」の行を添えています。

第三行上部は伸びやかに、下部で縮まり、再度最下部では伸びやかになります。

第四行「本ゆ」の二文字における表情を豊かにして、前三行との対応に留意しています。行から行への波動を考慮しました。

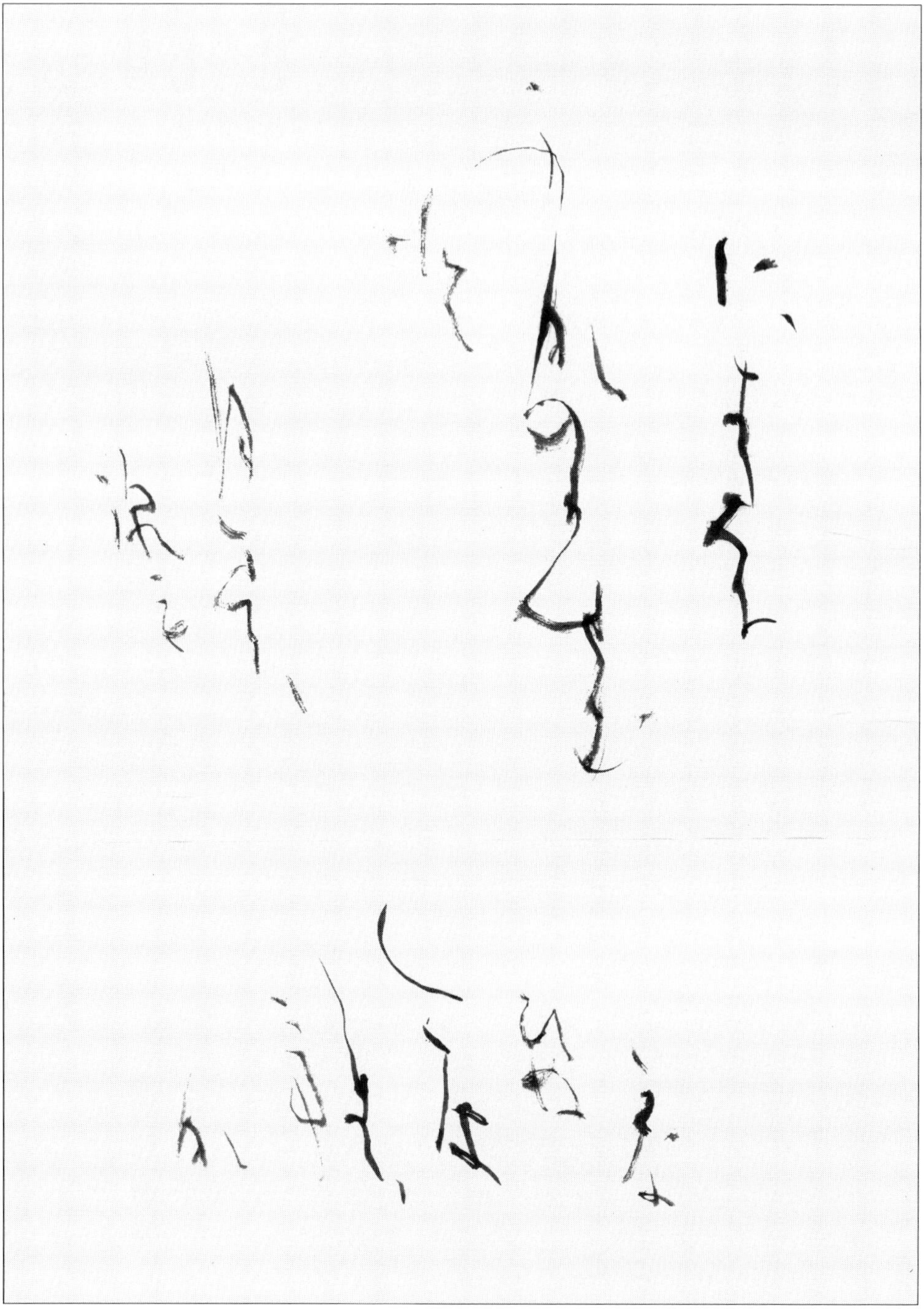

3　熟田津《にきたつ》に　船乗《ふなの》りせむと　月待《つきま》てば　潮《しほ》もかなひぬ　今《いま》は漕《こ》ぎ出《い》でな　（巻一・八）

原文　熟田津尓　船乗世武登　月待者　潮毛可奈比沼　今者許芸乞菜

意味　熟田津で船出をしようとして月の出を待っていると、潮も都合よく満ちてきた、さあ今こそ漕ぎ出そうよ。

解説　題詞に「額田王《ぬかたのおおきみ》」と作者が記されているが、左注の「類聚歌林《るいじゅうかりん》」を重視すると斉明天皇となる。作者については、額田王か斉明天皇か、従来二者択一の考えで判断されてきた。最近は題詞も左注も生かす考えで、題詞は実作者、左注は形式上の作者とする見方が通説である。

　また、歌の内容については諸説ある。土屋文明は海辺での夜の遊覧とする解釈で、宮人たちの浜辺での船遊びであり男女宮人たちの遊宴とした。折口信夫は、実際の船出でなく、前もって行われる宮廷の聖なる行事の一つである、すなわち船御遊だと言っている。谷馨は実際の船出と考える。それは斉明天皇七年（六六一）正月新羅と戦う百済を援護するために北九州へむけて出航し、途中伊予の熟田津に停泊した時の歌であるという。額田王は高齢の斉明天皇の代理として熟田津を出発する。天皇の代行者として士気も高まり、表現も格調高い雄渾なものとなっている。額田王は巫女として神事に関わる人であったから、重大事を前にしていろいろな儀式も行われたであろう。斉明天皇に代わる統率者として天皇の意を伝達するものであった。だから額田王の歌う表現に多様性をおびていると考えられるのである。

創作のポイント

に支多つ尓　ふ那の利せむ
登　月万て八　潮毛可なひ
ぬ　今はこ支い亭那

　古筆「中務集」の持ち味を意識して書きました。

　右上の集団では大中小の文字を織り交ぜた「の利せむ」のハーフトーンの肉厚な線。「月万て八…」の小さな二行は欠かせぬ集団で、両者を結ぶ「登」がこの紙面全体に生きてゆきます。脚部の横長な集団は「今は」を中心に上の二つの集団との対応をはかります。

　上方への伸び上がりと下方への沈みを展開させながら、行は進んでゆきます。

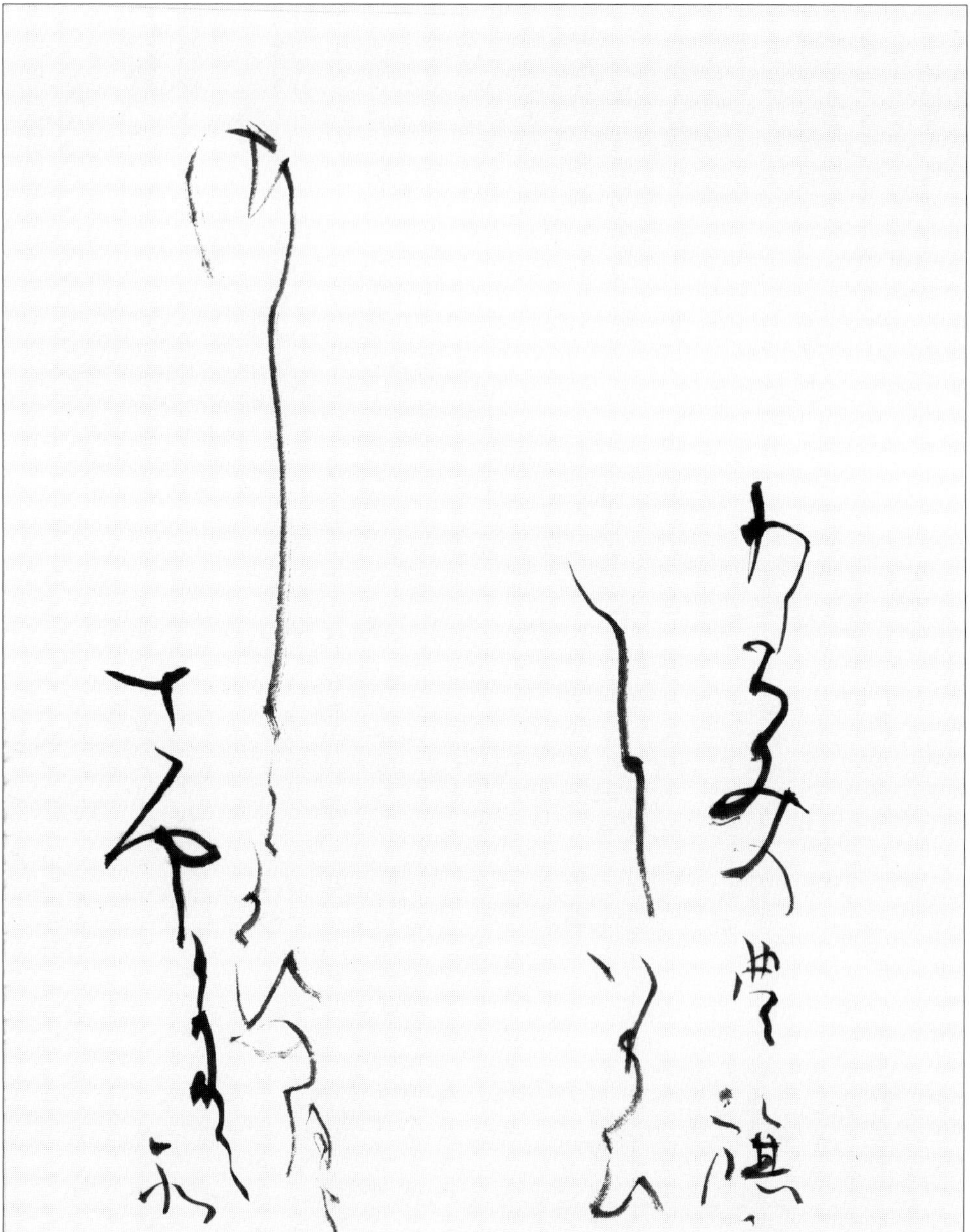

4　わたつみの　豊旗雲《とよはたくも》に　入日《いりひ》見《み》し　今夜《こよひ》の月夜《つくよ》　さやけかりこそ

（巻一・一五）

原文　渡津海乃　豊旗雲尓　伊理比弥之　今夜乃月夜　清明己曽

意味　海上はるかに浮かぶ旗のような雲に入日がさしているが、今夜の月はさやかに照ってほしいものだ。

解説　作者は中大兄（天智天皇）。題詞に「中大兄《なかのおおえ》の三山の歌」とあり長歌と反歌二首からなる。本歌はその第二反歌で、大和三山（香具山・畝傍山・耳梨山）の妻争いの歌であるが、第二反歌は趣が違っている。そのことは左注に「右の一首の歌は、今案《かんが》ふるに反歌に似ず」と記している。斉明七年（六六一）西征の折、航海の無事への祈願を播磨国《はりまのくに》印南野《いなみの》あたりの海上で詠んだ歌であろうとする見解がある。そこは『播磨国風土記』に、三山の争いを仲裁に出雲から来た阿菩大神が争いがやんだと聞いて留まった、と伝える地である。伝説を思い眼前の光景を詠んだという。単なる叙景歌ではなく、言霊の歌で清明を先取って航路の安全のために月夜のさわやかさを予祝した歌である。

「わたつみ」は海神を指すが、ここでは海をいう。第三句は「入日さし」と訓むか「入日見《み》し」と訓むか意見が分かれる。「清明己曽」については「清」はスミ・キヨ・サヤなどと訓み、「明」はアカ・アキラ・サヤケなどと訓むが「サヤケカリコソ」（全集・新編全集・新大系）と訓むのが通説である。「こそ」は係助詞か願望助詞か分かれるが、願望助詞として「〜してほしい」と訳すのが良い。

創作のポイント

わ多つみの　豊旗雲耳　い
利ひ佐し　こよひの月与
さや介可利こ所

伝西行の「中務集」をベースとして、中央に広い空間を持たせました。

突出して背の高い第三行が紙面全体を見守ります。第一・二・四行の各行頭と行尾の高さに配慮しています。墨継ぎ「さや」では、書き出し「わ多」よりも太め、強めな線で脚部で密度感を高めています。

放ち書きの「豊旗雲」と、密度感の「こよひの」の対比のように、行と行や文字集団と文字集団をどのように呼応させるかを配慮して書きました。

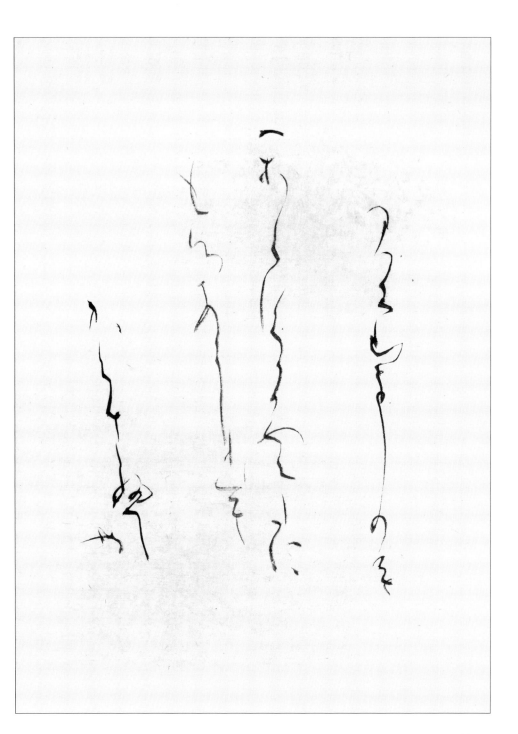

5　三輪山《みわのやま》を　然《しか》も隠《かく》すか　雲《くも》だにも　心《こころ》あらなも　隠《かく》さふべしや

（巻一・一八）

原文　三輪山乎　然毛隠賀　雲谷裳　情有南畝　可苦佐布倍思哉

意味　三輪山をそんなに隠すのか、雲だけでもせめて思いやりがあってほしい、隠したりしてよいものか。

解説　題詞に「額田王《ぬかたのおおきみ》、近江国に下る時に作る歌、井戸王《いのえのおおきみ》の即ち和《こた》ふる歌」と長歌・反歌があり、その中の反歌である。

作者について題詞の「額田王、近江国に下る時に作る歌」を重視すると額田王であり、同じ題詞の後半「井戸王の即ち和ふる歌」を尊重すると額田王の歌は他にあって一七番、一八番の作者は井戸王となる。また左注が憶良の「類聚歌林《るいじゅうかりん》」を引いて作者の異伝があることを述べ、天智天皇の御歌とする考えもある。

現在入手できる諸書を調べてみると、一七番一八番は額田王、一九番は井戸王作（集成、新編全集、新大系、全注など）と異論がない。

古代の大和人たちは、香具山、畝傍山、耳梨山の三山は神の山と理解し、同時に三輪山も国霊の代表として考えていたのだろう。大和を去って近江の国に都が移る時、国境の奈良山辺りの儀礼の場で歌われたと推定できる。長歌の結句「心なく隠さふべしや」を短歌の結句にも同じく使用して、三輪山に対し愛惜の情を表現しているのは効果的である。この場合儀礼歌のみを強調すべきではないだろう。

創作のポイント

見王山を　し可毛閑く須
可　雲多にも　心あら那牟
かくさ婦へしや

左右への振幅の大小に寄り添って進めました。「王山を」を緊密にして静寂に。十分な間をとった第二行はダイナミックに動かし、「雲」で振幅は最大に。寄り添うような第三行では中央部で下への流れを強め、第二行と対応します。

「かくさ…」の行は直線的で余分な動きを加えることなく静寂なフィナーレを迎えています。「雲」の躍動感が、作品の静謐な空間をより強調しています。

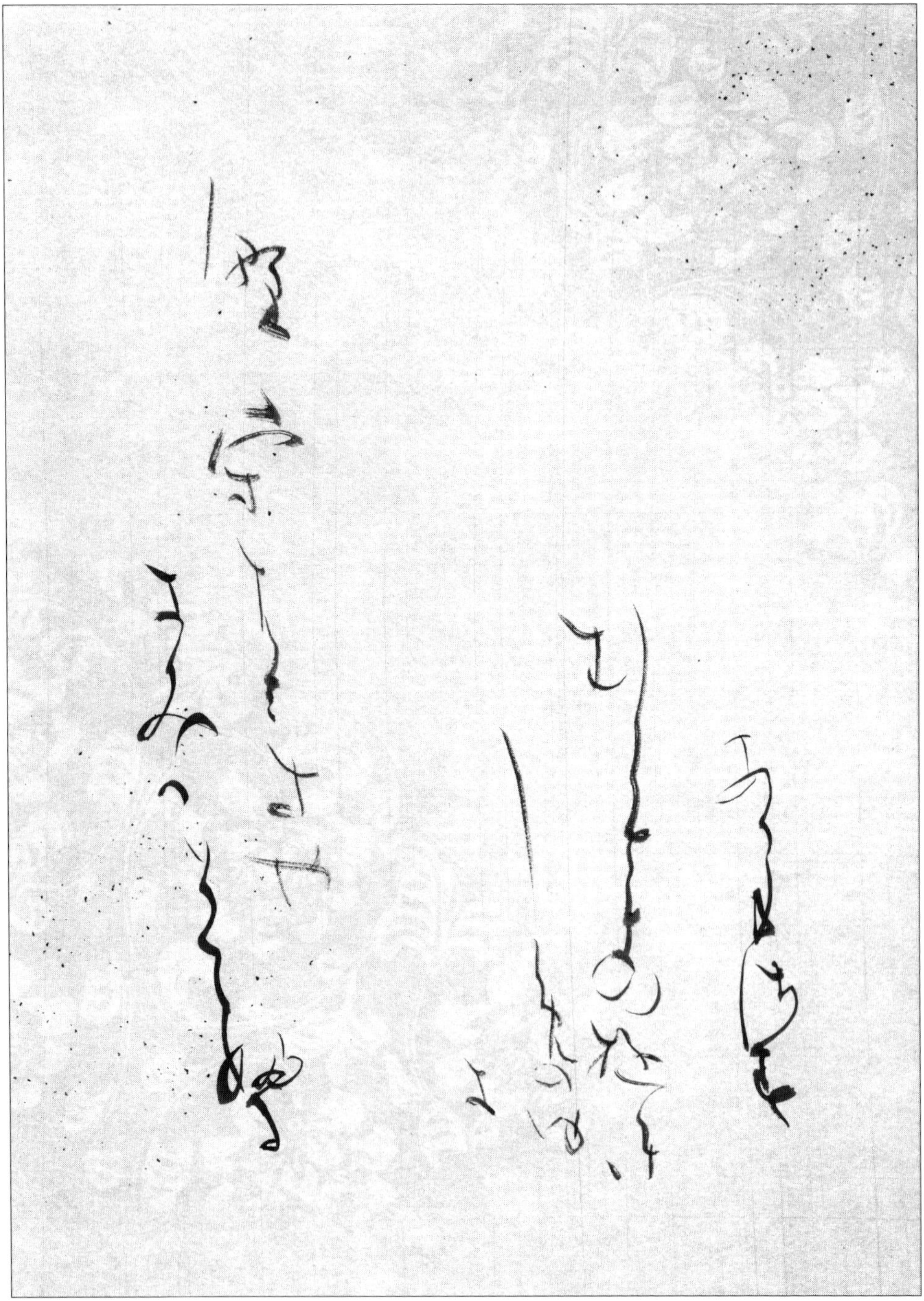

6　あかねさす　紫草野《むらさきの》行《ゆ》き　標野《しめの》行《ゆ》き　野守《のもり》は見《み》ずや　君《きみ》が袖振《そでふ》る

（巻一・二〇）

原文　茜草指　武良前野逝　標野行　野守者不見哉　君之袖布流

意味　（「あかねさす」は枕詞）紫草の植えてある標野へ行って、野守が見るではありませんか、あなたが袖をお振りになるのを。

解説　題詞に「天皇、蒲生野に遊猟する時に、額田王《ぬかたのおおきみ》の作る歌」とある。従来、この歌は額田王が実景描写を詠んだと理解されてきた。左注には、毎年五月五日に行われる宮廷行事で、この時は蒲生野に太皇弟、諸王、内の臣及び群臣など大勢の官人たちが参加して行われたという。その中で太皇弟（大海人皇子《おおあまのみこ》）が額田王に愛情を示す袖を振ったので、そんなに袖を振らないでほしいと愛の表現をたしなめたというのだ。

そこでこの歌に使用されている語「紫草」、次の二一番で使用されている「紫草」の用語が両歌に用いられているから、「紫の恋」歌と理解した説もある。最近では昼の薬草採みが終って、夜の宴会時に額田王がたわむれにこの二首を詠んだという説が有力である。額田王と大海人皇子との恋歌のやりとりをみると、額田王の年齢が気になる。資料がないので推測の域を出ないが、天智七年の額田王の年齢は三七歳から四〇歳ぐらいになる。

斎藤茂吉（『万葉秀歌』）は「この一首は平板に直線的でなく、立体的波動的であるがために、重厚な奥深い響を持つやうになった」と述べている。

創作のポイント

あ可年佐春　むらさ支の
遊き　し免のゆ支　野守者
三寸や　支み可曽て婦る

右の集団では、右回り的連綿部「むらさ支」が主役です。各行末は、第二行め「き」に集約してゆく働きを示します。

左の集団「野守…」では字間の広狭に配慮し「支み…」の行では左右への揺らぎから「て婦る」への展開により対応させます。

左集団では、「者三寸や」の漸増、「支み…」の左への指向も見逃せません。

右回り的な背骨と左回り的背骨を持った各行が絡み合って進行してゆきます。

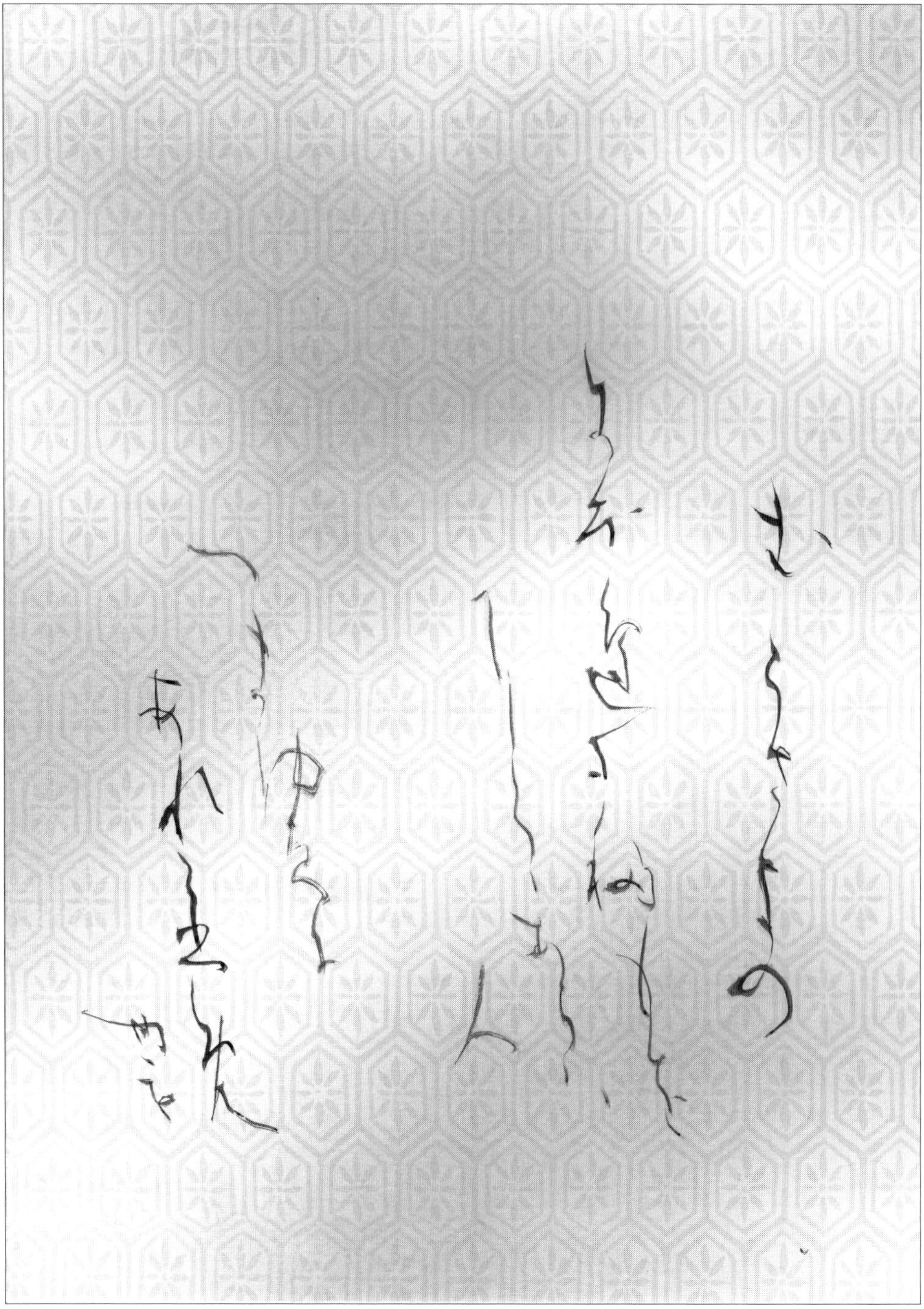

7　紫草《むらさき》の　にほへる妹《いも》を　憎《にく》くあらば　人妻故《ひとづまゆゑ》に　我恋《あれこ》ひめやも

（巻一・二一）

原文　紫草能　尓保敝類妹乎　尓苦久有者　人嬬故尓　吾恋目八方

意味　紫草のように美しいあなたを憎いと思っていたら、人妻と知りながら恋いしく思いましょうか。

解説　五月五日に薬草を採《つ》む行事が蒲生野で行われた時、額田王《ぬかたのおおきみ》が詠んだ歌（二〇番）に対し大海人皇子《おおあまのみこ》が詠んだ歌である。この歌の「紫草の」は、「にほふ」にかかる枕詞。作者については、題詞からみると大海人皇子となるが、前歌と本歌とも宴席で歌われた額田王の歌とする説がある。また、二首とも紫を歌う恋歌であるから、これを「紫の恋の物語」を示すもので虚構の世界の歌という説もある。

一方、表面的なことばのおもしろさを指摘する考えもある。それは、

あかねさす　紫草野行き　標野行き　野守は見ずや　君が袖振る　（二〇）

紫草の　にほへる妹を　憎くあらば　人妻故に　我恋ひめやも　（二一）

二〇番歌では「紫草野」と「野行き」「野守」と「野」の繰り返し、二一番歌では「にほえる妹」「にくくあらば」の「に」の頭音、二首とも「紫」のことばを使用、「君」「我」の呼応など同音をひびかせており、歌われた場の問題に興味を覚える。斎藤茂吉（『万葉秀歌』）は、「恋人をば、高貴な鮮麗な紫の色にたぐへたりしながら、然かもこれだけの複雑な御心持を、直接に力づよく表はし得たのは驚くべきである。そしてその根本は心の集注と純粋といふことに帰著するであらうか」と述べている。

創作のポイント

むらさ支の　尓本邊る移
もを　耳く丶あら八　人つま
ゆゑ尓　あれこ悲免や毛

継色紙の世界に拠り所を求めました。複雑・簡素を織り交ぜ、直線的な線の冴えを心掛けています。

前半「尓本邊…」の長い行を象徴的存在として造形の工夫、行としてのあり方を問うています。

後半「つまゆゑ尓」が少ない墨量で、「ゆ」の表情が前半の集団との関係で重要になります。

又、「免」の姿は右集団を受け止め、「ゆ」と共にこの作品の要の一つです。

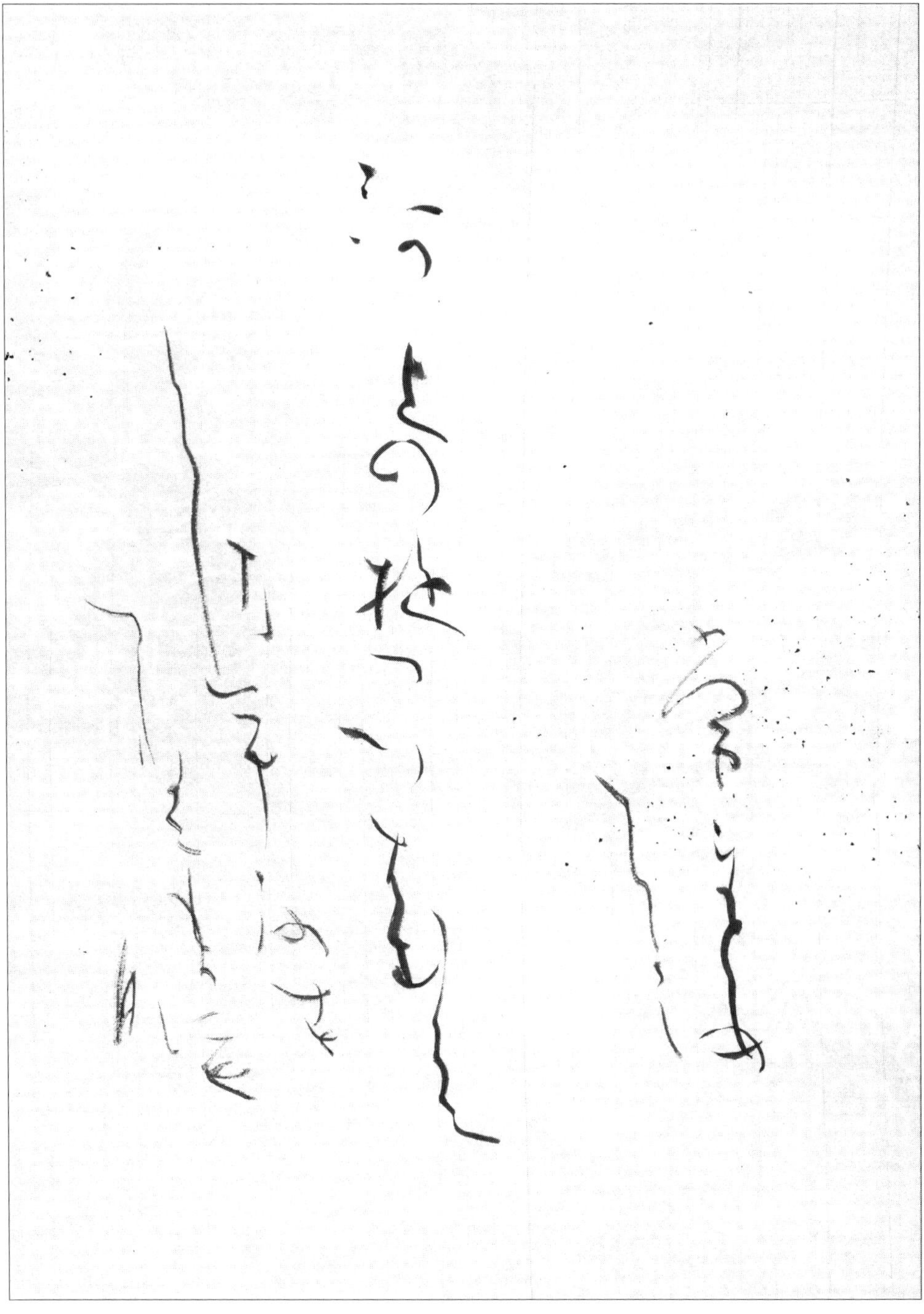

8 河上《かはのへ》の ゆつ岩群《いはむら》に 草生《くさむ》さず 常《つね》にもがもな 常娘子《とこをとめ》にて

（巻一・二二）

原文 河上乃　湯都盤村二　草武左受　常丹毛冀名　常処女煑手

意味 川べりの岩は、草も生えないで常にみずみずしいように、いつまでも常処女でいたいものだ。

解説 題詞に「十市皇女《とおちのひめみこ》、伊勢神宮に参《ま》ゐ赴く時に、波多の横山の巌を見て、吹芡《ふふきの》刀自《とじ》が作る歌」とある。すなわち十市皇女が伊勢神宮に参拝された時、侍女《じじょ》の吹芡刀自が作った歌をいう。十市皇女は大海人皇子《おおあまのみこ》と額田王《ぬかたのおおきみ》との間に生まれ、大友皇子《おおとものみこ》の妃となり、葛野王が生まれる。壬申の乱の時、父方と夫方の戦いがおこり、夫の敗北となり死没。乱後、父に従って大和に移り、天武七年（六七八）急病となり死没。

天武天皇は伊勢神宮を尊崇されて、壬申の乱で勝利を得たのもその加護によるものと感謝された。天皇に即位されてから大伯皇女《おおくのひめみこ》を斎王《さいおう》に遣わして、天皇家と伊勢神宮の関わりを深めたのである。

この歌の第四句「常にもがもな」の解釈に二通りある。「常」はいつまでも変らずにあるもの。「もがも」は、下に「あり」が従うような語に下接して希求または願望を表わす終助詞である。希求とすれば十市皇女の若さを祈願する表現となるし、願望とすれば作者（吹芡刀自）自身がいつまでも若くありたいという願いになる。どちらも可能であるが願望説が有力である。要するに巨岩の神秘にうたれてあやかろうとする気持ちを、吹芡刀自が十市皇女の気持になって詠んだものである。

創作のポイント

河上の　遊つい者むら二く
佐牟沙春　つね二も可毛那
常乎とめ耳氏

右下集団と左側集団に分割して、左側集団から書き進める、継色紙に見られる逆形式の構成です。「河上の遊つい」は放ち書きで、文字の接近・遊離と線の太細を絡ませ、左旋回的に展開します。「者むら二」は両隣りに配慮するとともに、全体の「土台」ともいうべき仕事を果たしています。

各行は「乎とめ」下部の空間を指向し、全体の統一をはかっています。

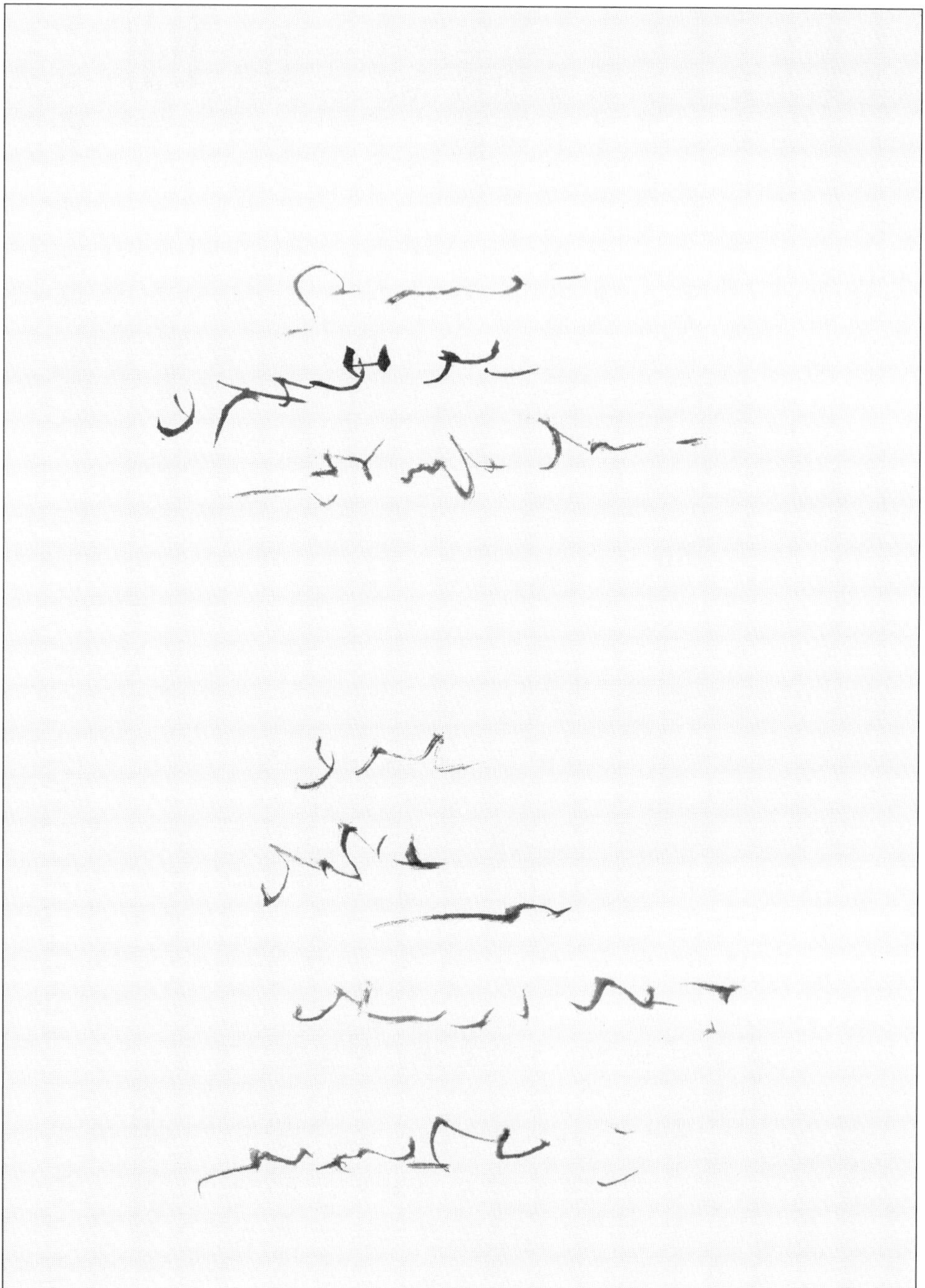

天

9　春《はる》過《す》ぎて　夏来《なつきた》るらし　白《しろ》たへの　衣《ころも》干《ほ》したり　天《あめ》の香《か》具山《ぐやま》

（巻一・二八）

原文　春過而　夏来良之　白妙能　衣乾有　天之香来山

意味　春が過ぎて夏がやって来たらしい。天の香具山に白い衣が乾してあるよ。

解説　標目に「藤原宮に天の下治めたまひし天皇の代」とあり、題詞に「天皇の御製歌」とあり、本歌はその冒頭歌であるから持統天皇の歌である。すなわち持統天皇が初夏の到来を天の香具山に乾してある白い衣を見て詠んだ歌である。持統八年（六九四）一二月に飛鳥《あすか》浄御原宮《きよみはらのみや》から藤原宮に遷都されたが、この歌は遷都後の歌とする見解と遷都前の宮予定地を視察した時の歌とする二つの見解がある。

古代では天武朝から持統朝にかけて季節歌が目立ってくる。この歌の「白たへの衣」は聖なる天の香具山を斎《と》き祭る人たちの斎衣であろうとする見解もある。第二句の「らし」は確実に近い推定の助動詞。眼前の実景から確信された響きをもち、第三句・第四句の鮮明な実景の表現と呼応している。この五七・五七の句切れのもつ確かな重みと、第五句の倒置的な体言止めのおさえが、一首を荘重かつ明快なものにしている。

この歌は『新古今和歌集』（巻三・夏歌）に持統天皇の歌として、

春過ぎて　夏来にけらし　白衣の　衣干してふ　天の香具山

と詠まれており、『小倉百人一首』にも採られている。第四句の「衣干してふ」は、叙景でなく伝聞的な表現を用いて観念的・幻想的な世界を表そうとしている。

創作のポイント

八るすきて　なつき多るら
し　志ろ多への　ころ裳本
し多利　あ免の可く山

継色紙の紙面構成を生かし、右側の集団に広い行間、高くそびえる行、小さな行を高低の差をつけながら進みます。左側の密な集団は右側の集団を考慮して、主従の関係を保ちながら左へ展開していきます。墨継ぎ「多」の位置を高くして、右集団の効果と対応させます。

「山」の位置が肝要で、これにより表現効果が異なります。第一行の右下へ沈ませる効果と、「あ免の」の右下への効果が果たす役割が大切です。

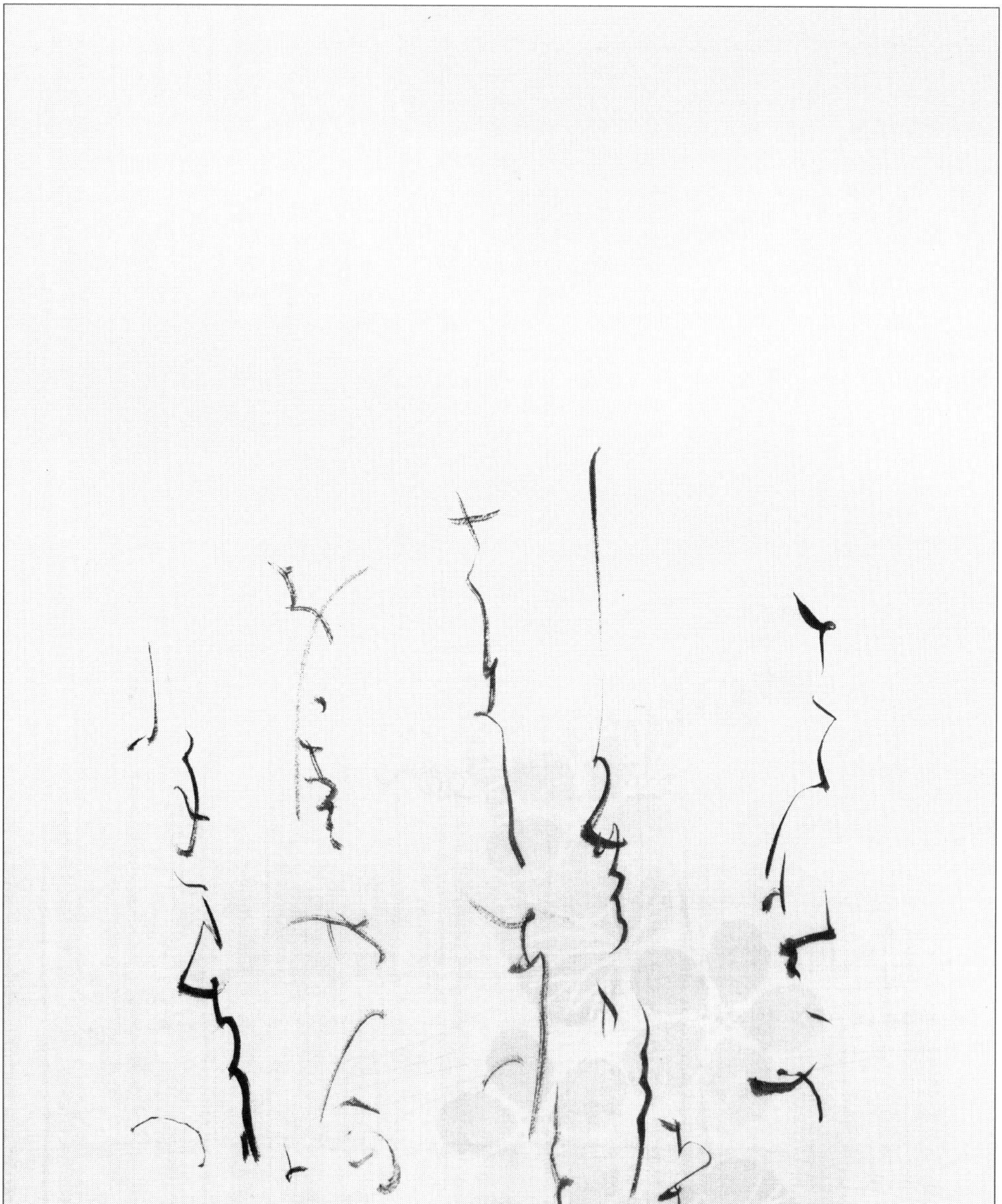

10 楽浪《ささなみ》の 志賀《しが》の唐崎《からさき》 幸《さき》くあれど 大宮人《おほみやひと》の 船待《ふねま》ちかねつ

（巻一・三〇）

原文 楽浪之 思賀乃辛崎 雖幸有 大宮人之 船麻知兼津

意味 ささなみの志賀の唐崎は、昔と変わらずにあるが、いくら待っても昔の大宮人の舟には出逢えなくなってしまった。

解説 題詞に「近江の荒れたる都に過る時に、柿本《かきのもと》朝臣《あそみ》人麻呂《ひとまろ》が作る歌」とある。長歌と反歌二首あるが、その中の一首である。

二九番～三一番歌は、人麻呂が持統朝初頭のころ荒廃した旧都の地を通り過ぎる時に詠んだ歌で、その行先は不明であるが、東北への旅の途中とする見解や、志賀行幸、崇福寺への参詣、単なる旅などの説がある。

三〇番歌は、湖畔の光景を詠んで「志賀の唐崎」は「幸くあれど」と歌いながらも、この地に遊んだ宮人たちにまた会えることもないだろうという。「船待ちかねつ」はいくら待ってもだめだと、非情なる唐崎の地を擬人化している。また第三句は字余りである。

斎藤茂吉は「全体が切実沈痛で、一点浮華の気をとどめて居らぬ。現代の吾等は、擬人法らしい表現に、陳腐を感じたり、反感を持ったりすることを止めて、一首全体の態度なり気魄なりに同化せむことを努むべきである」と評価している。

創作のポイント

さ、那三の し可農から佐
支 さ支くあれど おほ三
や人の ふ年万ち可ねつ

各行、各集団がうごめきながら共存します。歌の象徴的存在「さ、那三の」は鮮明にその存在を示します。

上部を大きく、下部を締める手法は寸松庵色紙により、第二、三行は各集団の長さに意識して一体感を持たせています。第四行の「おほ」「や」「人の」ダイナミックさ、そして凛とした「ふ年」、沈む「ち可ね」が、豊かな紙面を引き締めます。また、上部の大きな余白も、表現上重要な空間です。

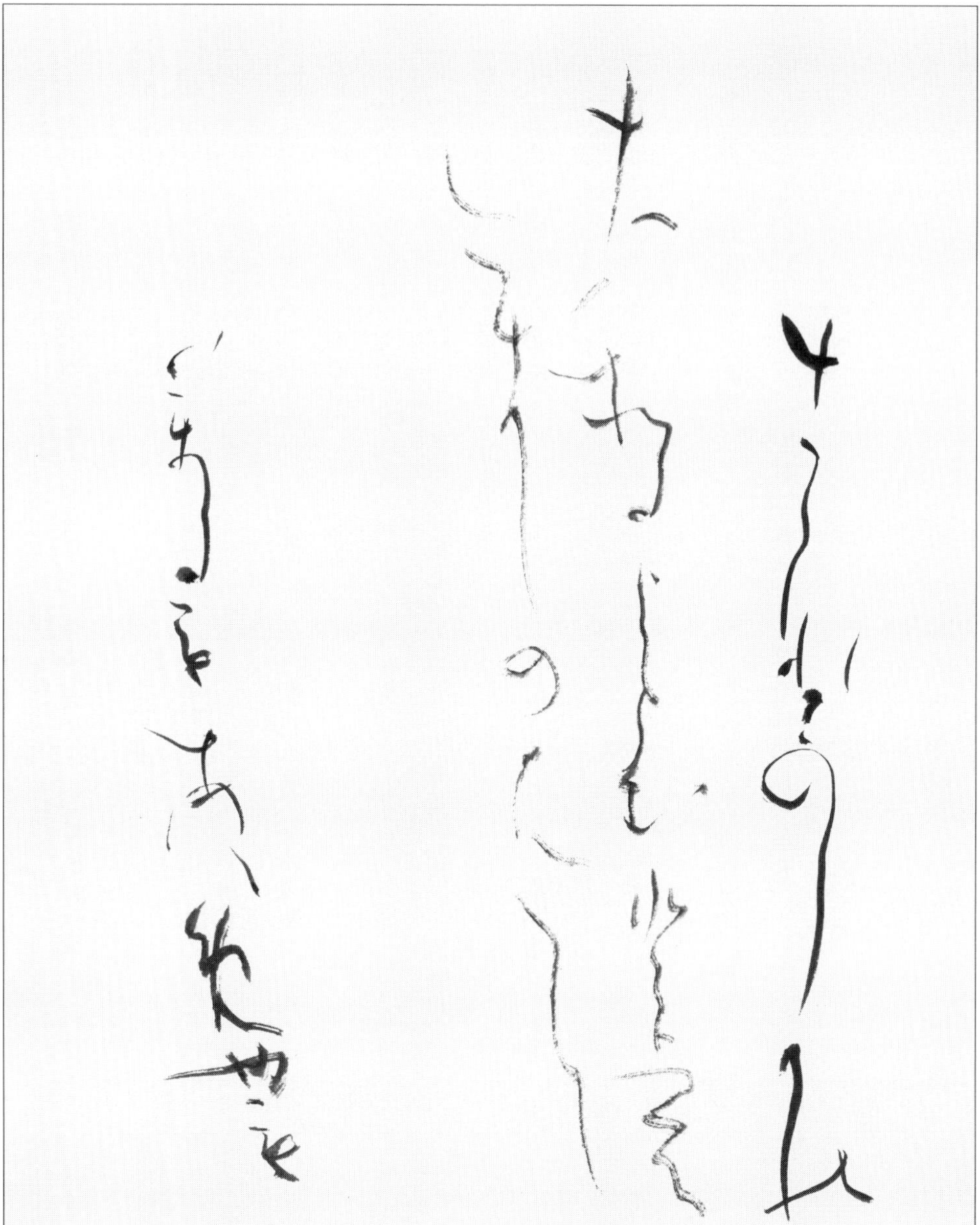

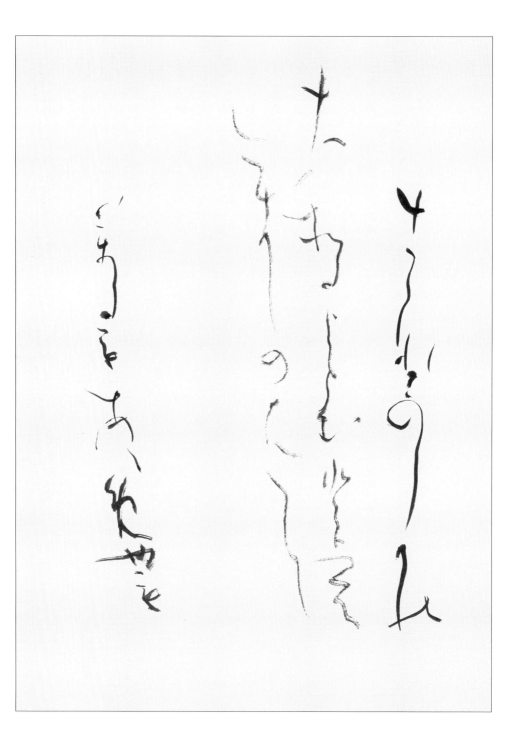

二　楽浪《ささなみ》の　志賀《しが》の大《おほ》わだ〈一に云ふ、「比良《ひら》の」〉　淀《よど》むとも　昔《むかし》の人《ひと》に　またも逢《あ》はめやも〈一に云ふ「逢はむと思へや」〉

（巻一・三一）

原文　左散難弥乃　志我能一云比良乃大和太　与杼六友　昔人二　亦母相目八毛一云、将会跡母戸八

意味　ささなみの志賀の大わだは昔のままに淀んでいても、昔の人にまた逢えようか、逢えはしない。

解説　本歌も前歌と同じ二九番（長歌）の第二反歌である。この歌で注目されるのは、第三句の「淀むとも」と表現して仮定条件にしている所である。結句で「またも逢はめやも」と結んで全体を統一しているのはすばらしい。一首が大わだに見入る作者の姿をひびきあわせている。

またこの長歌・短歌には異伝が記されている。人麻呂の異伝について推敲説と伝誦説があるが推敲説が有力である。本文系統は決定稿、異文系統は初稿と認められる。ただ長歌の異伝は「或云」を、反歌の異伝に「一云」の形を用いている点については、資料の異なるものであるという理由だけではすまされない疑問が残る。

また、反歌二首の擬人的ないし主観的句法について斎藤茂吉（『斎藤茂吉全集』二七巻）は「支那の詩の表現からの影響である」と述べている。

創作のポイント

さ、那三の　し可能大和多
与とむ登裳　牟可しの人
耳　萬多毛あ八免や毛

右集団には主、左集団には従の関係性を与えています。

第一行は大らかな呼吸が導き、縦への流れが血液として巡っています。第二行「和」は、「大」を受けつつ、以降の静かな運びへの変転を、一字の中で見せています。

第四行上部の軽快なリズムと、「免や毛」の感情を込めた運びは、右集団には見られない働きで、特に後者は、全体を受けとめる使命を宿しています。

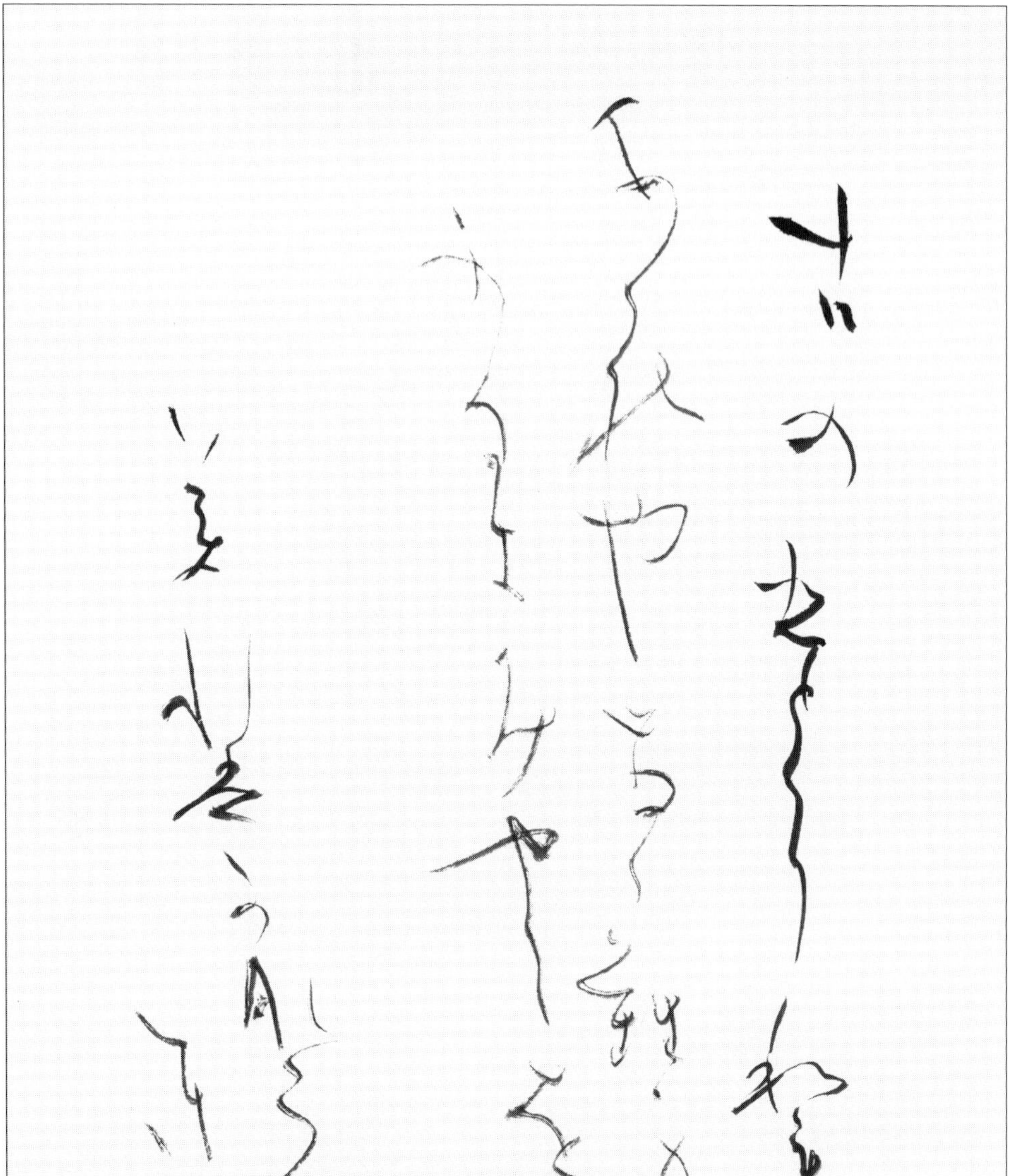

12 古《いにしへ》の 人《ひと》に我《われ》あれや 楽浪《ささなみ》の 古《ふる》き京《みやこ》を 見《み》れば悲《かな》しき

（巻一・三二）

原文 古 人尓和礼有哉 楽浪乃 故京乎 見者悲可

意味 私は昔の人であるというのか、ささなみの古い都を見ると悲しいことだ。

解説 題詞に「高市古人《たけちのふるひと》、近江の旧き堵を感傷して作る歌或書に云はく、高市連黒人なりといふ」とある。高市古人は小注に「高市連黒人なり」とあるので同一人であろう。高市黒人は伝未詳の人物であるが、柿本人麻呂《かきのもとのひとまろ》と同じ頃の歌人で、持統・文武朝の下級官人で宮廷歌人の一人と言ってよい。黒人の歌はすべて短歌で旅の歌が多い。近江の大津の都が壬申の乱によって滅びた後、荒廃した都の跡を訪ねて詠んだのであろう。第一・二句の「古の人に我あれや」と歌う黒人は旧都の跡を見て悲しんでいる様子がうかがえる。この主観的な表現の中に切実な悲しみの気持ちが詠みこまれている。

前歌、人麻呂の近江荒都歌があって、その後に黒人の旧都感傷歌が配列されている。伊藤博（全注・一）は「黒人の第一首が、人麻呂第二反歌の「楽浪」「昔の人」に対応する「楽浪」「古の人」を布置することとて、黒人旧都感傷歌に人麻呂近江荒都歌への意識を認めることができよう」と述べている。人麻呂の近江荒都歌が詠まれた後に黒人はその地を訪ねて人麻呂の心情と同じような感じをいだき、人麻呂歌をお手本として「古の人に我あれや」の気持ちが生かされてくるのであろう。本歌の他に巻三・三〇五に類歌がある。この歌も近江荒都の跡を訪ねたことを詠んだ歌である。

創作のポイント

古の 悲と耳和連あ礼や
散、難身の ふる支みやこ
を 美れ盤可那之き

第一行は、「古」の直線的な運びから、「和連」のしなやかな心の遷移が表現の主となり、第二行「あ礼や」の活躍を呼び起こします。

第二行は右・左・右へと時間とともに指向する方向を変えながら進め、第三行を添わせます。

第四行は、第一行の再来とも言うべき展開を勇壮に示します。心情の変化が、脈々とした運筆の中に、リフレインしながら息づいています。

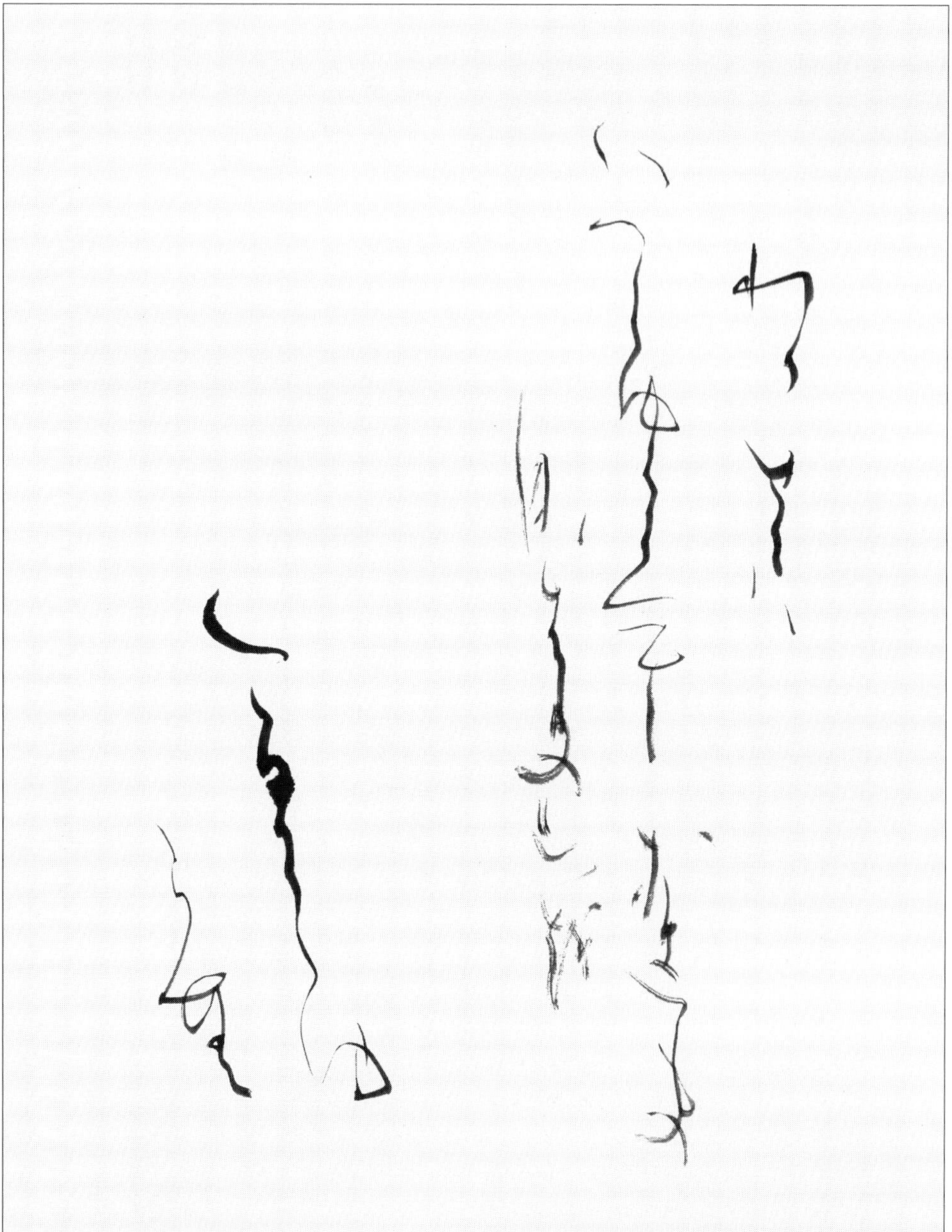

13　我《わ》が背子《せこ》は　いづく行《ゆ》くらむ　沖《おき》つ藻《も》の　名張《なばり》の山《やま》を　今日《けふ》か越《こ》ゆらむ

（巻一・四三）

原文　吾勢枯波　何所行良武　己津物　隠乃山乎　今日香越等六

意味　夫はどの辺りを旅しているのであろうか。名張の山を今日あたり越えていることであろうか。

解説　題詞に「当麻真人麻呂《たぎまのまひとまろ》が妻の作る歌」と作者名が記されている。しかし、当麻真人麻呂という人物については未詳である。この歌の前歌四〇～四二と無関係ではないだろう。そうするとこの歌は夫が伊勢行幸に従駕したので、名張の山を越える時に心配し詠んだ歌ということになる。名張山をよみこんだのは、境界である名張山をとりあげ、その山を越えると異郷伊賀の国となることを強く意識したからであろう。一首の中に、第二句と第五句に「らむ」の助動詞が使用されていて調子をととのえているのも効果的である。また、旅の安全を願う歌であるとも理解できる。

この歌は巻四の五一一番に重出しているが、このことについて伊藤博（全注・一）は「これによって万葉集を草稿のままの歌集と見たり、巻四が巻一とは無縁に成ったと見たりするむきがある。しかし、当たらない。同じ歌を、巻一では行幸時の歌として採り、巻四では妻が旅先の夫を思う恋の歌として採った姿勢の違いによると見るべきである」と述べている。また、結句の「今日か越ゆらむ」については

後れ居て我が恋ひ居れば白雲のたなびく山を今日か越ゆらむ　（巻九・一六八一）

がある。この表現に何か意味が隠されているのだろうか。考えてみなければならない。

創作のポイント

わ可せこ八　いつくゆくら
牟　於支つもの　那者利の
山越　今日可こゆら無

「わ可せこ八」は、大きな気宇ではじめ、右下へ密に。「いつくゆくら牟」はシャープな運びの中で徐々に高揚を示し、「於支つもの」の文字群を呼び起こします。「者利の」で強い感情を示し、「山越」は余力で書き切り、次の空間に響きを生みます。大きく間をとり「今日可こゆ」は、一転して軽やかに歩む姿とします。

「無」の左上への指向は、左側余白へ訴求するものを感じさせます。

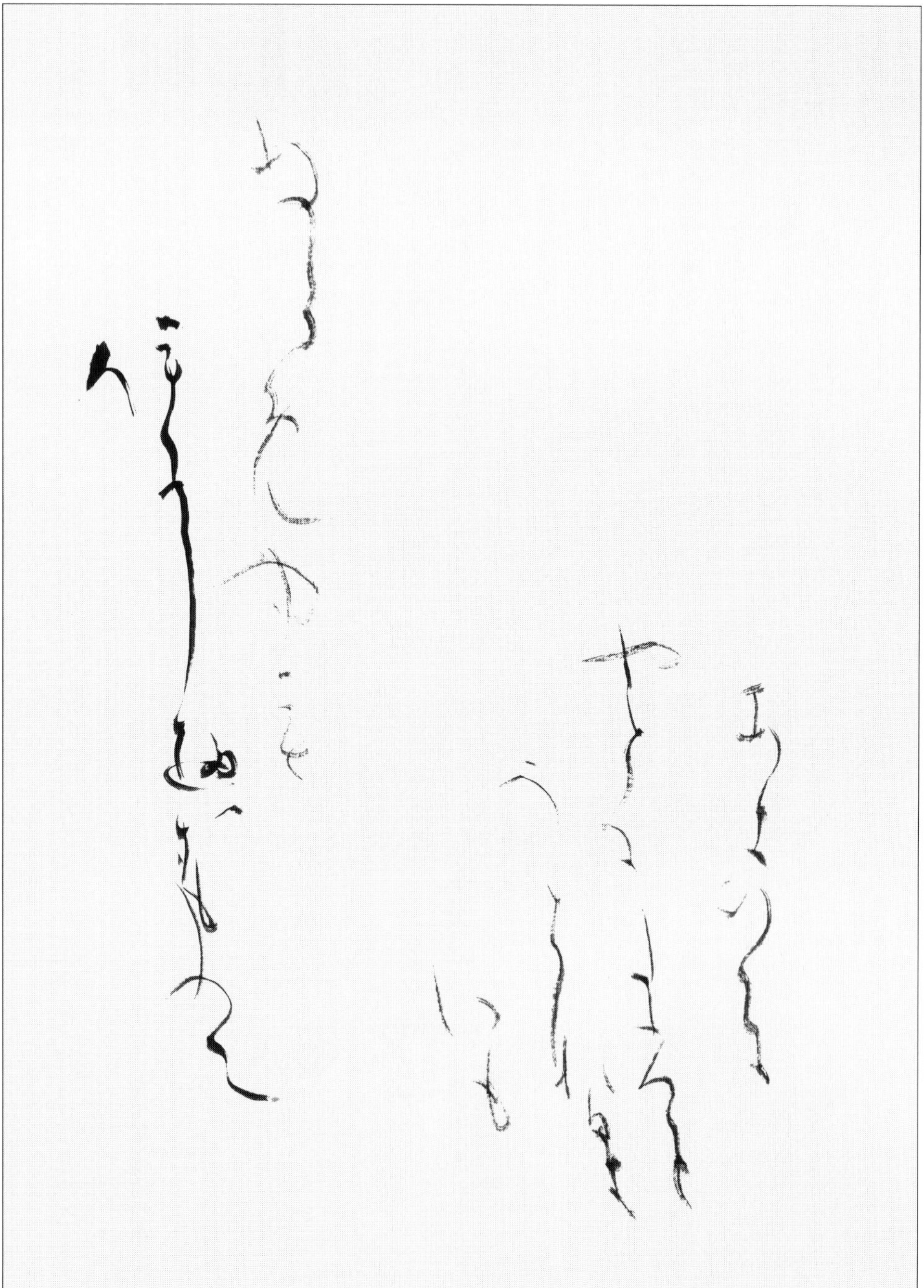

14 安騎《あき》の野《の》に 宿《やど》る旅人《たびひと》 うちなびき 眠《い》も寝《ね》らめやも 古《いにしへ》思《おも》ふに

（巻一・四六）

原文 阿騎乃野尓　宿旅人　打靡　寝毛宿良目八方　去部念尓

意味 安騎野に野宿している旅人たちは、くつろいで寝ていられようか、古のことが思われて。

解説 題詞に「軽皇子《かるのみこ》、安騎の野に宿らせる時に、柿本朝臣人麻呂《かきのもとあそみひとまろ》が作る歌」とある長歌と短歌（反歌）四首中の一首である。まず注目されるのは、長歌に添えられた短歌は普通「反歌」と記すが、ここは「短歌」とある。往々にして反歌と記される時は長歌と反歌の歌は密接な関わりを持つが、短歌と記される時、短歌はそれほど長歌と密接な関わりがなく独自性が強く詠まれているという。

本歌は短歌（反歌）四首中の最初の歌であるが、長歌の末尾を直接うけている。四五番から四九番歌の一組は持統六年（六九二）冬の作と思われる。軽皇子が冬の安騎野を訪れて思い出すのは、亡き父草壁皇子《くさかべのみこ》が猟をした所であったからで、軽皇子の遊猟は父の追懐・追慕の意味を持っている。この状況を安騎野遊猟歌として受けとめるだけでなく、この作品を政治に奉仕させるこの時期の宮廷歌人の歌として軽皇子の皇位継承権を宣揚するべく姿をことさら荘厳に彩ったものであるとした上野理の論がある。これをさらに発展推理した森朝男は、反歌四首を連作として一昼夜にわたる時間を描いたとし、軽皇子を登場させ大嘗祭の祭式時間構造に深く関わっているとした。

創作のポイント

あ支の、尓　やとる多悲、と
うち那日支　いもぬら免や
毛　伊尓し遍於も、ふ二

紙面右下と左側に集団を配した構成です。

右下第一集団は上部に大らかな表情をもたせ、上方への伸びを感じます。また行脚はスマートに右下へ引き込み、四行を抱える右下集団が、混雑しないよう配慮されています。

左側集団は「免や」のダイナミックな渇筆と、「伊尓し遍」の紙と密着した筆運びが抱き合わされたところに見せ場があります。

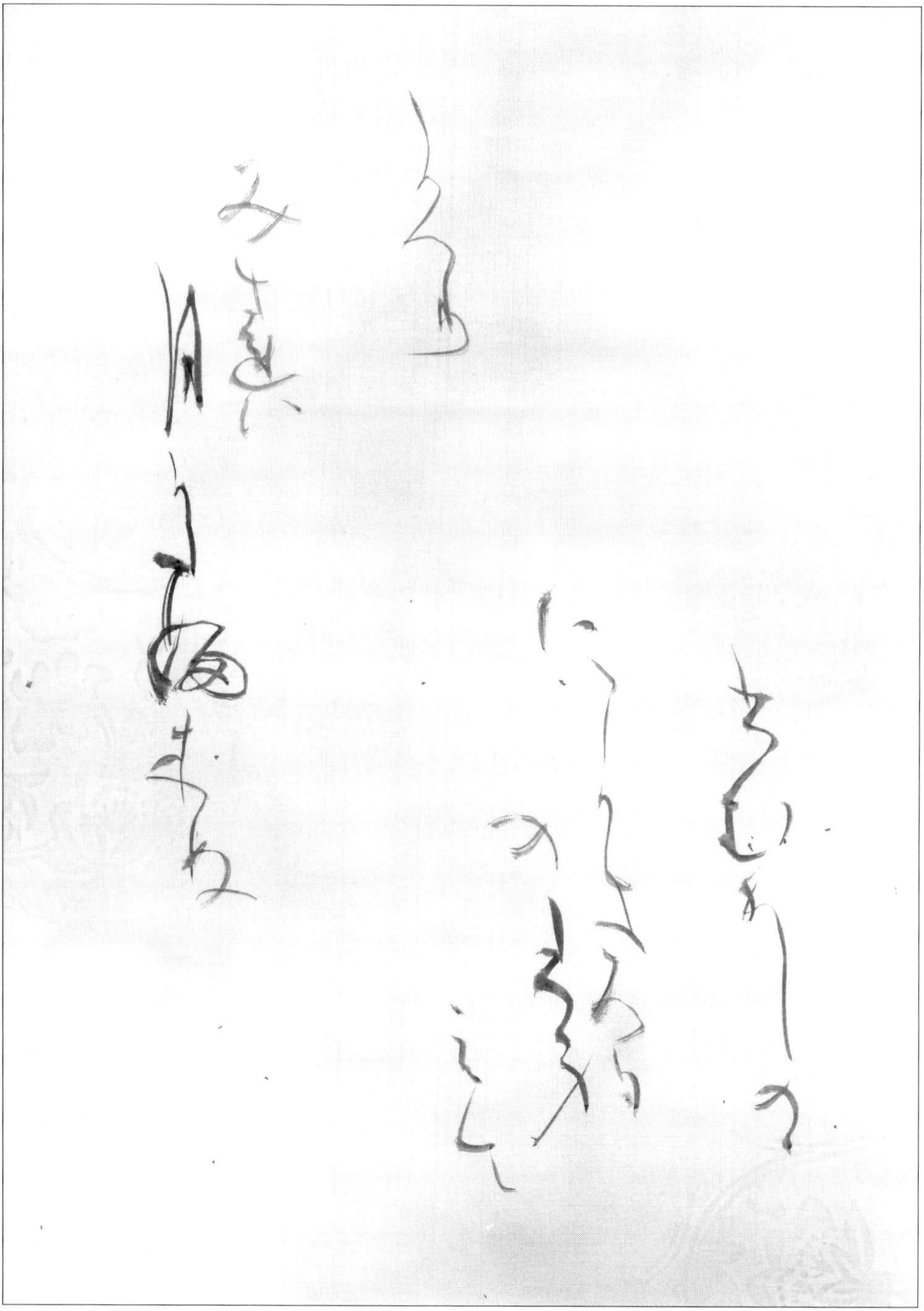

15　東《ひむがし》の 野《の》にかぎろひの 立《た》つ見《み》えて かへり見《み》すれば 月傾《つきかたぶ》きぬ

（巻一・四八）

原文　東　野炎　立所見而　反見為者　月西渡

意味　東の野にかげろうの立つのが見えて、振り返ってみると月が西に傾いている。

解説　短歌（反歌）四首中の第三首目の歌である。即ち詩想が転換している。亡き皇子のことを思うと、とても寝ることができなくて、やっと寝つくことが出来た頃に夜が明けたというのだ。阿騎野で一夜を明かした自然を詠んだすぐれた作品であると評価されてきた。

　第二句の「かぎろひ」はかげろう「陽炎」の意。他に輝き光るもの、「曙光」、農耕のための野火、狩猟の火などの説がある。

　森朝男（『鑑賞日本古典文学』）は、こうした自然詠のみを鑑賞するだけでなく、前歌（四六番）で述べたように大嘗祭の祭式時間構造にあてはめて理解している。「第三の反歌も荒涼たる冬の野の叙景などではありえない。この一首は第四反歌のための前提をなし、軽皇子登場の舞台を準備するものであった」という。また、本歌はかつて「東野《あづまの》のけぶりの立てるところ見て」と訓まれていたが、加茂真淵の「万葉考」によって「東の野にかぎろひの立つ見えて」と訓まれるようになったことも注意しておきたい。

創作のポイント

悲むかしの、に可支ろ日
の　多つ身えて　可へ利みす
連八　月可多婦木ぬ

右下集団と左上集団の対応にもっとも留意しています。

　右下の集団では幅広のゆったりとした扇型を意識し、左上の集団は横広がりの扇を倒した姿にしています。右下集団では第二行で伸び上がり、「多つ身えて」の部分で左下へ沈ませます。これを受けて左上集団では左下への展開を軸に行を進めます。

　「可へ利」から各行の長さは長くなり、「月可多婦木ぬ」がもっとも長い行となるようにしています。

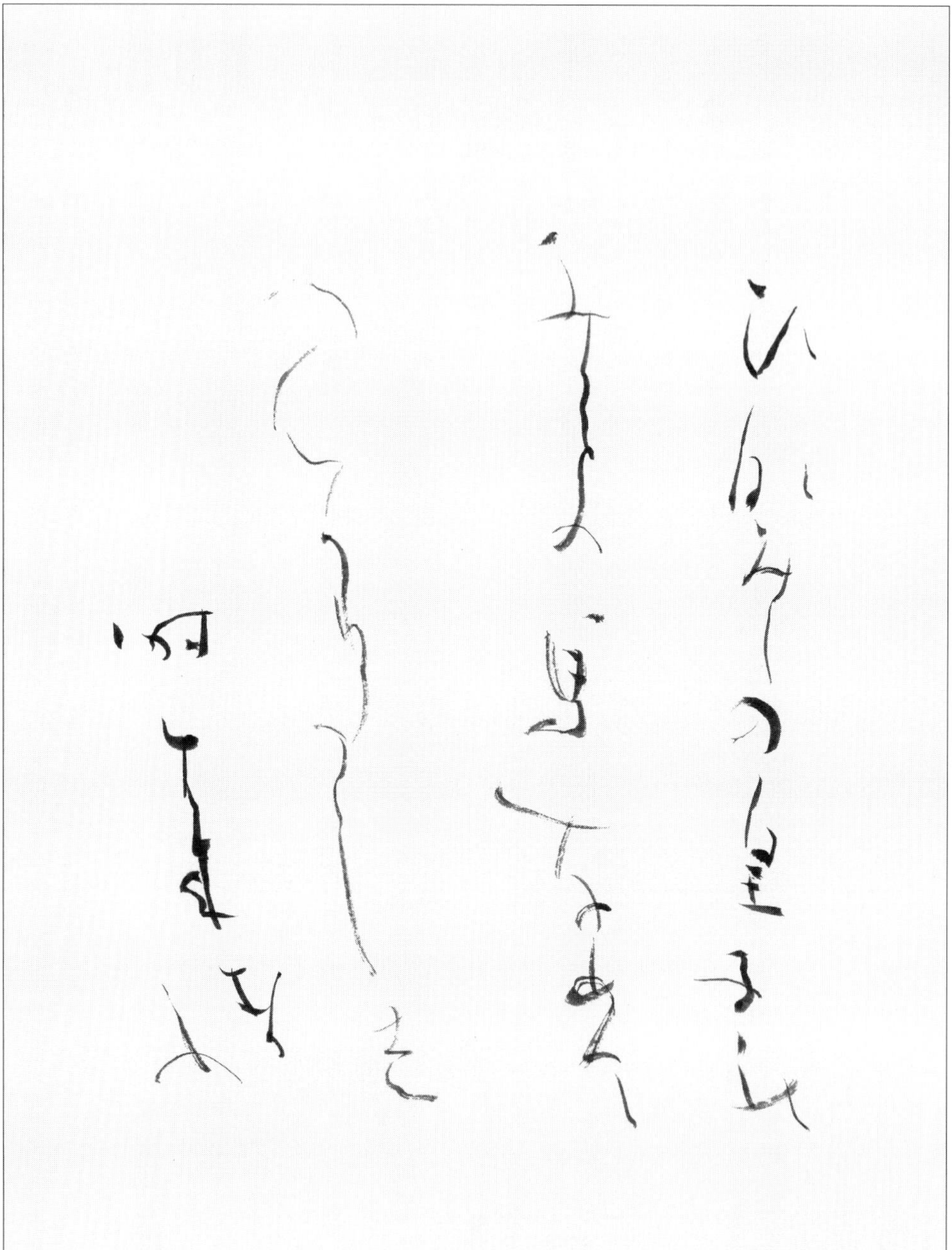

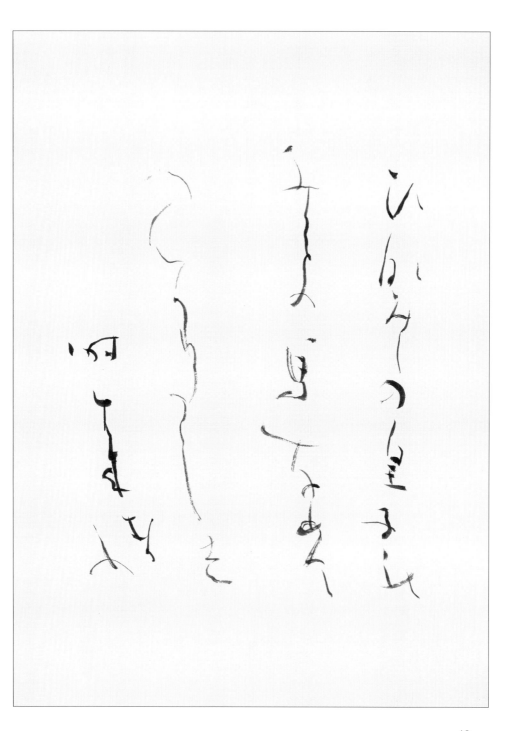

16 日並《ひなみし》の　皇子《みこ》の尊《みこと》の　馬並《うまな》めて　み狩立《かりた》たしし　時《とき》は来向《きむ》かふ

（巻一・四九）

原文　日双斯　皇子命乃　馬副而　御獦立師斯　時者来向

意味　日並の皇子の命が馬を並べて、狩を催された時刻は今まさに到来した。

解説　この歌は短歌（反歌）四首中の最後に歌ってしめくくりをしている。日並皇子は日（天皇）に並ぶ皇子の意であり、実際には亡き草壁皇子《くさかべのみこ》のことで、今はこの世に存在しない皇子への追慕の歌である。皇子が狩をなさる一瞬が今まさに到来したと歌っている。

本歌は亡き草壁皇子の行為と軽皇子の行為が一致したことを述べている。古と今が一致して重なり、亡き皇子への追慕は果されることになった。追慕の達成は軽皇子の日並皇子への転身である。

前述した短歌（反歌）四首は連続した歌であり連作とする考えがある。それは連続した四首は漢詩の起承転結の意味する構想で歌われているというのだ。眼前の軽皇子は馬上の姿を亡父日並皇子の再来のように詠んでいる。やがて皇位につくであろう軽皇子を日並皇子の後継者として歌い出そうとしている。こうした軽皇子の到来を思いあわせる歌である。

第五句の「来向かふ」は柿本人麻呂の造語。他に類似句として巻一九の四一八〇、四一八三があるが、人麻呂に学んだものであろう。

創作のポイント

ひ那みしの 皇子能みことの 馬奈めて 見可利多、し志 時者来む可ふ

第一行「ひ那みしの」は直下しつつ漸減させ、背景を感じさせるように配置し、動的な表情を指揮しています。

第二行は、作品の象徴とも言うべき「馬奈めて」が回転運動をよくコントロールして、表情豊かに存在します。

第三行における氷上の軽やかなステップのような連綿美、第四行の密度を高めた漸減と沈みは、作品上の時間の移ろいを感じさせる重要な役割と言えます。

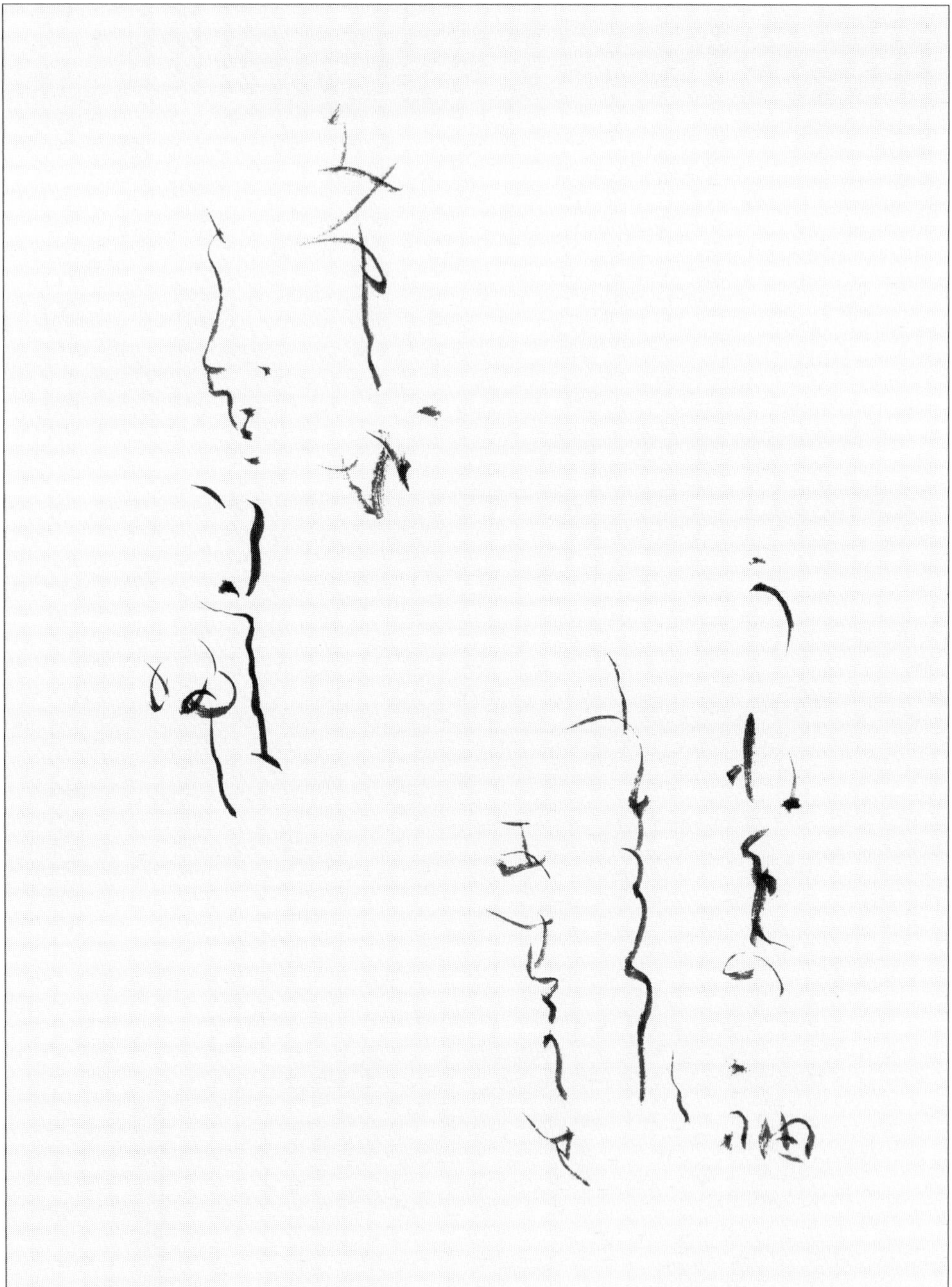

17　采女《うねめ》の　袖《そで》吹《ふ》き返《かへ》す　明日香風《あすかかぜ》　京《みやこ》を遠《とほ》み　いたづらに吹《ふ》く

（巻一・五一）

原文　婇女乃　袖吹反　明日香風　京都乎遠見　無用尓布久

意味　采女の袖を吹き返していた明日香風は、都が遠のいたので今はむなしく吹いている。

解説　題詞に「明日香宮より藤原宮に遷《うつ》居りし後に、志貴皇子《しきのみこ》の作らす歌」とある。明日香の宮から藤原宮に持統天皇が移ったのは持統八年（六九四）一二月であるから、それ以後志貴皇子が詠んだことになる。

「明日香の宮」から「藤原宮」は約二キロメートルぐらいしか離れていないのに、「都を遠み」と歌っている。すでに都を移ってしまったあとは、このように都を遠みと歌うことによって、より都への思いがはっきりと思われたというのだろう。

また「采女」は後宮で天皇のお側にいて食膳などに奉仕した人が採用された。このことは『日本書紀・孝徳天皇』に「凡そ采女は、郡の少領より以上の姉妹と子女の形容端正しき者を貢れ（従丁一人、従女二人。）一百戸を以ちて采女一人の糧に宛てよ」とある。この采女は臣下との結婚は禁じられていた。それだけに天皇から采女を賜ると嬉しく思い、たとえば藤原鎌足などは

我はもや　安見児《やすみご》得たり　皆人の　得かてにすといふ　安見児得たり（巻一・九五）

と表現している。「明日香風」というのは明日香の地を吹く風の意で、佐保《さほ》風（巻六・九七七）、泊瀬《はつせ》風（巻一〇・二二六一）、伊香保《いかほ》風（巻一四・三四二二）などの例もある。

創作のポイント

うね免の　袖ふ支可へ須
あ春可、せ　みやこ越と本
三　い多つら尓婦く

右下集団と、左上集団で構成されています。

第一集団では、「うね免の」の放ち書きで太細を交えながら、左下方へ密度を高めながら進み、十分な空間をとり、「袖」の現れる、ドラマチックな展開を軸とします。第二行の峻立と、「せ」の右下方への指向も見逃せません。

左上集団は「みやこ越」の動的な表情を軸にし、小さいながら徐々に感情を高める「つら尓」と、「婦く」の明るさの共生の高い効果が見どころです。

18　いづくにか　船泊《ふなは》てすらむ　安礼《あれ》の埼《さき》　漕《こ》ぎ廻《た》み行《ゆ》きし　棚《たな》なし小船《をぶね》
（巻一・五八）

原文　何所尓可　船泊為良武　安礼乃埼　榜多味行之　棚無小舟

意味　どこに船泊りをするのであろうか。先ほど安礼の崎を漕ぎ巡って行った、あの棚なし小舟は。

解説　この歌には題詞がない。左注に「右の一首高市連黒人《たけちのむらじくろひと》」と作者名が記されている。「安礼の埼」は愛知県宝飯《ほい》郡御津《みと》町御馬《おんま》の南出崎か。黒人は見ることのできない物や場所、あるいは動く「船」の行先の不安な情を歌いあげ、一方動かない安礼の崎を対照的に描写している。黒人の羇旅歌八首の最初の歌に、

旅にして　もの恋しきに　山下の　赤のそほ船　沖を漕ぐ見ゆ（巻三・二七〇）

とある。「赤のそほ船」がついさっきまで黒人の近くにいたのに、ふと気づいて見ると沖の方へ漕いでいくのが見えると、自分の所から離れていく舟に寂しさを感じる光景を詠んでいる。

斎藤茂吉（『万葉秀歌』）は「この歌は旅中の歌だから、他の旅の歌同様、寂しい気持と、家郷（妻）を思ふ気持と相纏ってゐるのであるが、この歌は客観的な写生をおろそかにしてゐない。そして安礼の埼といひ、棚無し小舟といひ、きちんと出すものは出して、そして〈何処にか船泊すらむ〉と感を漏らしてるところにその特色がある」と述べている。

創作のポイント

いつく尓可　不那はてすらむ　あれの佐幾　こ支多三ゆ支し　棚無事越ふ年

簡潔で垂直的な前半と、複雑で行に傾斜をつけた後半を対応させます。

紙面上方の広い空間に吸い込まれてゆく後半上部と、紙面下部の上げ底的な空間に添って左下方へ沈む後半下部との間に充実感をもたせようとしています。

後半の集団を引き出すために前半はシンプルを心掛け、行としては漸減を主として進みながら、太細と疎・伸から密・縮への移ろいをはかってみました。

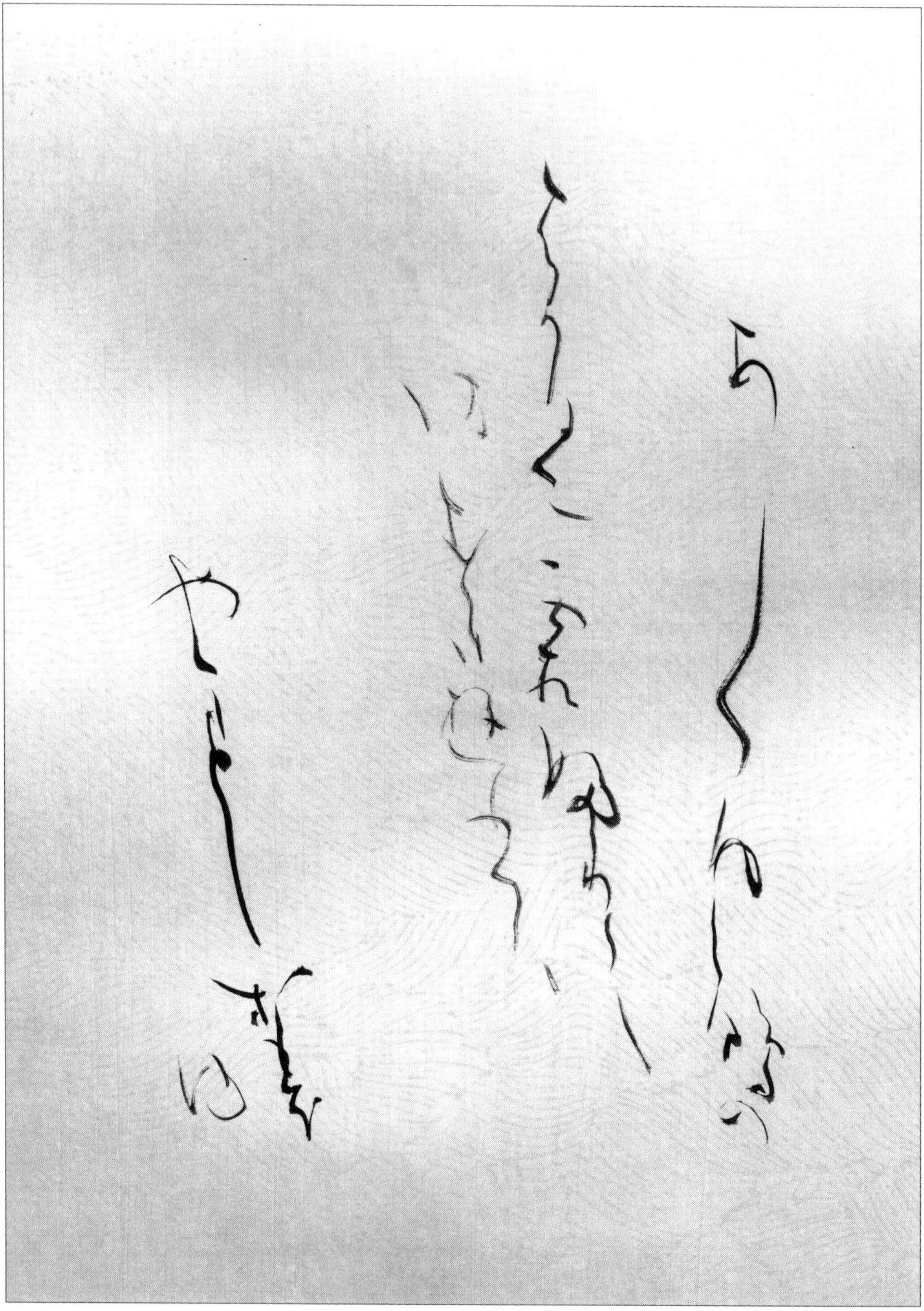

19　葦辺行《あしへゆ》く　鴨《かも》の羽《は》がひに　霜降《しもふ》りて　寒《さむ》き夕《ゆふべ》は　大和《やまと》し思《おも》ほゆ

（巻一・六四）

原文　葦辺行　鴨之羽我比尓　霜零而　寒暮夕　倭之所念

意味　葦辺を行く鴨のつばさに霜が降りて、寒さが身にしみる夕暮れはとりわけ大和のことが思われる。

解説　題詞に「慶雲三年丙午、難波宮に幸せる時に、志貴皇子《しきのみこ》の作らす歌」とある。志貴皇子は集中六首あるが、いずれも絵画的な描写をしていて印象に残る。この行幸は『続日本紀』によれば、慶雲三年（七〇六）九月二十五日に藤原宮を発ち、十月十二日に還幸している。その時、志貴皇子が詠んだ歌である。

志貴皇子の独り寝の寒さへの思いが妻を思わせるのである。「葦辺行く鴨」のことばは葦べに住む鴨の意であり、類似歌として、

葦辺行く　鴨の羽音の　音のみに　聞きつつもとな　恋ひ渡るかも　（巻十二・三〇九〇）

葦辺行く　雁の翼を　見るごとに　君が帯《お》ばしし　投矢し思ほゆ　（巻十三・三三四五）

などがある。

第二句の「鴨」はまがもを指すらしいが、そうだとすると秋飛来し春北帰する。「羽がひ」はただ左右の翼の重なり合うことを指すが、視覚に訴えるのでなく想像の世界である。目に見えない幻想の世界であり美意識である。「羽がひ」に置いた露を見ることによって、旅先での肌寒さを感じさせ、それが皇子自身の妻に会えない独り寝の寂しさなのである。こうした恋情を「寒し」と表現した所に巧みさがある。

創作のポイント

あしへゆく　鴨の者可日二
霜婦利弖　佐むき遊ふへ八
や万とし於も本ゆ

この作品の象徴となる「あしへ…」では悠然とした時間が流れています。

第二行の「霜婦」は屈折し、第一行の「しへゆ」の波動を受けています。また、第三行の渇筆による行が、ここまでの二行の波動を受け止めて次の空間とその先の行へ伝播させます。

左集団は右集団を支える貫通力があります。フィニッシュの「ゆ」の表情も作品のカギとなっています。

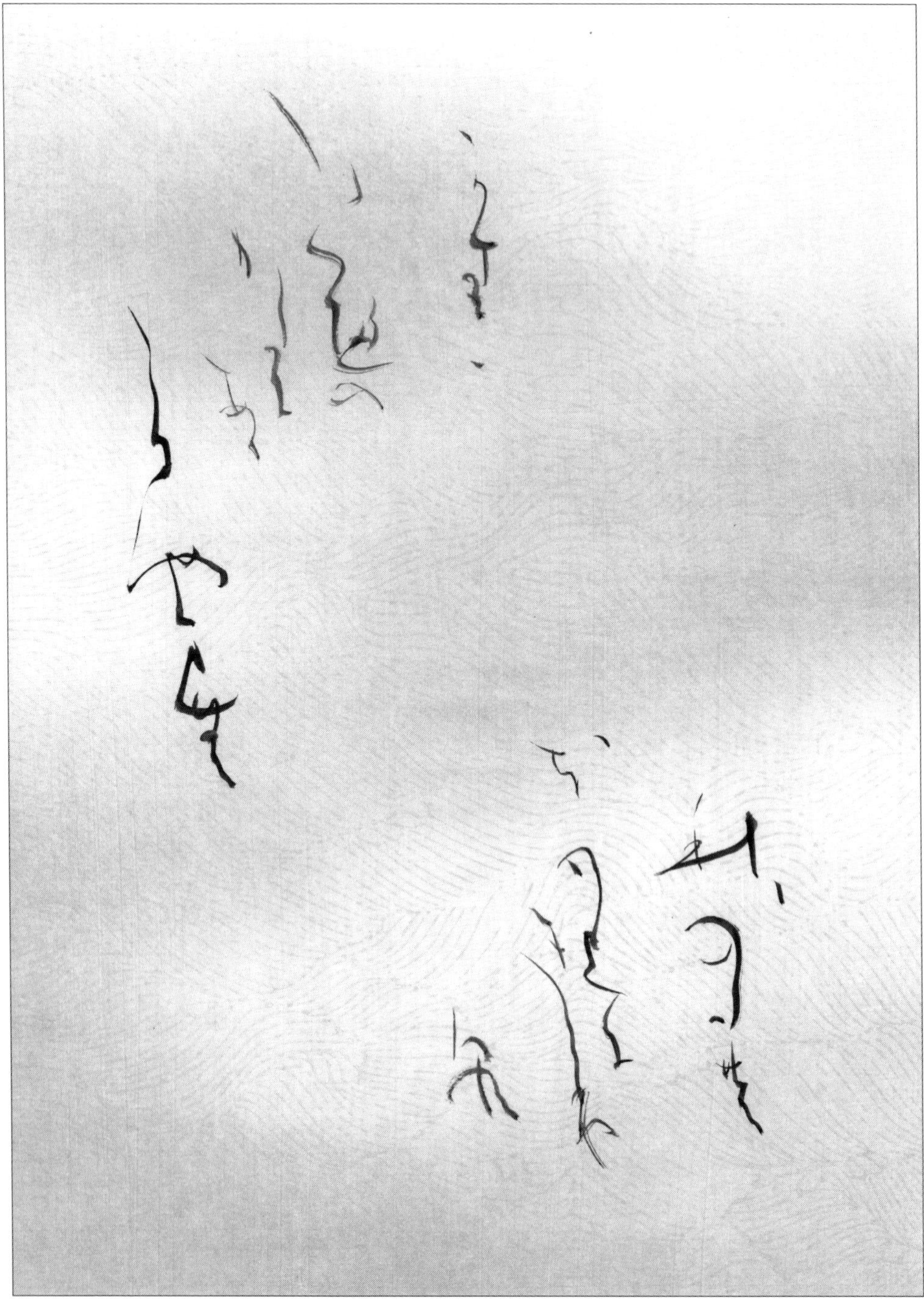

20 秋《あき》の田《た》の　穂《ほ》の上《うへ》に霧《き》らふ　朝霞《あさがすみ》　いつへの方《かた》に　我《あ》が恋止《こひや》まむ

（巻二・八八）

原文　秋田之　穂上尓霧相　朝霞　何時辺乃方二　我恋将息

薫味　秋の田の稲穂の上に立ちこめている朝霧のように、いつになったら私の恋は晴れるのだろうか。

解説　題詞に「磐姫皇后《いわひめこうごう》、天皇を思ひて作らす歌四首」とある中の一首（四番目の歌）である。これは巻二の巻頭を飾る歌であり、集中の三大部立（雑歌・相聞・挽歌）の中の相聞に分類されるもので、いわゆる恋愛歌を中心とするものである。『日本書紀』をみると作者磐姫皇后は仁徳天皇の皇后で異常なまでに嫉妬深い女性として登場してくる。天皇の八田皇女への愛を皇后は怨んで山城の宮にひきこもり、その地で生涯を終えたと記している。『古事記』にも同じような記事がみえる。

この八五番から八八番までの四首を連作とみるのは、漢詩の起承転結の方法を短歌の構成に取り入れたと理解する。この手法は持統朝ごろの歌に目立ち、柿本人麻呂《かきのもとのひとまろ》が最初であったという。この歌は磐姫皇后の実作と考えるのでなく、伝誦歌を相聞の巻頭においたのであろう。

「霧らふ朝霞」は朝かかっている朝霧の意。万葉初期は霞と霧の区別がなかったが、天平時代以後春は霞、秋は霧と区別されるようになった。第五句の「我が恋止まむ」の類似表現として、集中に巻一一・二七三八、巻一二・二九五八などがある。

創作のポイント

秋の多農　本乃上尓きら
布　朝可す三　いつ遍の　か
多尓　あ可こ日や万無

右下、左上の各集団は明確な輪郭をもって響きます。右下「秋」と左上「や万無」は、疎密では対応させつつ、それぞれが鮮明に示されています。また、各集団が左回りの山波を描いてできる、中央の余白の姿が浮かび上がります。行の微妙な傾斜と長さが生命線となっています。

最後の「こ日」から「や」への連綿に抱えられた時間は静かに止まってしまうようです。

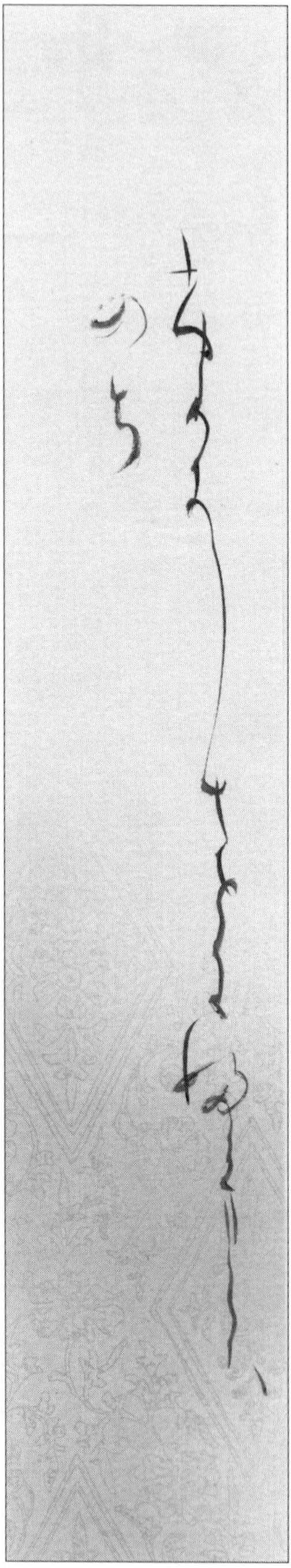
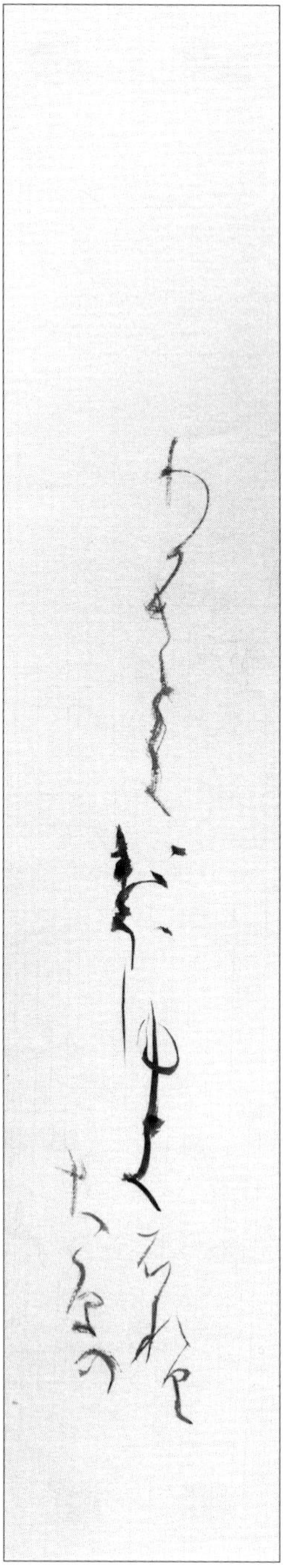

21 我《わ》が里《さと》に　大雪《おほゆき》降《ふ》れり　大原《おほはら》の　古《ふ》りにし里《さと》に　降《ふ》らまくは後《のち》

（巻二・一〇三）

原文　吾里尓　大雪落有　大原乃　古尓之郷尓　落巻者後

意味　わが里に大雪が降ったよ。あなたの住む大原の古ぼけた里に降るのは後のことだろう。

解説　題詞に「天皇、藤原夫人に賜ふ御歌一首」とあり、天武天皇が藤原夫人に賜った歌とわかる。藤原夫人は鎌足の娘で五百重娘《いおえのいらつめ》、新田部皇子《にいたべのみこ》の母である。題詞にある「夫人」とは後宮職員令に「皇后一人妃二人夫人三人嬪四人」と定められた。この夫人は妃と嬪との間に位置する天皇の妻妾である。

臣下出身の女性は妃以上に上ることはできない。天皇の妻妾で非皇族出身者は夫人が最高だったという。

本歌は藤原夫人が大原の実家にいた時、天皇は夫人に、雪の降ったのを一緒に見られないのは残念に思う、と戯れて詠んだ歌である。この歌には「我が里」と「大原の」里の地域差が感じられるが、実際は「大原の」里を下った平地に「我が里」（現在の飛鳥小学校あたりの清御原宮跡という）があり、二つの場所（里）は近かった。それをあたかも遠く離れた所にいるように詠んだのであろう。さらに「大原の」と「大雪」の「大《おお》」の同音、「降れり」と「古りにし里」「降らまく」の「ふ」の同音のくり返しが使用される技巧がある。

創作のポイント

わ可さと尓　於本ゆ支不
れ里　大原の　布利尓しさ
と尓　婦ら万く八のち

短冊二本に一首をかき分けています。

右の短冊では疎から密へ、そして「ゆ支」を経て再び疎へ向かいます。

左の短冊ではスッキリと伸びやかに表現し、関戸本古今集にみられるような、最終行を二文字として下部に大きな空間を作っており、残響・余情を求めています。

異なる短冊を用いることで、行の表情との変化を絡ませています。

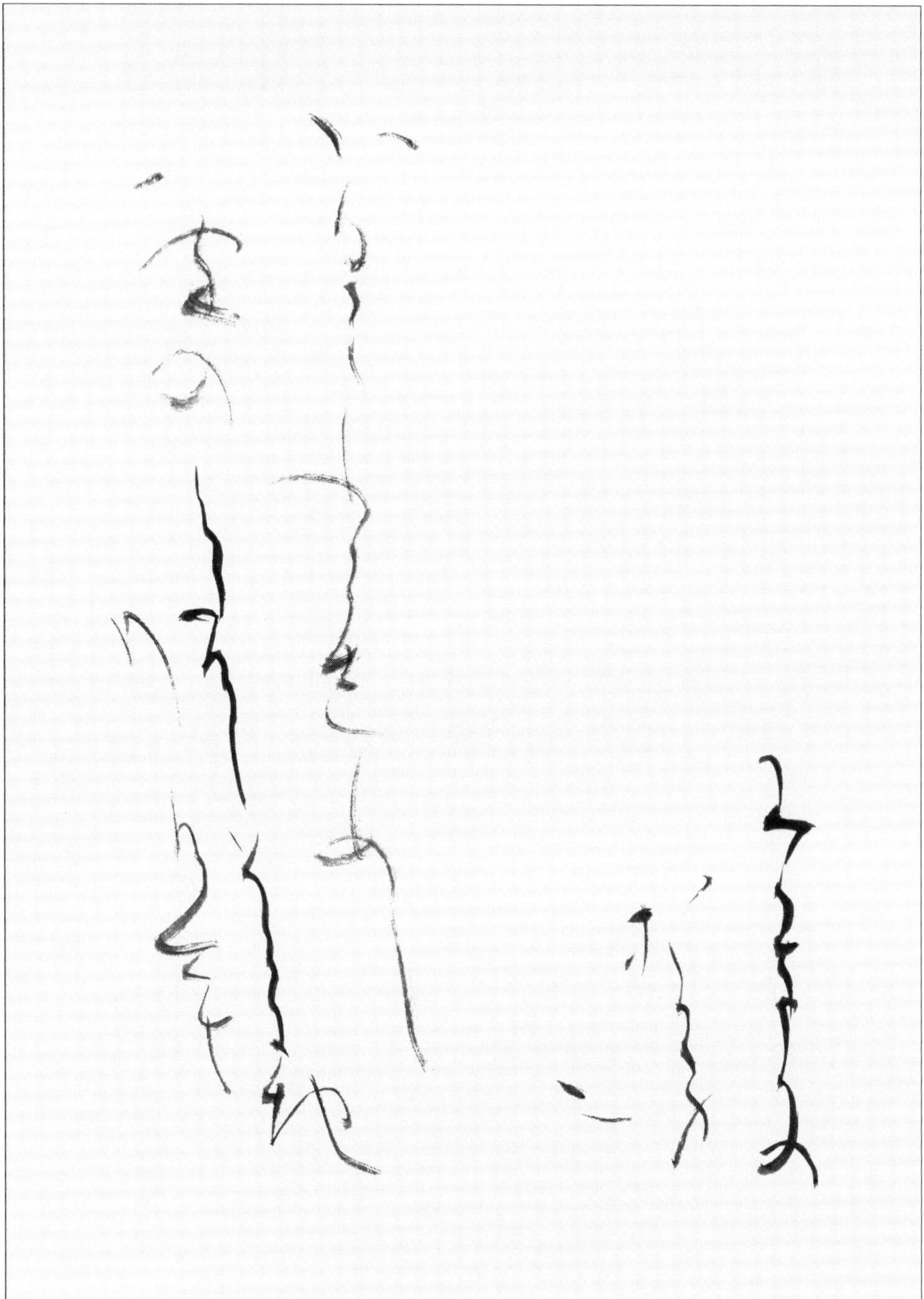

22 我《わ》が岡《をか》の　龗に言《い》ひて　降《ふ》らしめし　雪《ゆき》の摧《くだ》けし　そこに散《ち》りけむ

（巻二・一〇四）

原文　吾岡之　於可美尓言而　令落　雪之摧之　彼所尓塵家武

意味　わが岡の水神に言いつけて降らせた雪の、そのかけらがそちらに散ったのであろう。

解説　前歌（一〇三番）の題詞に「天皇、藤原夫人に賜ふ御歌一首」とあり、本歌には「藤原夫人の和へ奉る歌一首」という題詞があるから、贈答歌の形をとっている。

この歌は天皇の戯れ歌に対して藤原夫人もこちらこそ大雪の元であると戯れてみせたのである。「龗」は水をつかさどる龍神。相手（天皇）の歌の「大雪降れり」に対して「雪の摧けし」と表現し、「降る」に対して「散る」と表現したことはかけあい的なこととして受けとめることができる。

斎藤茂吉（『万葉秀歌』）は「御製の御揶揄に対して劣らぬユウモアを漂はせてゐるのであるが、やはり親愛の心こまやかで棄てがたい歌である。それから御製の方が大どかで男性的なのに対し、夫人の方は、心がこまかく女性的で、技巧もこまかいのが特色である」と述べている。一方、土屋文明（『万葉集私注』）は「天皇から歌を贈られたことに対し即興的に答へられただけの作である。……身分の顧慮などにわづらはされない所は面白いが、余りに奔放で少し上ずって居る如くにさへ聞える」と述べて評価が違うのである。

創作のポイント

王可を可の　於可身二い日
氏　ふら志めし　雪のく多
介し　曽ら尓地り介牟

集団を大きく主・従二つに分割しています。「従」にあたる右下集団は、横への振幅を抑えて貫通力のある一行目「王可を可の」を柱に、三角形的な構造となっています。

「主」にあたる左側集団では、各行頭「い日氏」「雪の」「り」が紙面上方を指向し、紙面を押し広げています。活躍する「ふらしめし」が左右へ揺れながら進み、「く多介し曽ら尓」の冷静な歩みと対比します。「地」の右下への沈み込みも重要です。

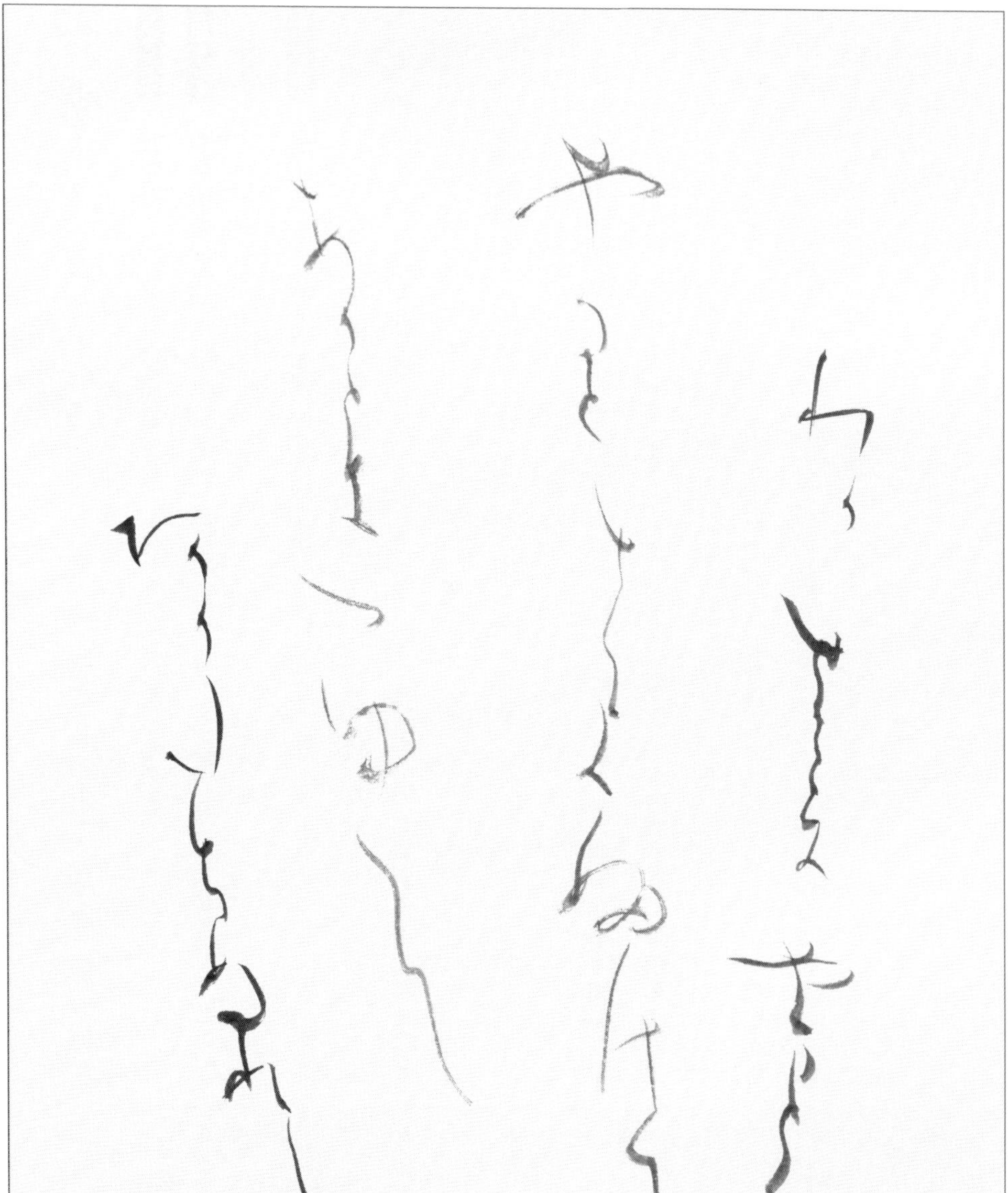

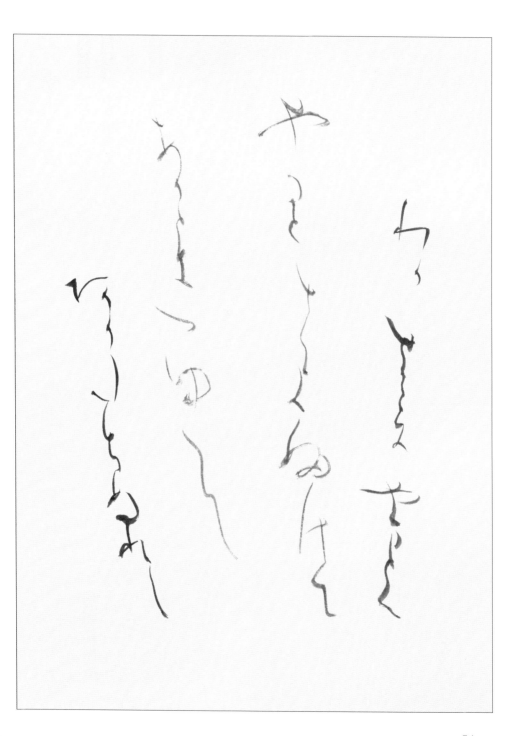

23 我が背子《せこ》を　大和《やまと》へ遣《や》ると　さ夜《よ》ふけて　暁露《あかときつゆ》に　我《あ》が立《た》ち濡《ぬ》れし

（巻二・一〇五）

原文 吾勢祜乎　倭辺遣登　佐夜深而　鶏鳴露尓　吾立所霑之

意味 わが弟を大和へ帰し見送ろうとして、夜もふけて明け方の露に私は濡れたことよ。

解説 「藤原宮に天の下治めたまひし天皇の代　諡《おくりな》を持統天皇といふ。元年の丁亥、一年に位を軽太子に譲り、尊号を太上天皇といふ」という標目があり、さらに題詞に「大津皇子《おおつのみこ》、竊《ひそ》かに伊勢神宮に下りて上り来る時に、大伯皇女《おおくのひめみこ》の作らす歌二首」とある。

この歌は持統天皇の時代に大津皇子が姉である大伯皇女のいる伊勢神宮にひそかに下り、帰って来る時大伯皇女が作った歌である。『日本書紀』には九月九日天武天皇崩御。同二一四日大津皇子謀反、十月二日逮捕、翌三日処刑、とある。この伊勢下向はその九日間のことであり、その時に詠まれたのが本歌であろう。何の目的で伊勢神宮に赴いたのか、大津皇子の謀反計画があったのかわからないが、姉大伯皇女はこの時伊勢神宮斎宮に任じられていた。

鶏鳴《あかとき》は「新撰字鏡」に「丑時」（午前二時前後）とあり、また集中に「五更露爾《あかとまつゆに》」ともあって、「五更」は午前四時から六時までというから、夜のふけゆく頃から暁（明時）に続くのである。第五句の「我が立ち濡れし」は、死を迎えるかもしれない弟を帰してしまった後悔の思いがこもっているという。また、「遣る」のことばに強制的語気が感じられるし、見送る側の惜別の情も認められる。

創作のポイント

わ可せこ乎　や万とへやる
とさよ婦けて　あ可と支
つゆ耳　阿可多ちぬれし

四行を林立させて、寸松庵色紙を思わせる構成としています。

この作品の核となっているのは、作品中央部に抱える膨張感です。二行目「さよ婦けて」の左右への指向と感情の漸増、三行目「つゆ耳」の大らかな放ち書きがそれを支えています。

一行目は静かな表情で二・三行目の効果をより高めています。四行目は「阿可多」の左に空間を抱えながら、リズミカルに、かつ抑制の心をもって書き進められています。

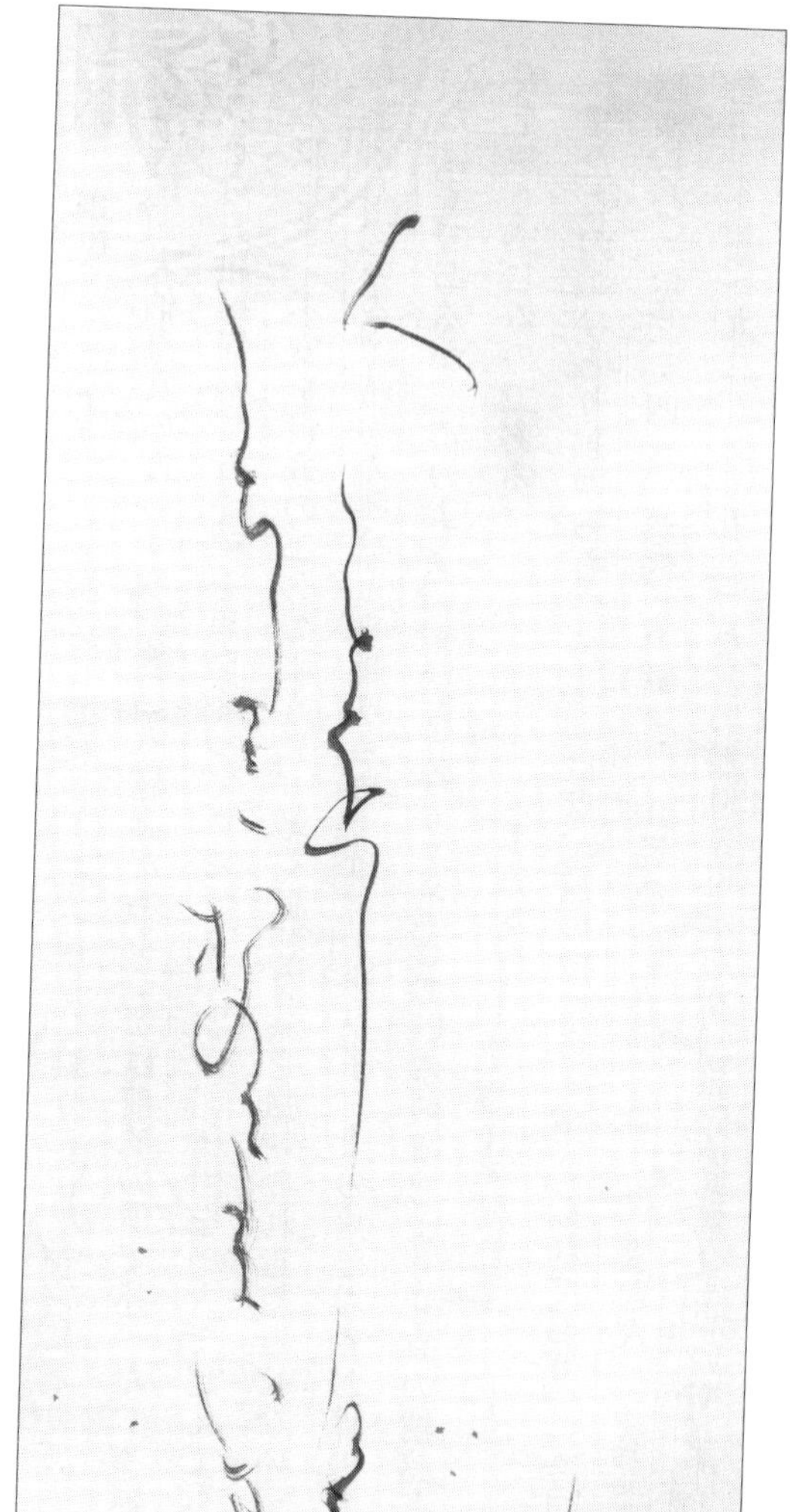

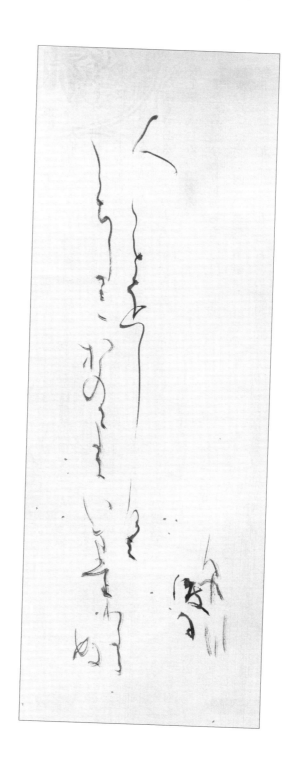

25 人言《ひとごと》を 繁《しげ》み言痛《こちた》み 己《おの》が世《よ》に いまだ渡《わた》らぬ 朝川《あさかは》渡《わた》る

（巻二・一一六）

原文 人事乎　繁美許知痛美　己世尓　未渡　朝川渡

意味 人の噂がうるさいので、これまで渡ったこともない朝の川を渡ることです。

解説 題詞に「但馬皇女《たじまのひめみこ》、高市皇子《たけちのみこ》の宮に在《おわ》す時に、竊《ひそ》かに穂積皇子《ほづみのみこ》に接《あ》ひ、事既に形はれて作らす歌一首」とある。この題詞から但馬皇女は高市皇子の妻でありながら穂積皇子にこっそりと会って人の噂になってしまった。だからといって二人の恋は終わったのでなく、むしろ今まで以上にひそかに会わねばならなかった。たとえ人の噂になっても、人目をはばかるがゆえに皇子への思いがつのり、人目をさけて夜明けの川を越えて穂積皇子の所へ会いに行くのである。

題詞に「但馬皇女、高市皇子の宮に在す時に」とあるのは、高市皇子が御名部皇女《みなべのひめみこ》という正妃がありながら、さらに但馬皇女も宮殿に住まわせたことを意味するもので、同じ宮殿の中に但馬皇女も同居させたことになる。このようなことは太政大臣高市皇子にしてはじめて成しうることであった。

本歌の第五句「朝川渡る」は思い余って異性と情を通じる寓意が認められるという。高市皇子の宮からこっそり抜け出して穂積皇子と密会し、夜が明けるころに宮に帰ることを意味しているらしいが、周りの人々の冷たい批判に対して情熱を燃やした但馬皇女の行動・性格をうかがうことができそうである。このような大胆な密通ということは考えにくいことから、これらの歌は虚構であり歌語りだとする考えもある。

創作のポイント

人ことを し介三こち多三
於の可よ尓 い万堂わ多ら
ぬ 朝川渡る

幅の狭い縦長の紙に書くことで、行がそびえ立って見えることを狙っています。

「人ことを」の行はダイナミックに時間と空間を抱えて降ります。第二行は三つの文字群を意識して、最後に「ぬ」の一文字をそっとあてています。

右下では渇筆の「朝川」に、墨継ぎした「渡る」を升色紙のように絡ませています。

行脚はゆるやかな船底型にし、統一感を求めています。

26 石《いは》見《み》のや　高角山《たかつのやま》の　木《こ》の間《ま》より　我《あ》が振《ふ》る袖《そで》を　妹《いも》見《み》つらむか

（巻二・一三二）

原文　石見乃也　高角山之　木際従　我振袖乎　妹見都良武香

意味　石見の国の高角山の木の間から私が振る袖を妻は見てくれたであろうか。

解説　題詞に「柿本《かきのもと》朝臣《あそみ》人麻呂《ひとまろ》、石見《いわみ》国より妻を別れて上り来る時の歌二首」とあり、長歌と反歌とからなる。この歌は反歌の第一首目である。作者人麻呂が何の目的で石見に行ったか不明だが、おそらく地方官として採鉄作業に従事するためであろう。その任期が終わって上京の折、現地妻と別れねばならないのでこの歌を詠んだと推定できる。人麻呂の妻は二人説、三人説があるが、実際何人いたか不明である。また長歌は「石見の海　角の浦廻を　浦なしと　人こそ見らめ　潟なしと　人こそ見らめ……」と歌いはじめ、三十九句から成っているが、人麻呂の作歌の中では比較的短い歌である。石見の海浜風土によせる大きな表現から焦点をしぼって妻へのひたむきな慕情を歌っている。荒磯に生えている藻に美しい女性のイメージを重ねて見事な効果を表している。また対句表現を多く用い調子の良いリズム感をかもし出している。

本歌の第二句目「高角山」は現在、島根県江津市島の星町にある「島の星山」ではないかと言われ、角の里にある高い山の意で、妻のいる里一帯を「見おさめ山」と呼んだという。「我が振る袖」は山の中で袖を振る実景描写でなく、魂の伝達で別れを懐かしんでする動作であろう。

創作のポイント

いはみのや　多可つの山能
この万与り　阿可布る袖
越　いもみつらむ可

右下集団と左集団の二大集団による構成です。

右下集団は、第一行の揺さぶりと太細に誘発される感情の高まりを核とし、第四行「り」に徐々に収束してゆく展開を見せます。左集団は「可布る」の直滑降的呼吸から変転して豊かな表情の放ち書きによる「袖越」と、「いもみつらむ可」の、絶妙に太細を織りまぜながら脈々と進む展開、この二行の絡みに表現の主眼があります。

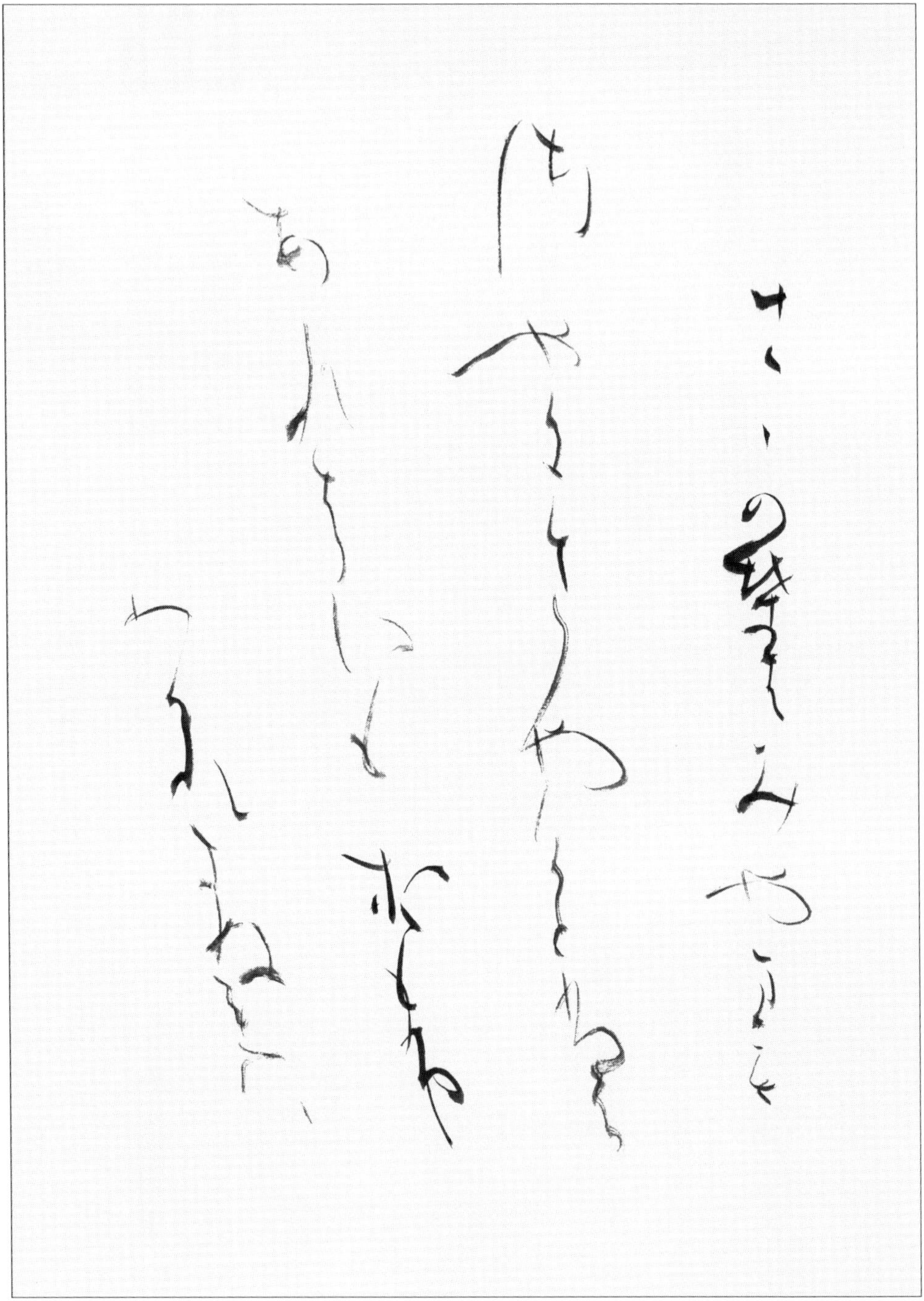

27　笹《ささ》の葉《は》は　み山《やま》もさやに　さやげども　我《あれ》は妹《いも》思《おも》ふ　別《わか》れ来《き》ぬれば

（巻二・一三三）

原文　小竹之葉者　三山毛清尓　乱友　吾者妹思　別来礼婆

意味　笹の葉は山全体にさやさやとそよいでいるけれども、私は一筋に妻のことを思う。別れて来たので。

解説　前歌に続く反歌の第二首目である。見納めの山を後にして、妻は人麻呂の心に残る人となった。風が吹いて笹の葉がそよぐ音と山の清々しさを述べ、さらに妻への思いも深いことを歌う。長歌の結句「なびけこの山」という表現を受け、さらに一三二番と関連づけて歌っている。本歌「笹の葉」に風が吹き、ざわめく音は気にもしないでただ「妹」に焦点をしぼり「妹を思ふ」と歌う所に、「別れ来ぬれば」ということばの重みを感じる。人麻呂の心は乱れないで妻への思いで一杯であるというのだろう。

石見相聞歌は一三一番から一四〇番まで一連の歌として理解できる。この構成は複雑で諸説あり、伝誦の結果生じたと考える伝誦説と、人麻呂の書き直しとする推敲説に分かれるが、現在は推敲説が有力である。

構成体としての石見相聞歌について図式化すると次の通りである。（神野志隆光説）

「妹」へむかう心 → 別れて来てしまったこと

別れて来てしまったこと → 「妹」へむかう心

〈一三五～一三七番歌〉

創作のポイント

さゝの葉者　みや万毛佐や
尓　さや介と裳　あれ者い
も於も布　わ可れ支ぬ連八

第一行は、上半身の重厚さと下半身の軽快さが共存しています。

第二行は柱となる行です。「や尓さ」は右側に壁をもちながら進み、直後「や」で静けさを破り、以降「介と裳」は変転して左側に壁をもって進みます。

第三行はリズミカルに伸長する「あれ者いも」と密度を高めた「於も布」の対比を中心に展開します。

第四行は線の太細を絡ませながら一体感をもって右下へ進んでいます。

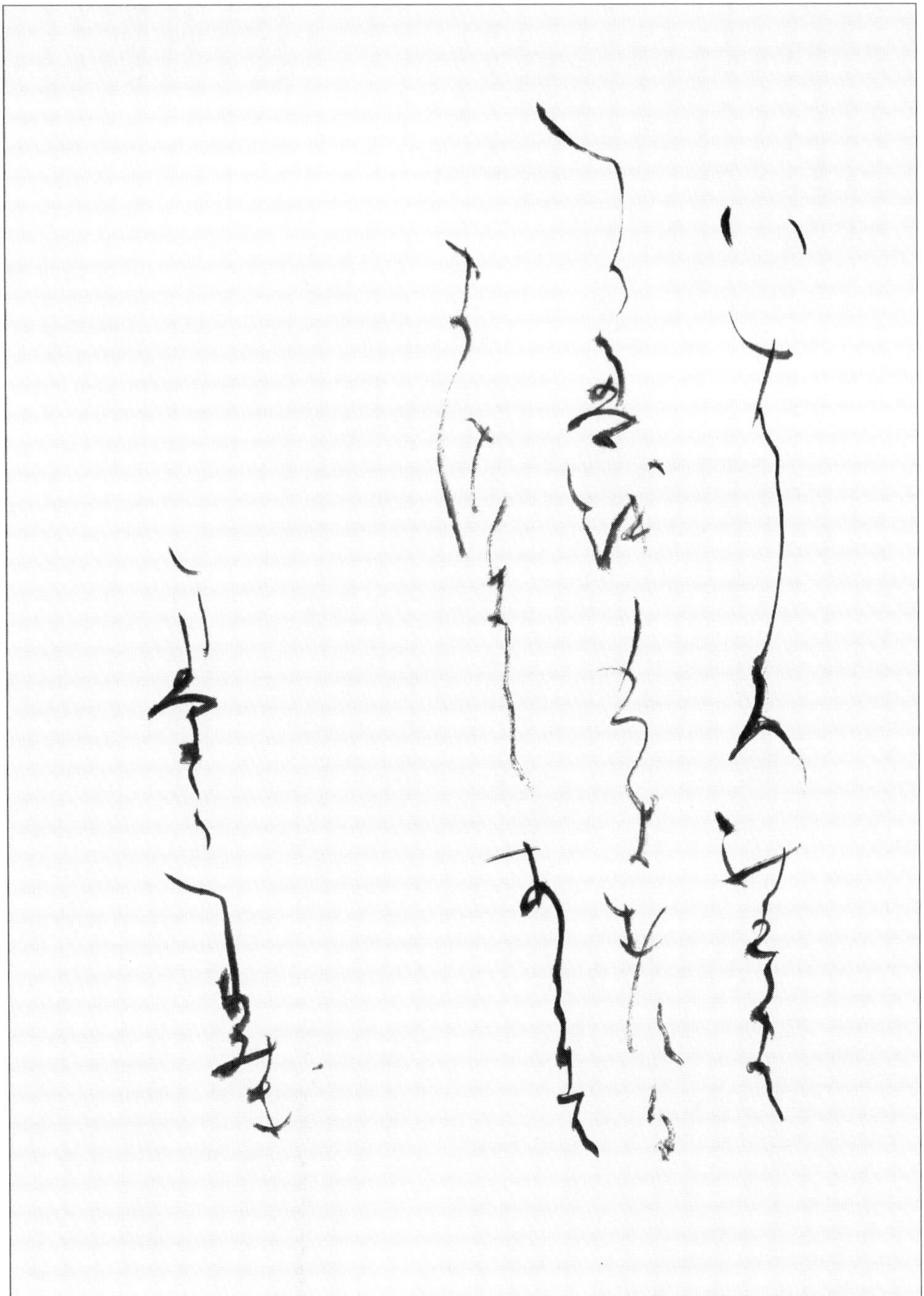

28 岩代《いはしろ》の　浜松《はままつ》が枝《え》を　引《ひ》き結《むす》び　ま幸《まき》くあらば　またかへり見《み》む

（巻二・一四一）

原文 磐白乃　浜松之枝乎　引結　真幸有者　亦還見武

意味 岩代の浜松の枝を結んで行くが幸い無事でいられたなら、またここに立ち帰ってこの松を見ることであろう。

解説 万葉集巻二挽歌の冒頭に有間皇子《ありまのみこ》の歌二首があるが、その中の一首である。題詞に「有間皇子自ら傷みて松が枝を結ぶ歌」とある。

『日本書紀』には次のように記されている。斉明四年（六五八）一一月、留守宮であった蘇我赤兄《そがのあかえ》は、有間皇子に天皇の「三失（失政）」を説いた。有間皇子は赤兄が味方をしてくれるものと思い謀反を決意するが、赤兄は有間皇子を捕らえ、天皇に皇子が謀反をおこそうとしていると申し上げた。皇子とその周りの者が逮捕され処刑された。

この有間皇子の謀反と歌を深く結びつけようとする考えがある。題詞に「松が枝を結ぶ歌」ということばがあるが、これは古代に行なわれた呪術で、自分の魂を封じこめることによって再びこの場所に帰ってくることが出来るように祈るのである。旅の安全と寿命の長いことを祈念するのは、他に「紐結び」「草結び」という表現があるが、同じように理解してよい。

また、岩代は和歌山県日高郡南部《みなべ》町西岩代・東岩代の地名であるが、その地名を歌いあげているのは、その土地に神霊が宿ると考えられ、その土地を讃美することによって旅人の安全を願うことが理解される。

創作のポイント

い者しろ能　盤ま〻つ可盈
越　悲支む須日　ま佐支く
あら者　万堂可へ利みむ

三行の峻立する第一集団と、そこから大きく余白をもって置かれた二行から成る第二集団で構成されています。

第一集団は、「い者しろ能」の大らかさと「盤ま〻つ可盈越悲支」の緊密な心の対比、「つ可盈越悲支」の象徴的な左右への揺さぶり、「あら者」の右下への沈みが主旋律となりリードしています。

第二集団は行の右側に直線的なエッジラインを作り、またやや傾斜することで、大きな余白とその先の集団が響いています。

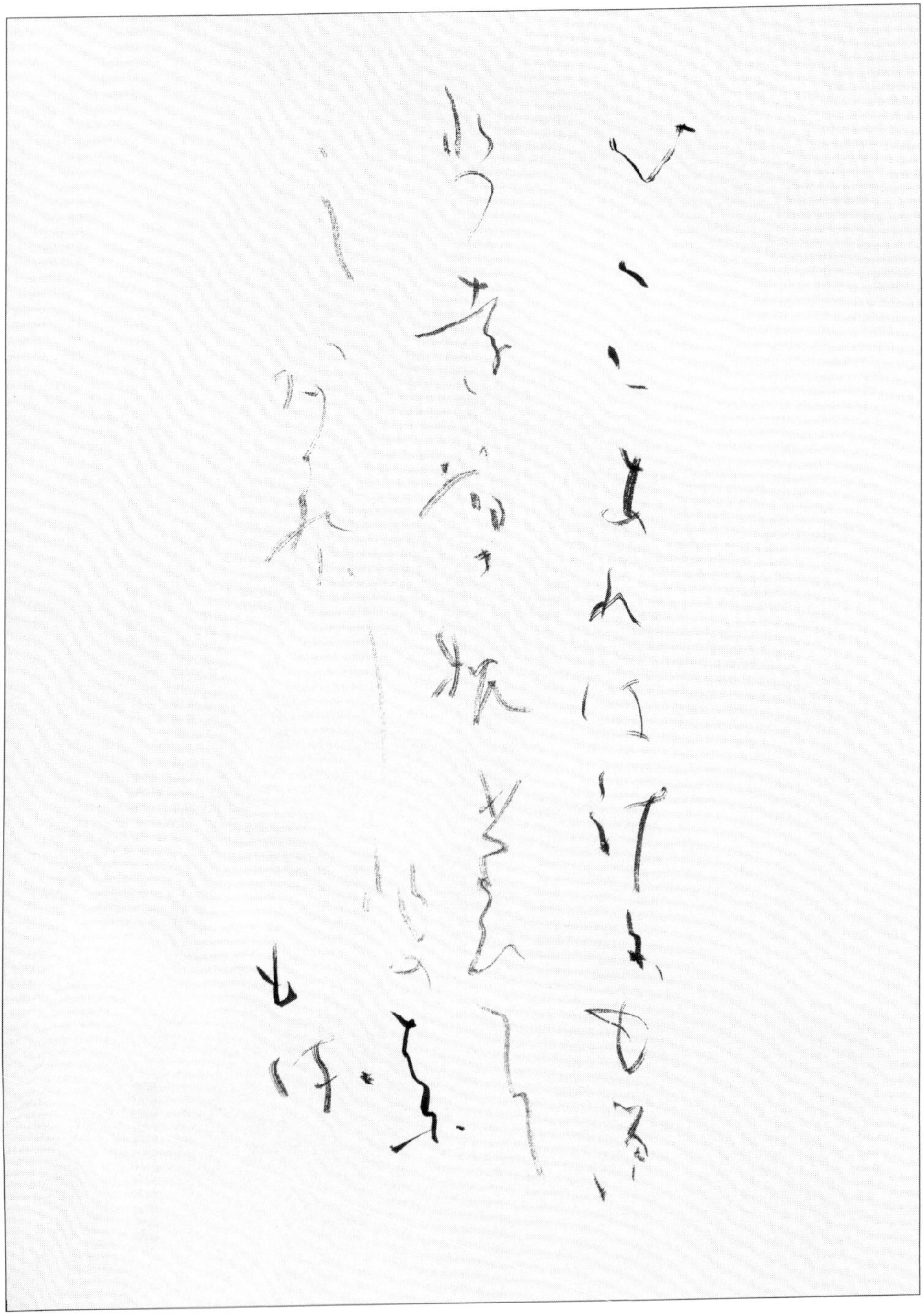

29 家《いへ》にあれば　笥《け》に盛《も》る飯《いひ》を　草枕《くさまくら》　旅《たび》にしあれば　椎《しひ》の葉《は》に盛《も》る

（巻二・一四二）

原文 家有者　笥尓盛飯乎　草枕　旅尓之有者　椎之葉尓盛

意味 家にいる時は、器に盛る飯を、（「草枕」は枕詞）旅にあるので椎の葉に盛る。

解説 前歌に続く。題詞も同じ。この歌は皇子が謀反の罪で捕えられた時の自傷歌とされているが、内容からみると旅の歌とも理解できる。初句の「あれば」や「に」の繰り返しの語が使用されていたり、「いへ（家）」「いひ（飯）」「しひ（椎）」などの類音が一首の中に多用されて、口承や民謡の類に近い表現であることが注目される。

また結句の「椎の葉に盛る」は、椎の葉に飯を盛って有馬皇子が食べるという仙覚以来の注釈が継承されているのに対し、「椎の葉に盛る」のは神への手向けであろうとする見解も説得力がある。「椎の葉」は一枚の葉ではない。また小枝を指すとか、椎ではなく「樽の葉」という見解もある。

稲岡耕二（全注・二）は「一四二番の骨格は〈家にあれば（A）…旅にしあれば（B）…〉という形にある。家でのこと、旅先でのことが対比され、旅中の死が嘆かれ、あるいは一人寝のわびしさが強調されるのがこの形なのである」と解いている。旅と家を対比するというのは旅の歌を詠む基本なのである。また、実作か虚構かについて山本健吉は「この歌を皇子の実作と見るのは当らず、叙事詩的虚構が凝って結晶させた抒情詩の精髄《エキス》」と述べている。

創作のポイント

以へに二あれは　計尓も留
い悲遠　草枕　堂ひ耳之阿
礼八　し非の者尓も流

江戸時代の良寛の書に寄り添いながら、放ち書きの多い書としました。

第一行では徐々に拡大してゆき、「は」を中心に据え、脚部は上部と異なった放ち書きを見せます。第二行は作品の山場として「草枕」を中心に、上部は疎、脚部には密を対比させます。第三行は前二行とは異なった表情を求めます。

全体として墨量を控え、度合いを工夫し、いわば渇筆によるハーモニーを試みました。

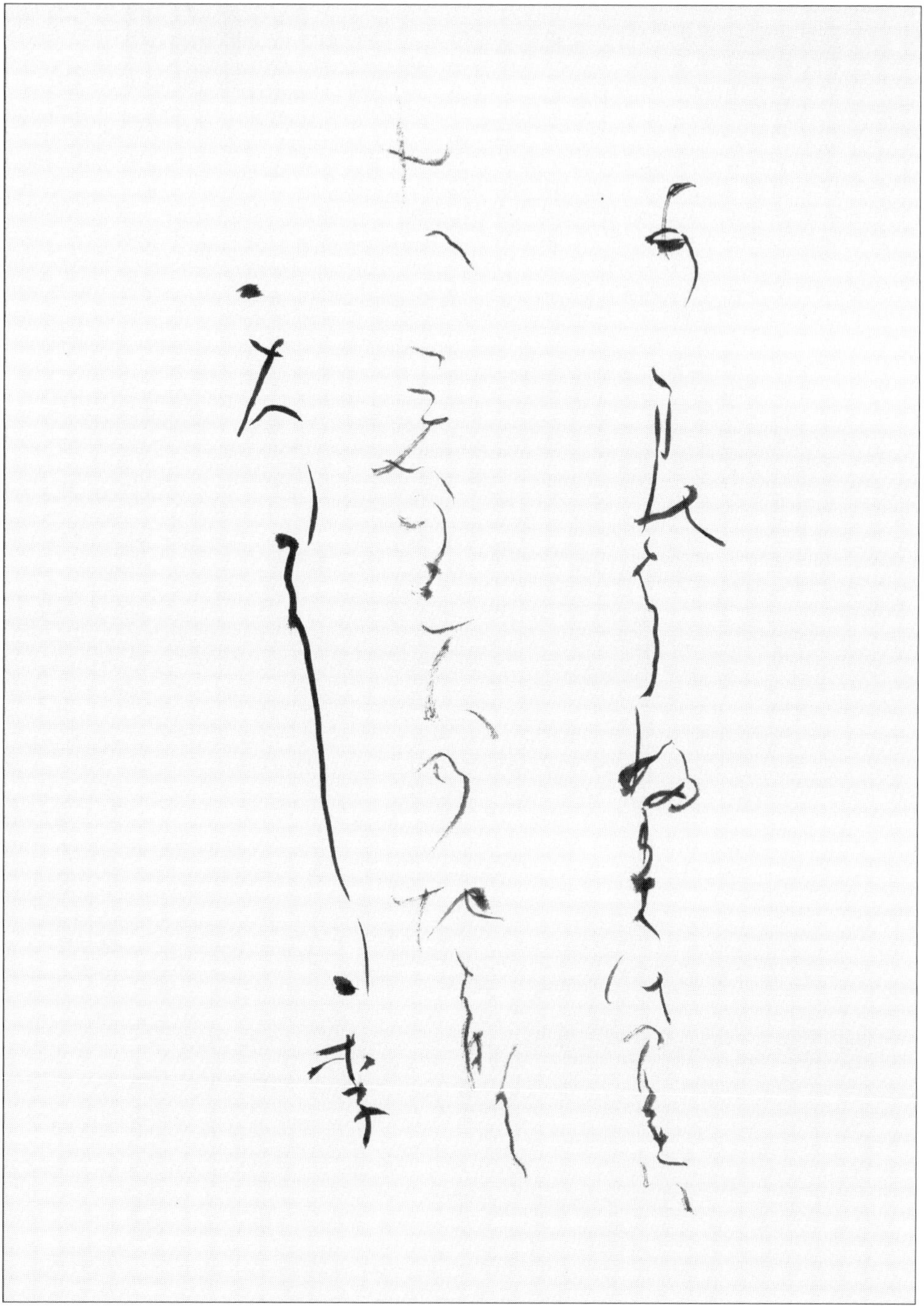

30 天《あま》の原《はら》 振《ふ》り放《さ》け見《み》れば 大君《おほきみ》の 御寿《みいのち》は長《なが》く 天足《あまた》らしたり

（巻二・一四七）

原文 天原　振放見者　大王乃　御寿者長久　天足有

意味 大空を振り仰いで見ると、大君の御命は永久に長く空いっぱいにあふれています。

解説 標目に「近江大津宮に天の下治めたまひし天皇の代《み》天命《よあめみこと》開《ひらかす》別《わけ》天皇、諡《おくりな》を天智天皇といふ」とあるから天智天皇の時代である。

さらに題詞に、「天皇の聖躬不豫《みやまい》したまふ時に、大后《たいこう》の奉《たてまつ》る御歌一首」とあり、天皇の病気の時に詠まれた歌である。しかし、歌からはとても病気のことが歌われているとは思われない。『日本書紀』天智十年（六七一）の条に「九月に天皇、寝疾不予《みやまい》したまふ」とあり、十月になって「天皇、疾病弥留《みやまいおも》し」として東宮を寝室によび入れて「朕疾甚《やまいおも》し、後事《のちこと》を以ちて汝に属《つ》く」と仰せられたが固辞してお受けにならない。やがて十二月三日近江宮にて崩去と記されている。

この歌は倭大后《やまとたいこう》が歌ったものであるが、これは古い挽歌の持つ呪的な内容が感じられるという。さらに岡野弘彦は、「広く遥かな天空、すなわちこの御殿の高い天井を仰ぎ見ると、そこから垂れ下っている莫《まく》の如く太く長い天皇のお命は、天空に満ち足り、地上に長く垂れていらっしゃる」と述べている。題詞のもつ意味と歌との関連性を考えての受けとめ方である。

創作のポイント

あ万能者ら　婦利さけ見
連八　大君の　三い乃地者
那可く　天多らし多李

紙面中央に三行が屹立する構成です。

各行が担う「役割」を追ってみると、第一行は「あ万能もら婦利さ」の左側エッジラインを直線的にして「け」で変調、以降は右下方への密度を高めて引き込みます。第二行は情感を高めて大らかに身心の弾力と体幹を働かせながら「地」に辿り着き、「者那可く」に収束します。第三行は伸びやかに第二行に寄り添います。全体の佇まいは、生け花のように凛とそびえています。

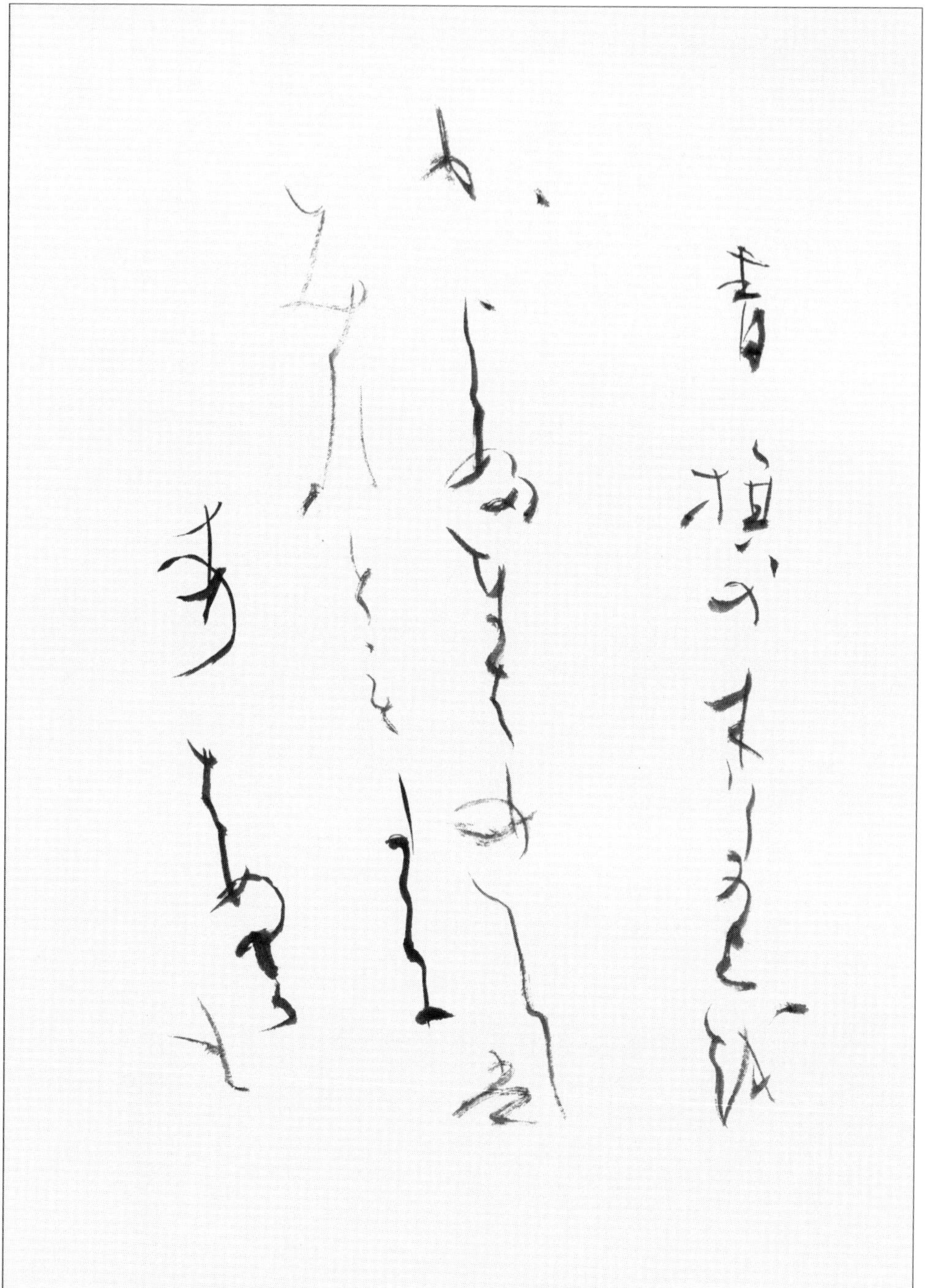

31　青旗《あをはた》の　木幡《こはた》の上《うへ》を　通《かよ》ふとは　目《め》には見《み》れども　直《ただ》に逢《あ》はぬかも

（巻二・一四八）

原文　青旗乃　木幡能上乎　賀欲布跡羽　目尓者雖視　直尓不相香裳

意味　（「青旗の」は枕詞）木幡の山の上をみ霊が行き来しておられるのが目には見えるけれども、直接にお逢いできないことよ。

解説　題詞に「一書に曰く、近江天皇の聖躰不豫《みやまい》したまひて、御病急《みやまいには》かなる時に、大后の奉献《たてまつ》る御歌一首」とあり、天皇が危篤状態におなりの時詠まれた歌と理解できるが、歌の内容からみると崩御後山科で詠まれたのであろうかと思われる。稲岡耕二（全注・二）は「崩御後の歌とすれば、配列はもっとあとになるはずで、それを崩御前の作として誤り伝えた」とする。さらに「一四八歌も、一説にそうした歌々と同様に、崩御前の作と誤解され、伝えられるようになったのではなかろうか。巻二の最終的な編纂者は、誤伝の方に興味を寄せつつ〈一書曰〉という特殊な題詞を記したものと思われる」と述べている。

「木幡」は小旗で、殯宮などに立てた白旗（青旗）とする説と地名説がある。地名の木幡は現在の京都府宇治市北部であるが、かなり広い地域――天智天皇陵附近までを指したのであろう。「通ふ」の主語は天皇の御魂であろう。斎藤茂吉（『万葉秀歌』）は「御歌は単純蒼古で、従うに艶めかず技巧を無駄使せず、前の御歌同様集中傑作の一つである」と高く評価している。

創作のポイント

青旗の　木八多の上越か与
婦東者　め耳盤みれと毛
多ゝ尓あ者ぬ可も

豊かな表情の「青旗」から「上」までじっくりと密度と感情を高め、「越」で解放し、以降の行の活躍を呼び込みます。

第二行「か」「め」、第三行「みれ」、第四行「あ」は、それぞれの行を代表し、主張しています。それらの上下左右では静かにたたずむ文字群の姿があり、劇的な効果を生んでいます。

文字群は秩序の下に異なる役割を全うし、作品という「劇場」を演出しています。

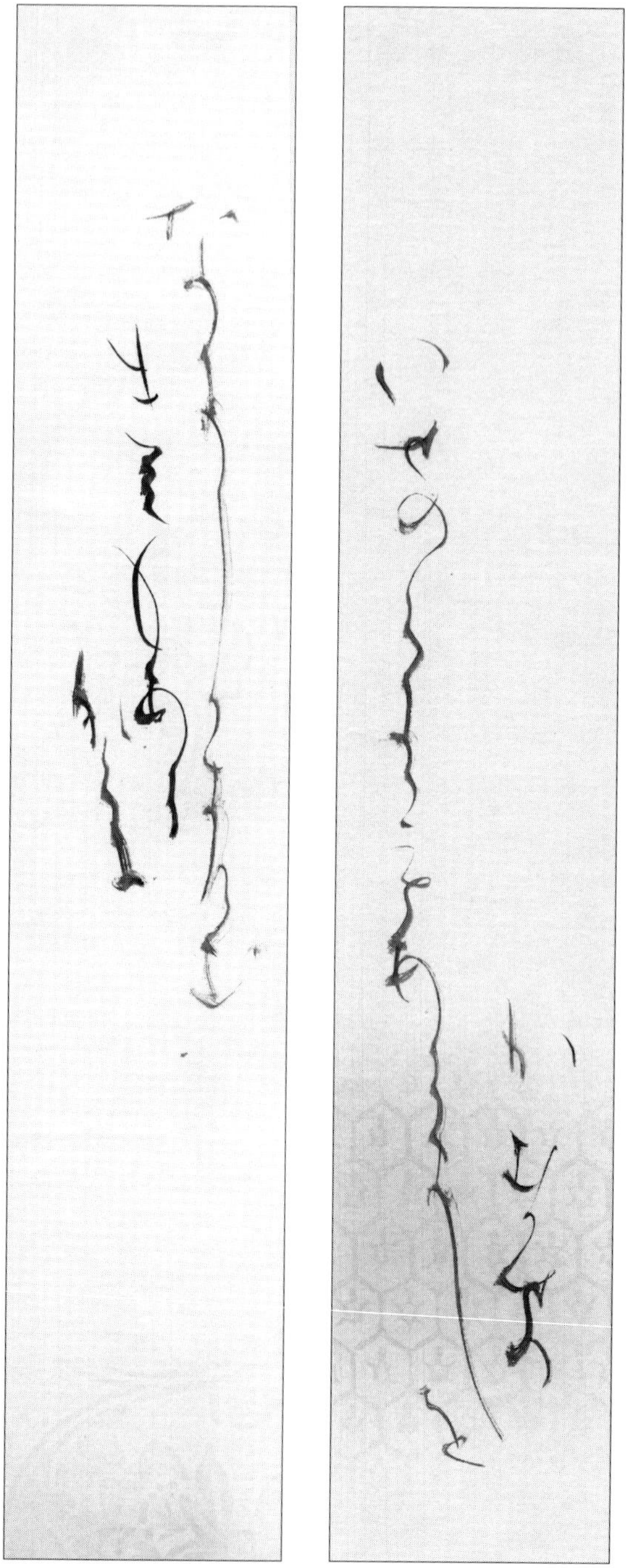

32 神風《かむかぜ》の　伊勢《いせ》の国《くに》にも　あらましを　なにしか来《き》けむ　君《きみ》もあらなくに　（巻二・一六三）

原文　神風乃　伊勢能国尓母　有益乎　奈何可来計武　君毛不有尓

意味　（「神風の」は枕詞）伊勢の国にでもいればよかったのに、どうして大和などに帰って来たのだろう。弟もこの世にいないのに。

解説　題詞に「大津皇子《おおつのみこ》の薨《こう》ぜし後に、大伯皇女《おおくのひめみこ》、伊勢の斎宮《いつきのみや》より京に上る時に作らす歌二首」とある中の一首である。

大伯皇女は天武三年（六七四）から朱鳥元年（六八六）まで斎宮として伊勢神宮にいた。しかし天武天皇崩御によって斎宮を退き、上京する時に詠んだ歌が一六三、一六四番歌である。皇子は朱鳥元年一〇月三日死を賜った。「あらましを」はいた方がよかったのにの意。「伊勢の国にも」の「も」は反実仮想と呼応する用法である。「君もあらなくに」の「君」は弟大津皇子を指す。皇子もいないことなのにの意。

本歌は前歌（一〇五・一〇六番）から続いており、沈痛な抒情を感じる。大和へ帰るのだから嬉しいことなのに、「伊勢の国にもあらましを」と歌わざるをえなかったのは悲しみの大きさであり、皇女の真実の声であっただろう。そして結句で「君もあらなくに」と歌うのは悲痛である。大和へ帰京してから事の仔細を告げられた皇女の嘆き悲しむ気持が理解できる。この一〇五、一〇六の伊勢の地で詠んだ歌に続いている一六三〜一六六の六首をつなぎあわせると、伊勢の地（一〇五・一〇六）、道中（一六三・一六四）、大和（一六五・一六六）の関連があり、「歌語り」と考えられる。

かむ可せの　いせのく尓、
毛　あらましを　な尓し可
支介む　き三もあら那く
尓

創作のポイント

二枚の短冊によって一首を書いています。

右側の短冊では第一行を短く、第二行を長くして最後に「を」一文字を添えています。

左の短冊ではダイナミックな第一行と、墨継ぎをして疎密による行、そして「那く尓」のグッと沈ませる強力な運びによって三行を一体化させています。下部の大きな空間が生きるように心がけています。

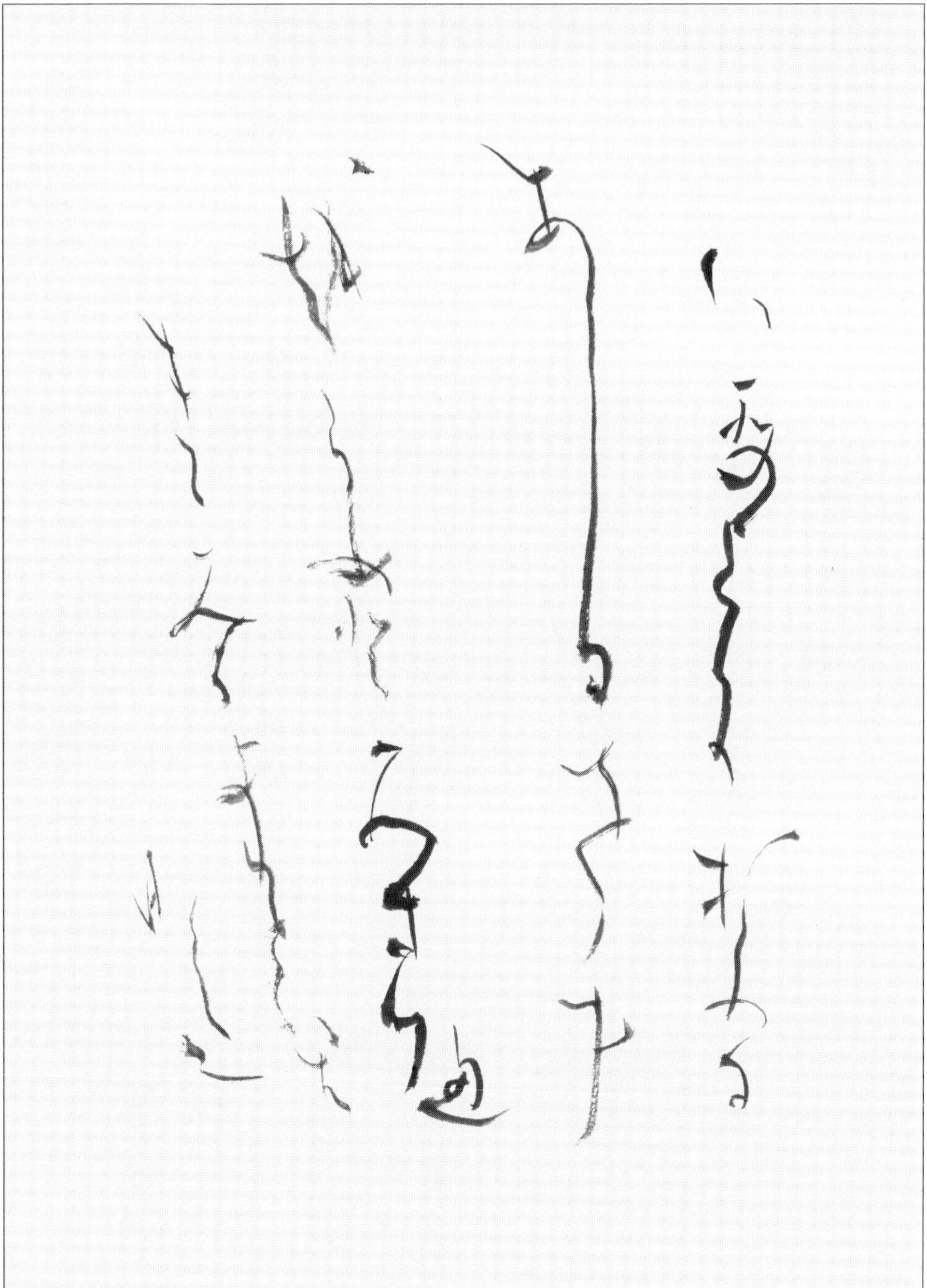

33 磯《いそ》の上《うへ》に　生《お》ふるあしびを　手折《たを》らめど　見《み》すべき君《きみ》が　ありといはなくに （巻二・一六六）

原文 礒之於尓　生流馬酔木乎　手折目杼　令視倍吉君之　在常不言尓

意味 磯のほとりに生えているあしびを折りたいが、お見せするあなたがこの世にいるわけではないのに。

解説 題詞に「大津皇子《おおつのみこ》の屍《かばね》を葛城《かづらき》の二上山に移し葬る時に、大伯皇女《おおくのひめみこ》の哀傷して作らす歌二首」の中の一首である。

「あしび」は早春白いつぼ状の花がふさをつけて咲く。このあしびは有毒で、馬がこれを食べると酔ったようになることから「馬酔木」と書くそうだ。結句の「ありといはなくに」は、死者にあったことを述べて縁者を慰める習慣があったが、罪人だから誰も言ってくれないという意。左注に「右の一首、今案ふるに移し葬る歌に似ず。けだし疑はくは、伊勢神宮より京に還る時に……」とあり、「京に還る時」は一一月一六日—冬で歌中の「あしび」と季節が合わない。すなわち春のものである「あしび」と大伯皇女の帰京した冬とは季節が合わないのだ。後の編者が何かの錯覚でつけた注であろう。

大津皇子は罪人とされたので屍をある場所に葬ったが、後に二上山に移葬されたとすれば、持統元年から三年頃に歌われたのであろう。

大津皇子に関わる一連の作品を、大津皇子・大伯皇女の自作ではなく、後代の人の仮託の作である（都倉義孝『大津皇子とその周辺』）とする考えがある。

創作のポイント

い所の上尓　於ふるあし日
を 手越らめ登 みす遍き、
み可 あ利とい者那く二

第一行「い」の雄大な気宇が、この作品の原動力となり、「所の上尓」で密度を高め、「於ふる」で解放、第二行「あし日」を書かせます。

「を手」で再び大らかな表情を示し、墨継ぎ「みす遍」でさらにもう一段ダイナミックな感情を出現させます。紙面に膨張感をもたらす場面です。

第四行は軽妙ながら貫通力をもたせて、前三行を受け止め、「那く二」を添わせます。

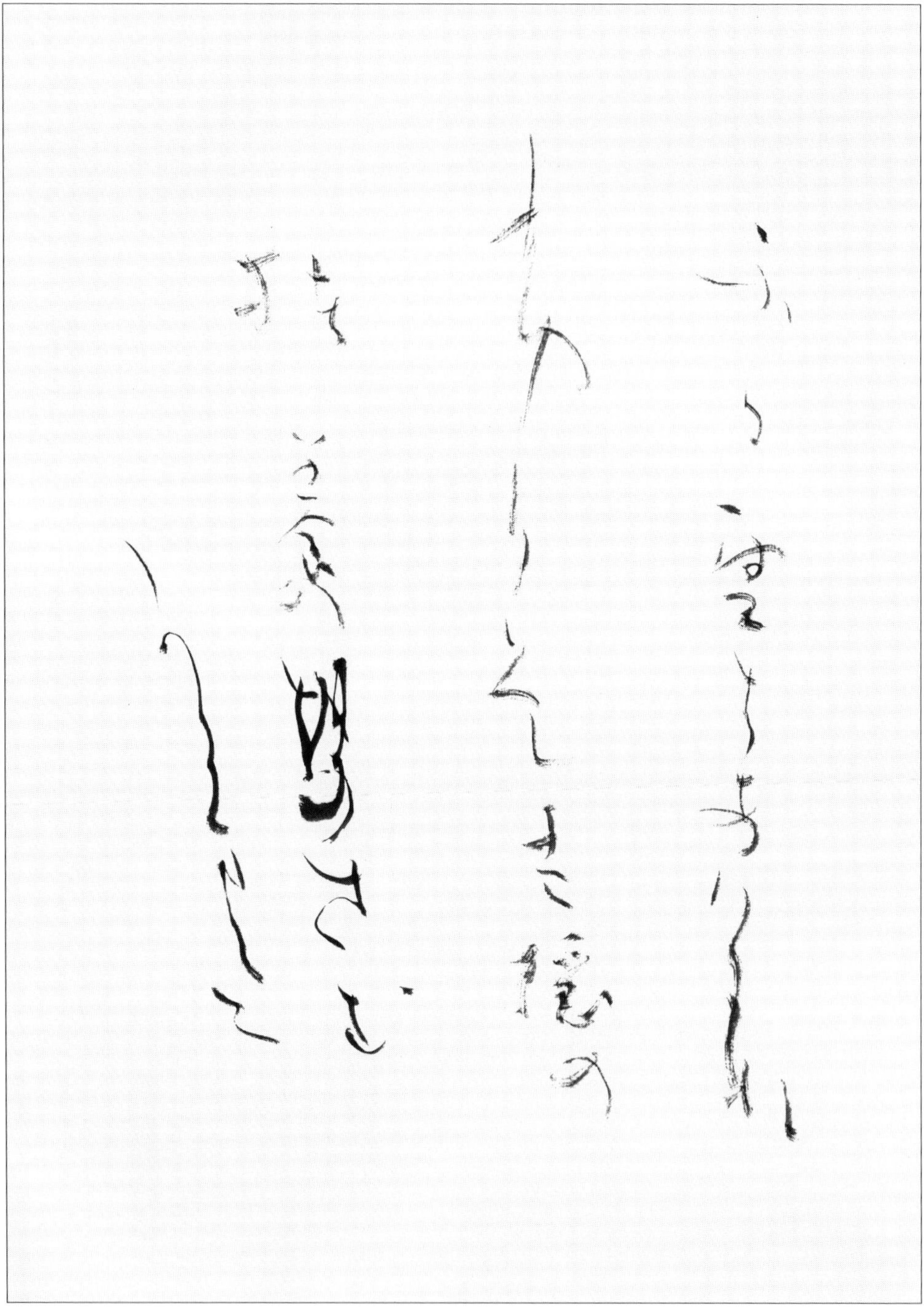

34 降《ふ》る雪《ゆき》は　あはにな降《ふ》りそ　吉隠《よなばり》の　猪養《ゐかひ》の岡《をか》の　寒《さむ》からまくに

（巻二・二〇三）

原文　零雪者　安播尓勿落　吉隠之　猪養乃岡之　寒有巻尓

意味　振る雪は、たくさん降ってくれるな。吉隠の猪養の岡が寒いであろうから。

解説　題詞に「但馬皇女《たじまのひめみこ》の薨《こう》ぜし後に、穂積皇子《ほづみのみこ》、冬の日雪の降るに、御墓を遥かに望み、悲傷流涕して作らす歌一首」とある。

但馬皇女が薨じたのは和銅元年（七〇八）であったから、この歌はおそらく同年冬に藤原宮から吉隠の方を望んで詠まれたものであろう。

但馬皇女ははじめ異母兄高市皇子《たけちのみこ》の許にあったが、後に穂積皇子に心を移した。但馬皇女のはげしい情熱に穂積皇子の心も燃えただろうが、おかしてはならぬタブーを破ることはできなかった（59頁参照）。

歌中の語句「あは」は諸説あるが①「多に」の意でサハとアハと通ずるもので、数量の多いこと。②「淡に」の意。③地名説などあるが、ここは①の意。

なお但馬皇女は和銅元年六月に薨じたのであるが、次の弓削皇子《ゆげのみこ》の薨去が文武三年（六九九）七月であるから、歌の配列に誤りがある。土屋文明（万葉集私注）は「単なる編次の混乱であらうか。何か根拠のあることであらうか。注意さるべきことと思う」と述べている。

創作のポイント

ふる雪者　あ八尓那布りそ
吉隠の　猪養の越可の　さ
む可ら万く二

第一行「ふる雪者」は放ち書きで、印象的に、「八尓那」は連綿させ、右下へ引き込みます。

第二行は作品を象徴する「布りそ」の姿を主とします。第三行は「猪養の」における遊離、接近。対して「越可のさむ」は、同じく文字の接近と遊離がリズムを作りますが、「猪養の」が渇筆だったのに対して、ここでは潤筆で伸びやかになる表現とします。

第四行は軽快に右下へ降下し、全体を受け止めています。

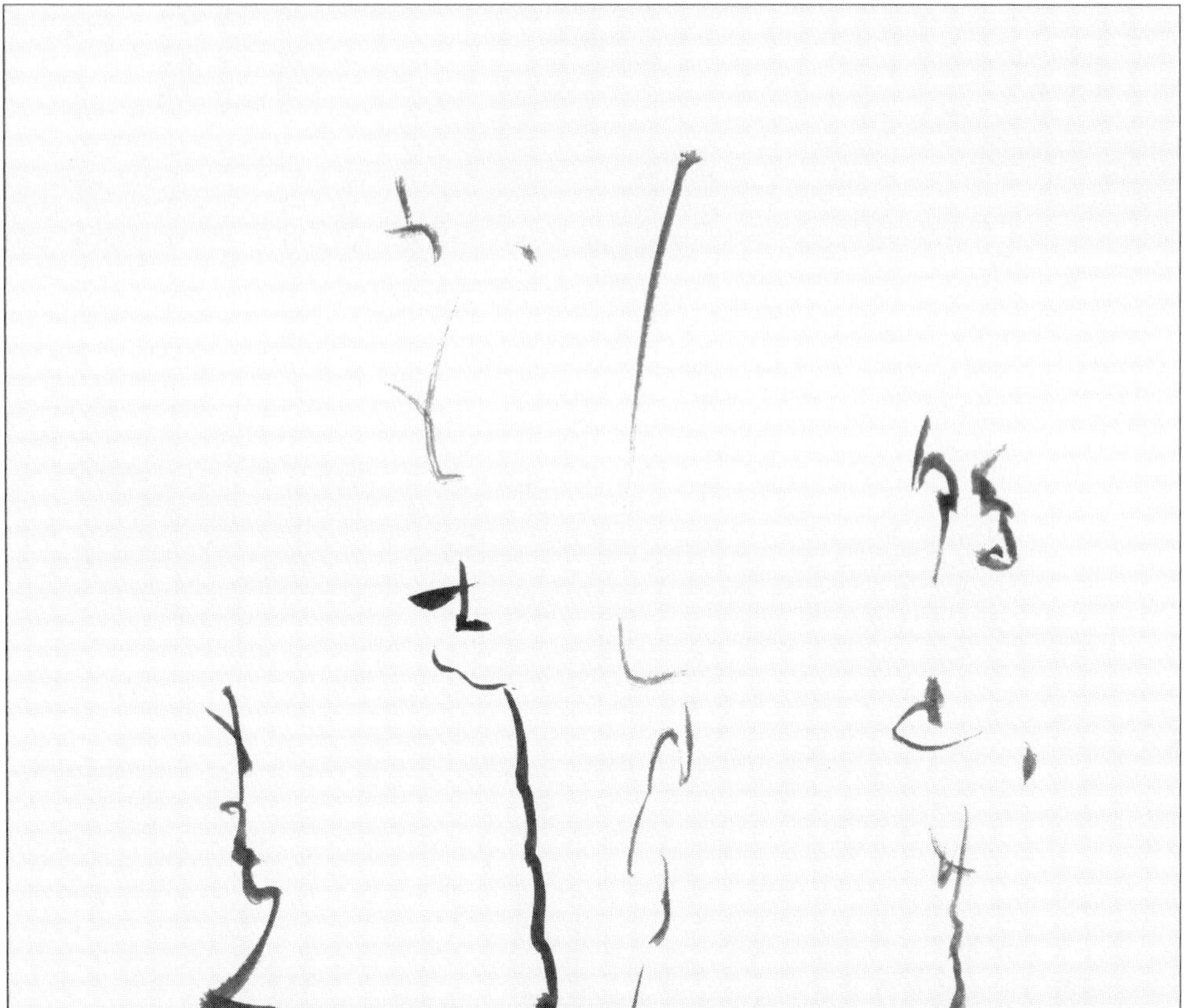

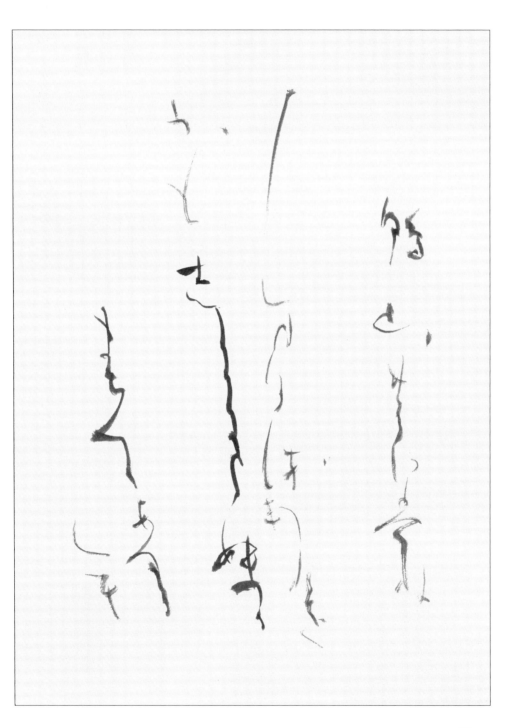

35 鴨山《かもやま》の 岩根《いはね》しまける 我《あれ》をかも 知《し》らにと妹《いも》が 待《ま》ちつつあるらむ

（巻二・二二三）

原文 鴨山之　磐根之巻有　吾乎鴨　不知等妹之　待乍将有

意味 鴨山の岩を枕にして行き倒れている私なのに、何も知らずに妻は私の帰りを待っていることであろうか。

解説 題詞に「柿本朝臣人麻呂《かきのもとあそみひとまろ》、石見国に在りて死に臨む時に、自ら傷みて作る歌」とある。この歌は人麻呂の自傷歌であるから人麻呂の作とする。また、二二三番から二二七番までの一連歌を全部人麻呂作とする説がある。死に場所については、歌中にある「鴨山」「石川」から、①島根県益田市高津にあった鴨島・高津川、②島根県浜田市の亀山・浜田川、③島根県邑智郡邑智町字湯抱の鴨山・江ノ川上流、④大和の葛城連山・河内の石川、などとする説があるが、③が有力である。

鴨山の「鴨」は砂鉄生産にあずかった賀茂族との関係が深いであろう。人麻呂の自傷歌のあとに妻の歌二首（二二四・二二五）があるが、なぜ妻は人麻呂の死を知ったか、誰が知らせたかを疑うことから、人麻呂作で石見妻を演じてこの歌を詠んだのであろうという説もある。

また、二二三〜二二七の一連の作は実作か虚構か、あるいは山部・海部・荒野の三つの場面を想定した伝承歌か。それとも山と川の対比する歌か、などの論があって、謎につつまれている。

創作のポイント

鴨山農　い盤ねし万介流
あれをかも　志ら尓と妹
可　まちつゝあるら牟

第一行の直下する行の構造に対して、第二行は左回転的な背骨をもち、さらに疎から密への展開・強弱の変化を加えながら、「を」で右下へ引き込みます。第三行では広やかに浮かぶ「かも」、左側面に大きな余白を抱えながらつき進む「志ら尓と」の一体感が、紙面に活力を生んでいます。

第四行では右側のエッジラインが、前三行を吸収し受け止め、左横空間へ響かせています。

天

36　天離る《あまざかる》　鄙《ひな》の長道《ながち》ゆ　恋《こ》ひ来《く》れば　明石《あかし》の門《と》より　大和島《やまとしま》見《み》ゆ〈一本に云ふ「家のあたり見ゆ」〉

（巻三・二五五）

原文　天離　夷之長道従　恋来者　自明門　倭嶋所見 一本云、家門当見由

意味　（天離る）鄙からの遠い道のりを恋しく思いながらやって来ると、明石海峡から大和の山々が見える。

解説　題詞に「柿本朝臣人麻呂が覊旅の歌八首」とある中の一首である。本歌は明石海峡から都へ上る時の歌である。人麻呂が旅で詠んだ八首は構成ありとするか無しとするかで論議されている。たとえば村田正博は、

二四九〈鄙へ〉　　二五三　家郷
二五〇」野嶋望郷　二五四」明石望郷
二五一」　　　　　二五五」
二五二　鄙へ旅行く荒寥　二五六　家郷大和へ上る喜び

ととらえ、全体八首を二分し、前半四首を遠心的構図と、後半四首を求心的構図の二つでとらえている。都倉義孝は、

二四九　船出の歌　　二五四
二五〇〜二五三」西航の旅愁　　二五五〜二五六」帰路の喜びと無事の帰郷を歌外に物語る船出歌

ととらえ、首尾照応した構成になっているという考えは認められる。

創作のポイント

あま沙可る　飛那のな可
ち遊　こ悲くれ者　明石の
と余り　夜ま登し万三ゆ

継色紙から紙面構成を応用しています。書き出し「あま沙可る」を象徴的な存在とさせ、第三行「な可ち遊…」をもっとも高い行とし、高低の落差を強くする右集団の展開。

左集団は大らかな「明石」が受け止め、各行を上部は大きめ、下部は小さめな文字で対応し、緩やかに左下へ進む行尾の展開の中で、四行目「者」と最終行「ゆ」の高さへの配慮、そして行の傾斜における強弱が、紙面構成の要となります。

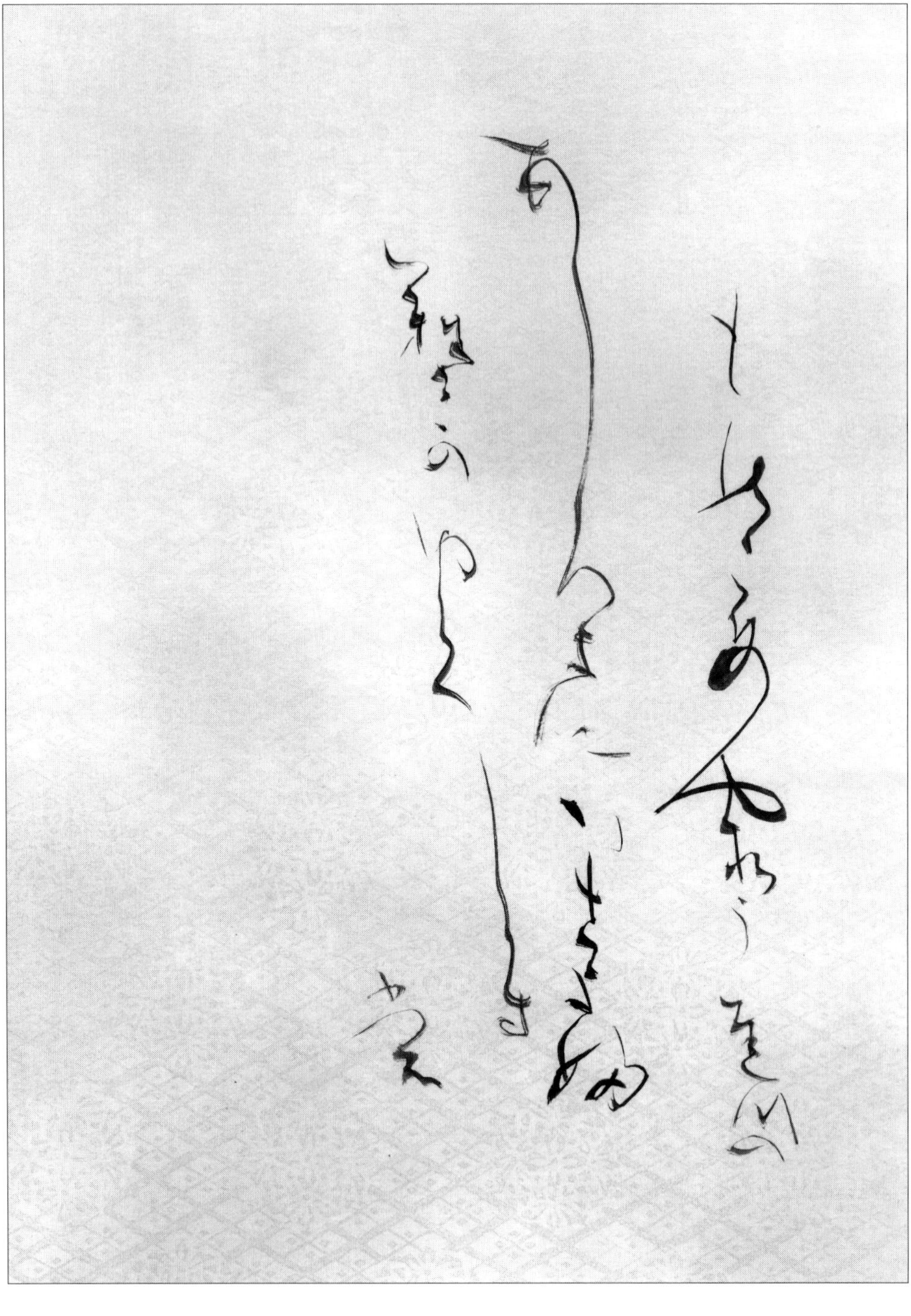

37 もののふの 八十宇治川《やそうぢかは》の 網代木《あじろき》に いさよふ波《なみ》の 行《ゆ》くへ知《し》らずも

（巻三・二六四）

原文 物之部能　八十氏河乃　阿白木尓　不知代経浪乃　去辺白不母

意味 （「もののふの」は枕詞）宇治川の網代木に移動しかねてただよっている波も、いったいどこへ流れ去ってしまうのであろう。

解説 題詞に「柿本朝臣人麻呂《かきのもとあそみひとまろ》、近江国より上り来る時に、宇治河の辺に至りて作る歌一首」とあり、近江国から都へ寄る時の途中の作であったことがわかる。また人麻呂が近江の荒都を訪ねた時の帰路の作かともいわれている。

歌の解釈は、第四句・五句の「いさよふ波の行くへ知らずも」をどのようにとらえるかによって従来種々解釈されている。第一は契沖《けいちゅう》の代匠記にいう仏教的無常観、第二に万葉集古義にいう実景説、第三は註疏《ちゅうそ》（近藤芳樹）の言う実景説＋無常観説などがある。

全註釈は「もののふの八十氏」の序は無常観にとって不似合いであるとし、「皇子の宮人行方知らずも」のごとく「ゆくへ知らずも」はどうしてよいか分からない意に使っているので、「いさよふ波の」までを実景に即した序とし、「悲歌に暮れる心」と解した。新大系は「宇治川に立つ白波の行方に仏教的無常観を感じて、人麻呂はこの歌を作り、文字に表した」と述べ、実景＋無常観説を支持した。新編全集は「この歌に仏教的無常観を認める説もあるが考え過ぎであろう」と述べている。

創作のポイント

も能丶不の　や所う遅川の
あしろ支に　いさよ婦難三
のゆくへしらす裳

長い三つの行による各表現の相乗を目指しています。急流の「あしろ支に」は「支に」で止め、細かく熱情的な「いざよ婦」へ。「ゆくへ」「しらす」では前二行から拡散され広い左の余白へ泳ぐ。

各行の急接近と十分な空間の確保は、それぞれ表現効果を高めています。

第一行での極端な太細や大小の存在があってこそ、この三行は一体化に近づいたと思います。

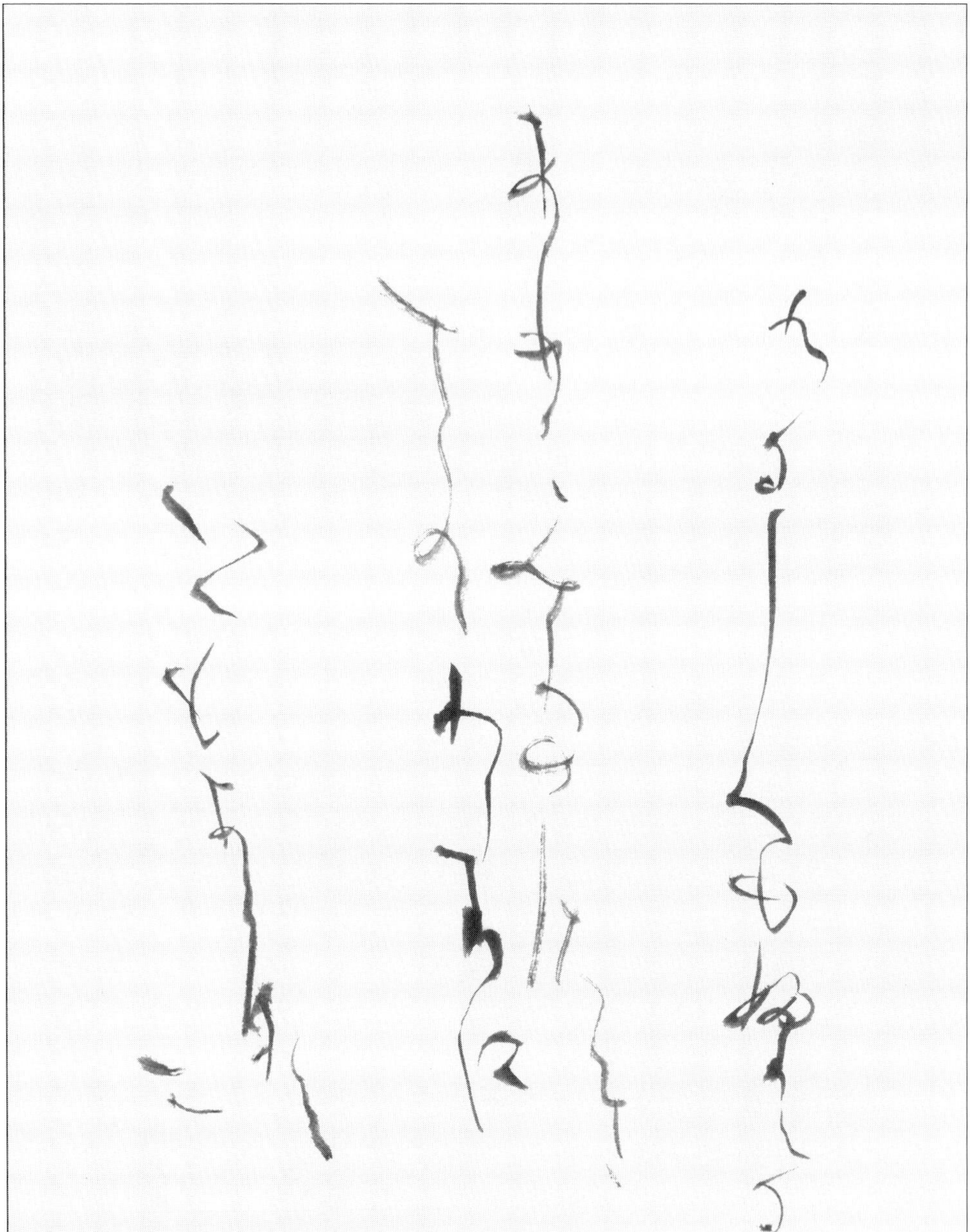

38 苦《くる》しくも　降《ふ》り来《く》る雨《あめ》か　三輪《みわ》の埼《さき》　狭野《さの》の渡《わた》りに　家《いへ》もあらなくに　（巻三・二六五）

原文　苦毛　零来雨可　神之埼　狭野乃渡尓　家裳不有国

意味　困ったことに雨が降ってきたよ。三輪の埼の佐野の渡し場に家があるわけでもないのに。

解説　題詞に「長忌寸奥麻呂《ながのいみきおきまろ》が歌一首」とあり作者名が記されているが、作歌事情は記されていない。長忌寸奥麻呂は「長意吉麻呂」とも書くが、詳しいことは不明である。おそらく人麻呂や黒人と同時代の人であろう。行幸に従駕した時の歌や応詔歌の作品があり、有間皇子の悲傷歌に追和した挽歌も詠んでいる。

初句・二句の「苦しくも降り来る雨か」は、降ってくる雨によって苦しいと作者が感じる。

「三輪の埼」は現在の新宮市三輪町および佐野町一帯を指し、この附近に渡し場があった。「家」は妻子のいる家族を言う。この歌は叙景歌のように受けとめられるが抒情歌である。藤原定家の

駒とめて　袖打ち払ふ　かげもなし　佐野のわたりの　雪の夕暮
（『新古今和歌集』巻六・六七一）

はこの歌の本歌取りの歌である。また謡曲「鉢の木」も万葉集の影響を受けた。

創作のポイント

九るしくも　婦利くるあめ可　みわの佐き　さの、わ多利に　いへもあら那く二

針切の技を加味して揺さぶりを表現の柱としました。特に第二行のリズミカルな心の動き、第四行におけるゆがみの効果が左方向への波動を演出しています。

墨継ぎ「わ多利に」における太細と文字の傾斜、そしてこれに接する「みわの…」の絡み合いから生まれる集団の美しさが、この作品の見所です。また、行のねじれが、筆者の心に瞬発力のある造形をもたらしめています。

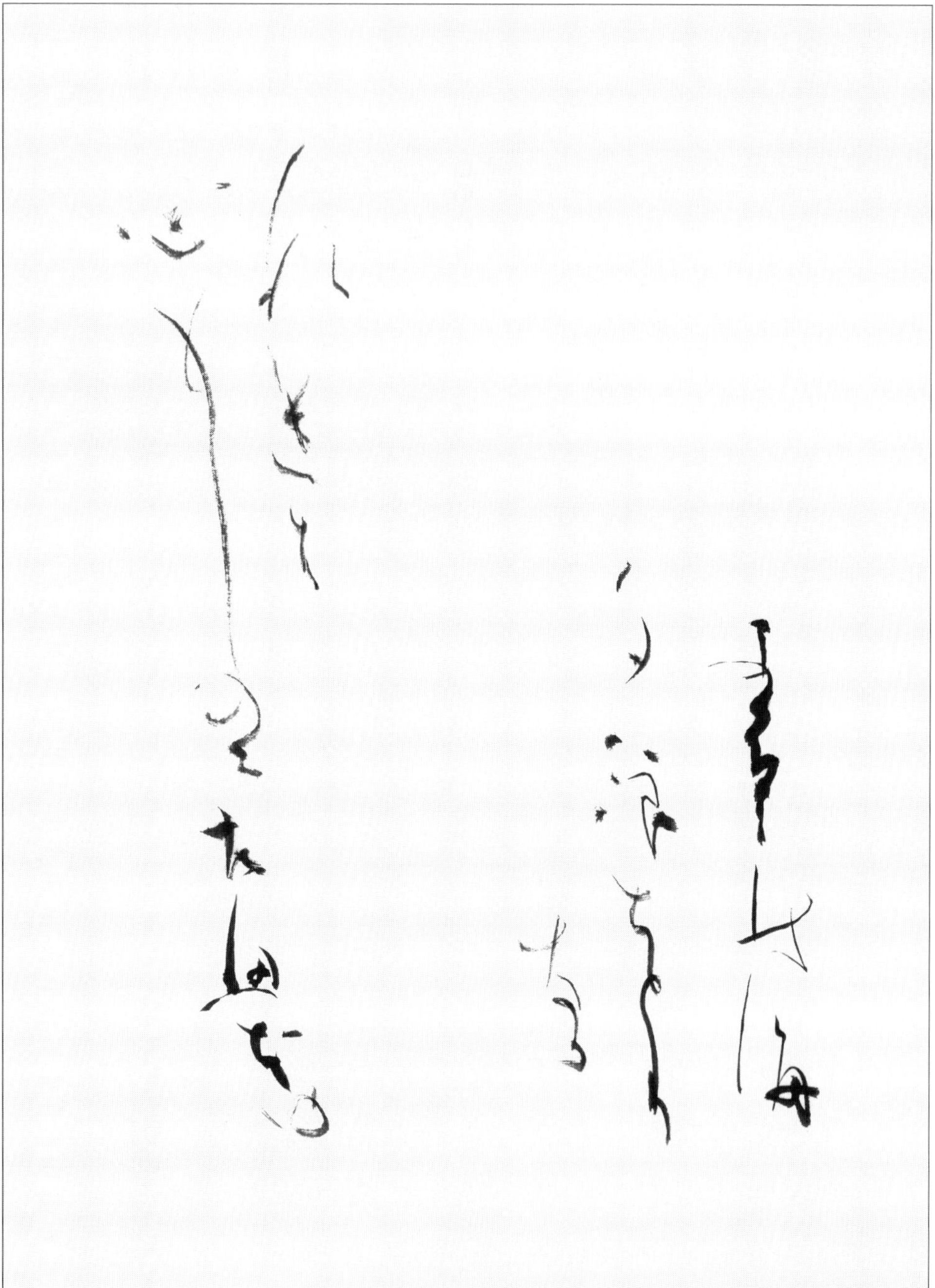

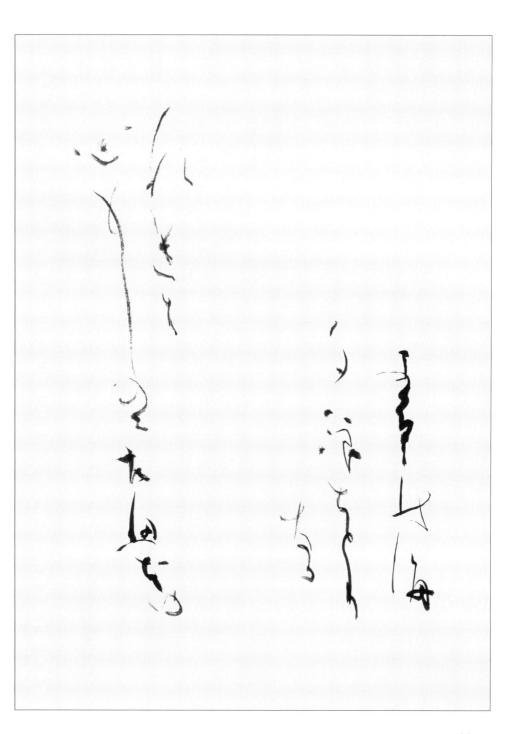

39 近江《あふみ》の海《うみ》　夕波千鳥《ゆふなみちどり》　汝《な》が鳴《な》けば　心《こころ》もしのに　古《いにしへ》思《おも》ほゆ

（巻三・二六六）

原文　淡海乃海　夕浪千鳥　汝鳴者　情毛思努尓　古所念

意味　近江の海の夕波千鳥よ。お前が鳴くと心もしおれるように昔のことが偲ばれる。

解説　題詞に「柿本朝臣人《かきのもとあそみひと》麻呂《まろ》が歌一首」と作者名しか記されていなくて、作歌事情は不明だが、「近江荒都歌」と無関係ではないだろう。人麻呂と近江で「古思ほゆ」と言えば、都のあった天智天皇の近江朝時代のことで、なつかしんでいるのだろうと思う。

この歌は倭大后の歌（一五三番）の影響を受けており、その歌中に「若草の夫《つま》の思ふ鳥立つ」のことばに導かれながら、人麻呂は「夕波千鳥」と表現したらしい。「夕波千鳥」は、攷証に「夕べの浪に立ちさわぐ千鳥を、やがて一つの語として夕波千鳥とはいへる」とあり、「夕波」と「千鳥」の名詞を重ねて「夕波千鳥」とした人麻呂の造語であるという。「鳥」は古代では死者の霊を異郷に運ぶと信じられていた。

本歌は、夕べの湖畔において波とたわむれる千鳥の声を聞きながら、古への追懐にひたっている。千鳥の悲しそうな鳴き声と夕べの時間との調べが、より一層作者の追懐の情を沈痛なものにしている。この一首はその抒情性においてよりすぐれた歌に仕立てあげられている。

創作のポイント

あ不三能海　夕浪ちと利
奈可那遣者　心もしの二
古思本ゆ

「異質な物がぶつかり合った時、音響を生じ、風趣といわれるものになる」「抵抗は芸術なり」とは、先賢の至言です。

第一行「あ不三」の緊密と、一転して解放し伸びやかになる「能海」。第二行「夕浪」の大きな上下動による打楽器的な呼吸と、「ちと利」のなめらかな連綿表現。第五行「心もしの」の伸びやかさと「二古思本ゆ」の密度の対比などは好例です。これらの要素の共生が、作品の格の高さと考えます。

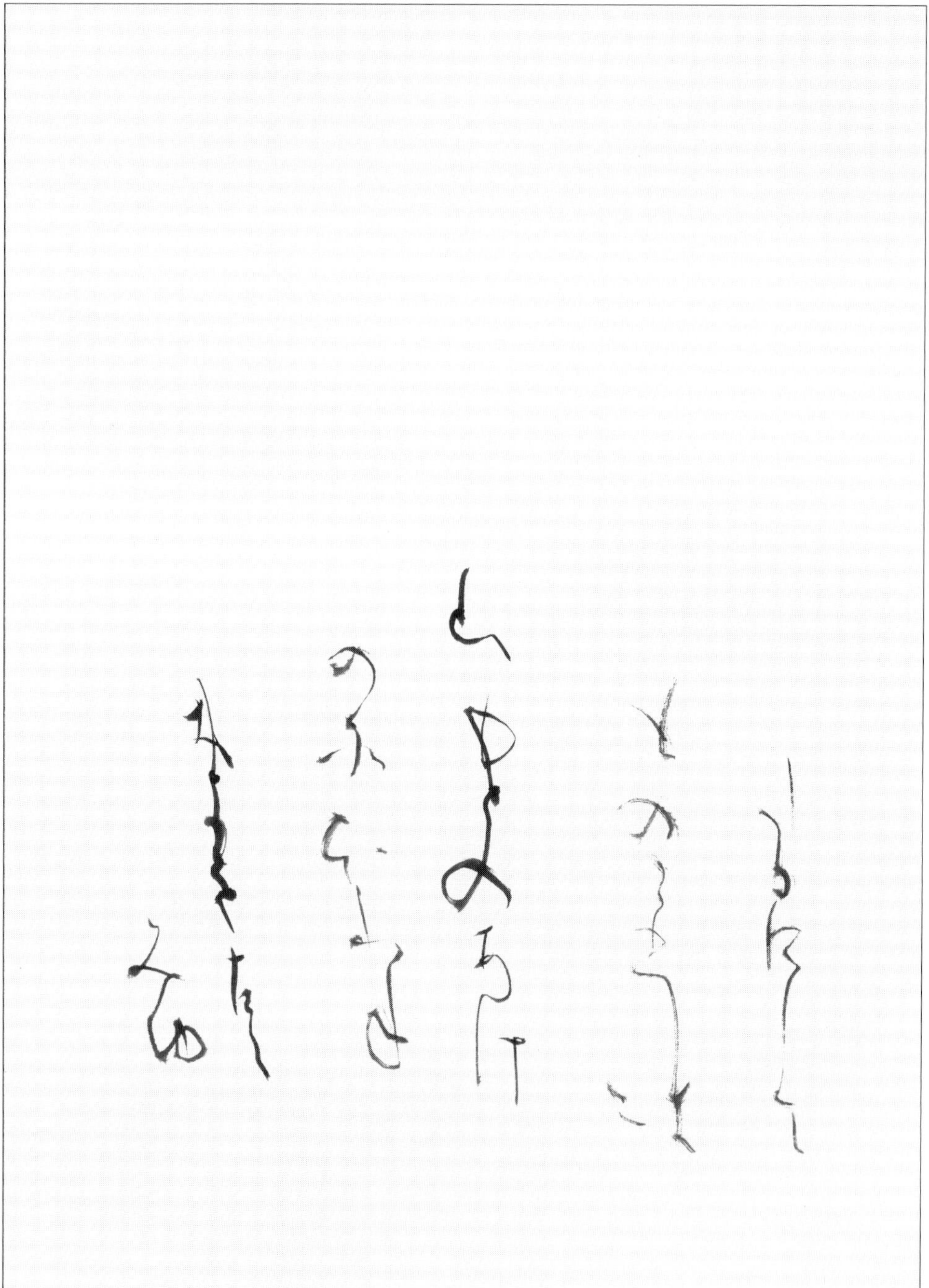

40 旅《たび》にして　もの恋《こひ》しきに　山下《やました》の　赤《あけ》のそほ船《ぶね》　沖《おき》を漕《こ》ぐ見《み》ゆ

（巻三・二七〇）

原文　客為而　物恋敷尓　山下　赤乃曽保船　奥榜所見

意味　旅に出てなんとなく家が恋しく思われる時、先ほど山の下に碇泊していた赤い船が沖の辺りを漕いで行くのが見える。

解説　題詞に「高市連黒人《たけちのむらじくろひと》が羇旅《きりょ》の歌八首」とあり、先に見た人麻呂の「羇旅歌八首」に影響を受けての作であろう。従来黒人の羇旅歌八首は構成をもたない（武田祐吉）歌として理解されていたが、構成ありとする考え方も提示された。たとえば伊藤博は、

二七〇＝冒頭歌、二七一〜二七五＝往路の五首、二七六・二七七＝帰路の二首

と述べ、西宮一民は、

二七〇〜二七二＝作者が景色を眺めている、二七三〜二七五＝船を漕いで行く、二七六・二七七＝陸を行く歌

という。この黒人作品の特色については、①八首は地名がよまれている、②鶴や船などの語句が多くみられる、③動くもの・動かぬものの比較をしている、である。「山下」については、地名とするか普通名詞とするかで意見が分かれる。「赤のそほ船」は官船とするか。魔よけか防腐のためともいう。作者は実景を詠んで、旅の愁いを胸に沖の船に目をやっている。自分は故郷を離れ旅をしている不安な状況であるが、同じように沖へ漕ぎ行く船の行き先もわからない。黒人は孤独の中に身をおいて遠ざかる船に物恋しさとともに人生の憂愁を感じていたのであろう。

創作のポイント

多日にして　ものこ悲し支
二　山もとの　あけの所本
ふ年　お支を古くみゆ

横長の扇型を意識して、中央に墨継ぎを配し、広い行間によって紙面の活躍を求めました。

徐々に左上方へ進ませ、左端では密にし、右下方へと誘います。中央部「山もとの」、左部「お支を」の強固な連綿集団の指向がポイントです。個々の文字は、針切を頂きながら進めています。

上半分の広い空間と下部の空間に、この集団がいかに働きかけていくかを考えながら筆を運びました。

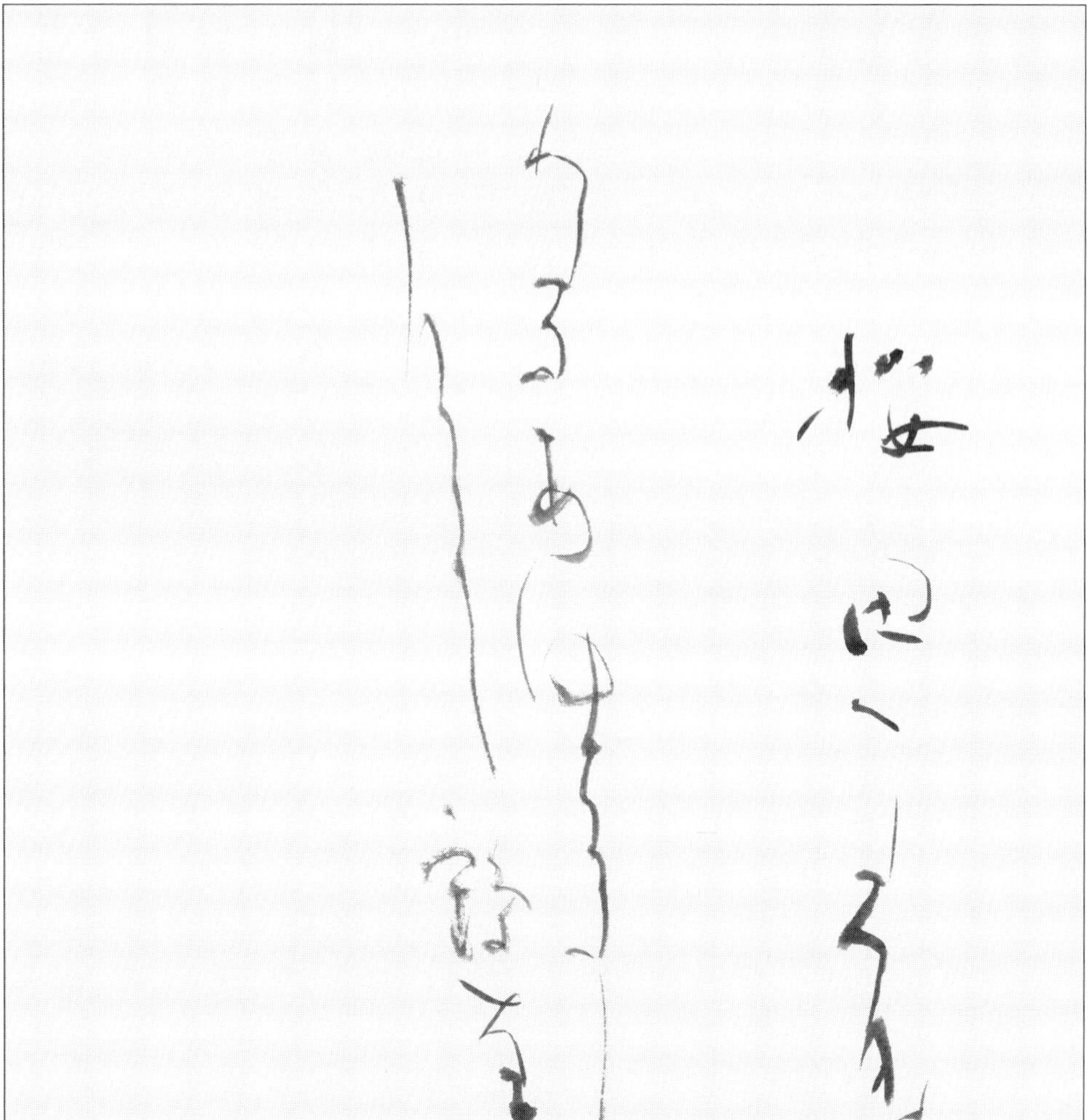

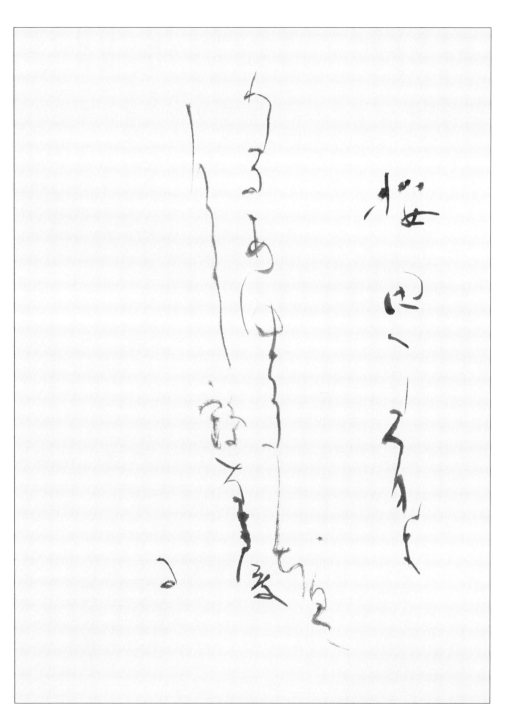

41 桜田《さくらだ》へ　鶴《たづ》鳴《な》き渡《わた》る　年魚市潟《あゆちがた》　潮干《しほひ》にけらし　鶴《たづ》鳴《な》き渡《わた》る

（巻三・二七一）

原文　桜田部　鶴鳴渡　年魚市方　塩干二家良之　鶴鳴渡

意味　桜田の方へ鶴が鳴きながら飛んで行く。年魚市潟では潮が引いたらしい。鶴が鳴きながら飛んで行くよ。

解説　前歌黒人《くろひと》の羇旅《きりょ》歌八首中の一首である。「桜田」は年魚市潟を含めた広い範囲を占める場所で、現在の名古屋市南区元桜田町、桜台町、桜本町西桜本あたり。桜田と年魚市潟の二つの地名を詠み、また「鶴鳴き渡る」を二度、二句目と五句目にくり返し表現しているのはそのことばを強調するためである。「潮干にけらし」は潮が引いたらしいの意。

鶴は干潟で餌をあさる習性をもっているため、その鶴が飛んで行くのは、海岸が潮が引いて干潟になったため鶴が餌を求めて飛んで行くのだと推定した。斎藤茂吉（『万葉秀歌』）は「一首全体が高古の響を保持してゐるのは、内容がこせこせしない為めであり、『桜田へ鶴鳴渡る』といふ唯一の現在的内容が却って鮮明になり、一首の風格も大きくなった」と述べ、さらに「そのあひだに『年魚市潟潮干にけらし』といふ推量句が入ってゐるのだが、この推量も大体分かってゐる現実的推量で、ただぼんやりした想像ではないのが特色である」と讃美している。

創作のポイント

桜田へ　多つ那支わ多る　あ
ゆち可多　し本日二　介ら
し　鶴な支渡る

大中小、三つの集団からそれぞれが異なる役割を担います。

第一行「桜田」には象徴的な存在を、「多つ那支」では左右への振幅。第二行では「あゆ」と「本」の二回広がりをもたせ、第三行上部の下へ突き進むシンプルな集団、「鶴な支渡」における複雑・重厚さが、象徴的な「桜田」と「る」の橋渡しの役を担っています。簡素・軽快な集団の隣は複雑・重厚という理論が示されています。

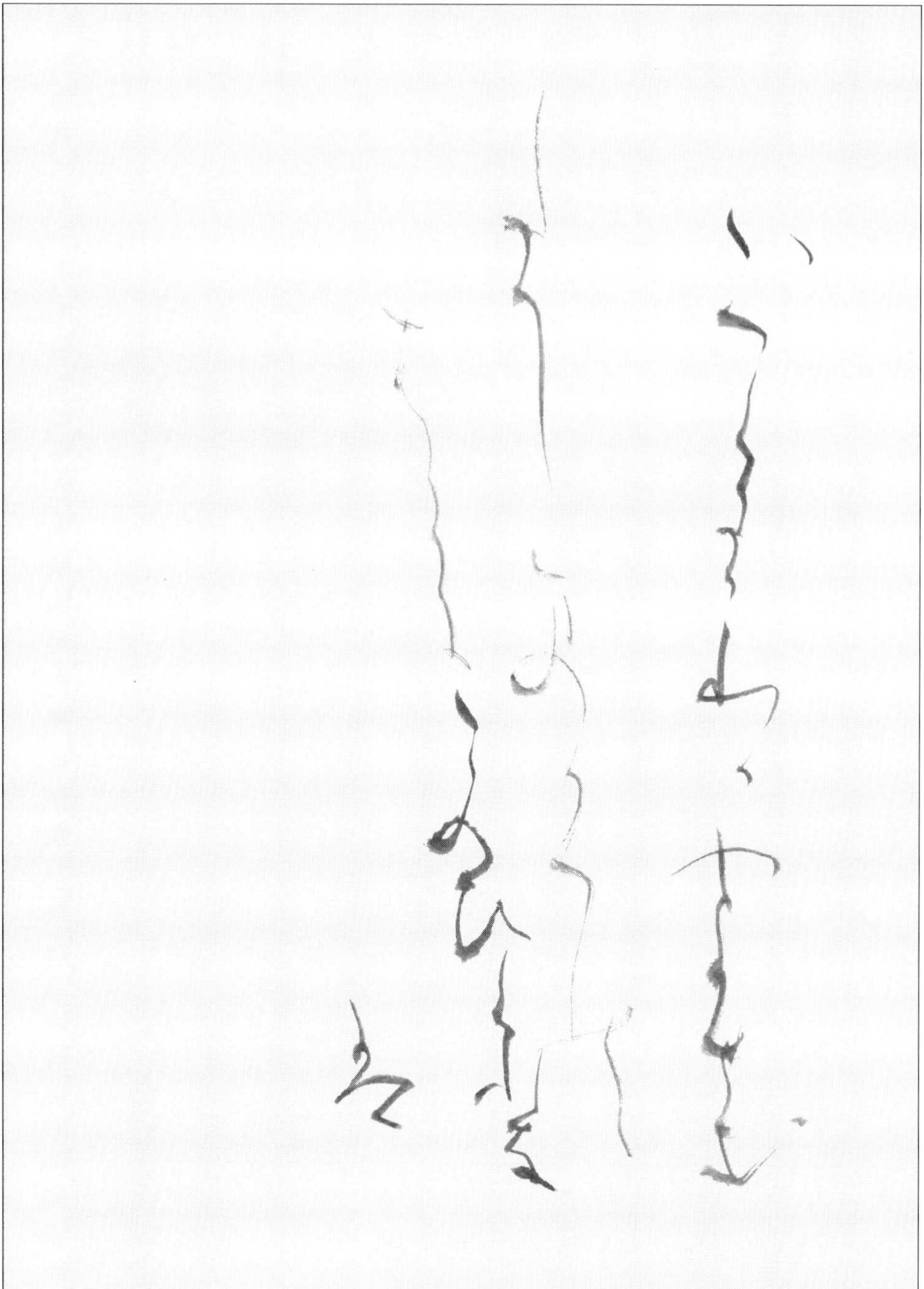

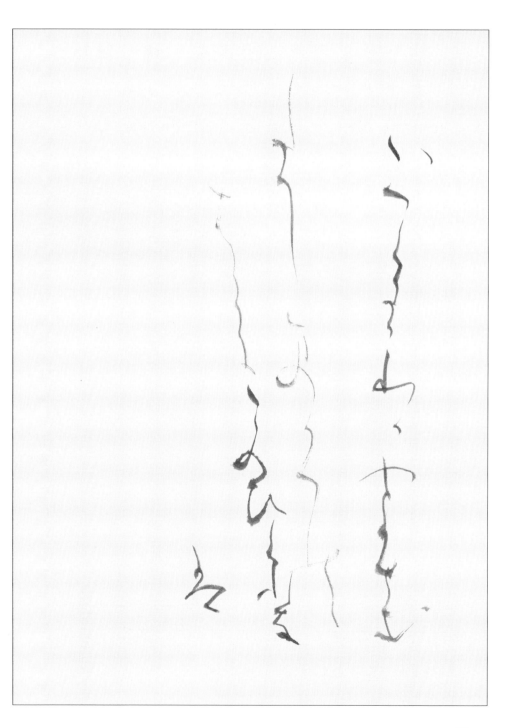

42　いづくにか　我《わ》が宿《やど》りせむ　高島《たかしま》の　勝野《かつの》の原《はら》に　この日暮《ひく》れなば

（巻三・二七五）

原文　何処　吾将宿　高嶋乃　勝野原尓　此日暮去者

意味　どのあたりで私は泊まることになるのだろうか。高島の勝野の原で日が暮れてしまったなら。

解説　この歌は前項の「高市連黒人《たけちのむらじくろひと》が覊旅《きりょ》の歌八首」中の一首である。黒人の旅の歌が多いのは、黒人が場所の移動に伴いその時々において歌を詠んでいるからであろう。「高島の勝野の原」は、滋賀県高島郡高島町勝野一帯である。広漠とした勝野を旅人である黒人一行が行く夕暮れの光景である。広野を歩いて行く中、家もなくさびれた所で今夜の宿が決まっていない現実的不安を詠んだ作品である。「いづくにか我が宿りせむ」は自然的詠嘆として効果がある。いわば旅中の寂しい心情が表現されている。

注釈は「陸行の勝野の原では『何処にか吾は宿らむ』の句があまり漠然としてをり、舟航で『どの湊に』の意に解した方が句意が限定せられ、却って旅愁が深くなる」と述べて舟旅の歌としているが、「高島の勝野」を「御徒野《かちの》」の意に掛けて使っていると考えて、徒歩で旅しているとする説もある。しかし『万葉集私注』のように、「舟行者の陸上日没時を見やって居る作としても味へぬことはない」として両説を認める考えもある。「この日暮れなば」は今日という日が暮れる意か目の前にある太陽が沈んでしまう意か決めがたい。注釈、全註・三は日没の意と解している。

創作のポイント

いつく尓可　わ可やと利せむ　多可し万の　可つ能、者ら尓　このひくれ奈盤

行間の広狭と、行の傾斜、墨量の調節を念頭に置いています。

第一行はやや左回り的に、心地よく降下します。第二行では渇筆で、息の長い運筆を心がけ、大小の差をつけ進む第二行と、字幅を狭めたたみ込む第三行とによって、行と行の交響を表現しました。最後の「盤」が三行集団と、左紙面の大きな空間を一体化させています。

第三行「のひ」の運びが作品に深みをもたらしています。

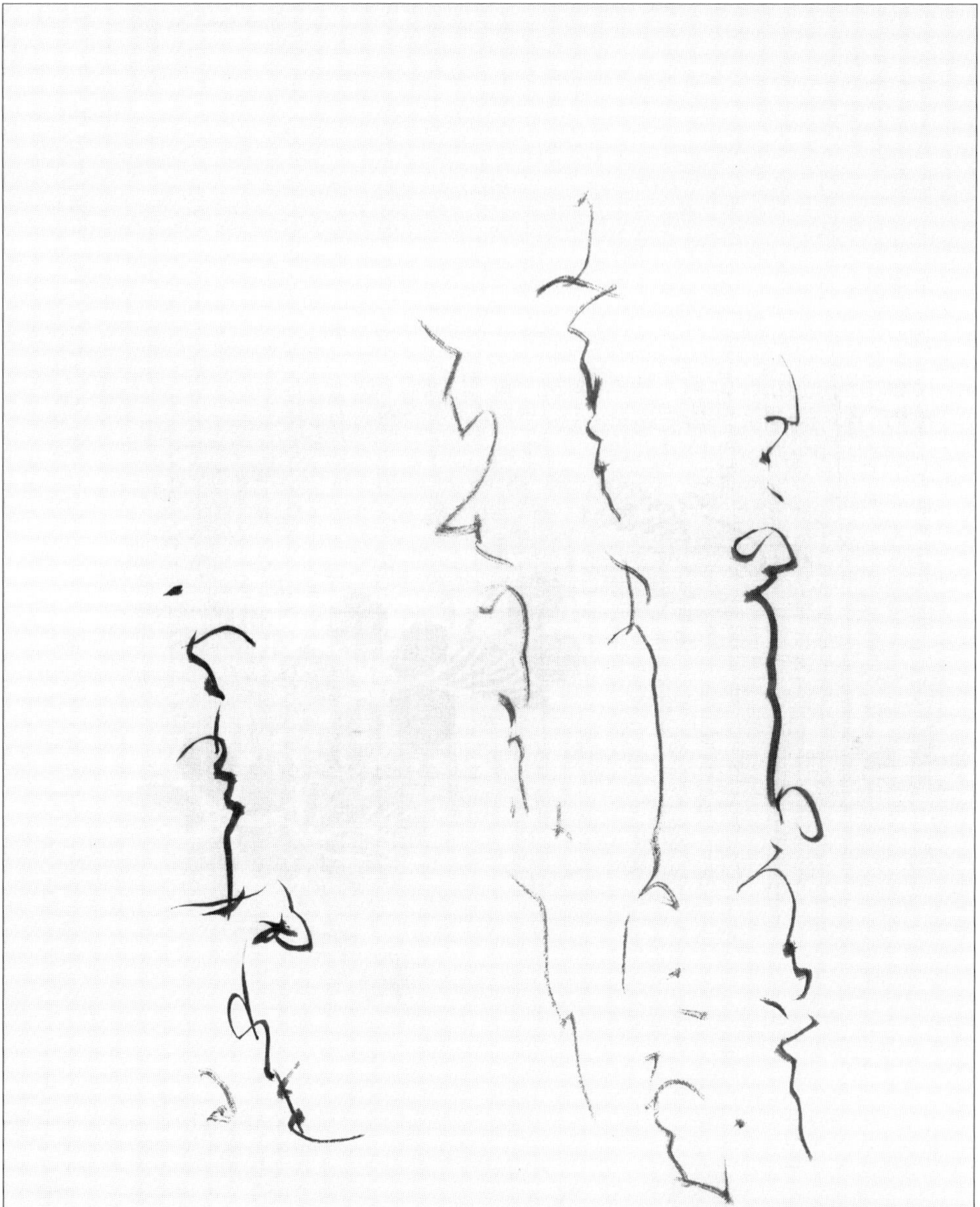

43　田子《たご》の浦《うら》ゆ　うち出《い》でて見《み》れば　ま白《しろ》にそ　富士《ふじ》の高嶺《たかね》に　雪《ゆき》は降《ふ》りける（巻三・三一八）

原文　田児之浦従　打出而見者　真白衣　不尽能高嶺尓　雪波零家留

意味　田子の浦を通って眺望のきく所に出て見ると、真白に富士山の高嶺に雪が降り積もっていた。

解説　題詞に「山部宿禰《やまべのすくね》赤人《あかひと》が富士の山を望む歌一首并せて短歌」とある長歌の反歌である。この長歌は「天地の分れし時ゆ」と神話的創造を歌い始めて、富士は「神さびて高く貴き」山であったという。さらに、その富士山は四季の区別なくいつも白く神秘的な山で、この聖山を後世に永く語り伝えていこうという赤人の代表作である。

赤人の作品において、景の叙述への導入部には二つの型が存在する。その一つは「……駿河なる　富士の高嶺を　天の原　振り放け見れば……」（巻三・三一七）のように「ば」と述べて景の叙述に入る型であり、もう一つは、吉野讃歌（巻六・九二三）の「やすみしし　わご大君の　高知らす　吉野の宮は……」のように、「は」で提示しその場を叙述する型である。そして「見れば型」から「は型」へと移っていったという。本歌の「田子の浦ゆ」の「ゆ」は経過点を表す。万葉時代の田子の浦は興津町の東、薩埵山の麓から倉沢・由比・蒲原あたりを指すという。近くの山に隠れて富士山の姿を見ることのできなかった赤人は、急に視界が開けて見える富士山に崇高な美を見い出し驚嘆し感動したのである。

創作のポイント

多このうらゆ　うちいで、
み連は　ましろに處　不士
の多可ね耳　雪盤　婦り遣
る

各行に明快なねらいを含ませています。「うらゆ」での充実した線が行を成立させ、左右への小刻みな移動を前後で見せます。「み連は」「ましろに」の大小の二集団によるダイナミックな構成。「不士」「の多可ね」「耳」の三集団の各表情が行を生みます。

三行と二行＋一文字の構成で面を作っています。また、墨量によって立体感を演出します。

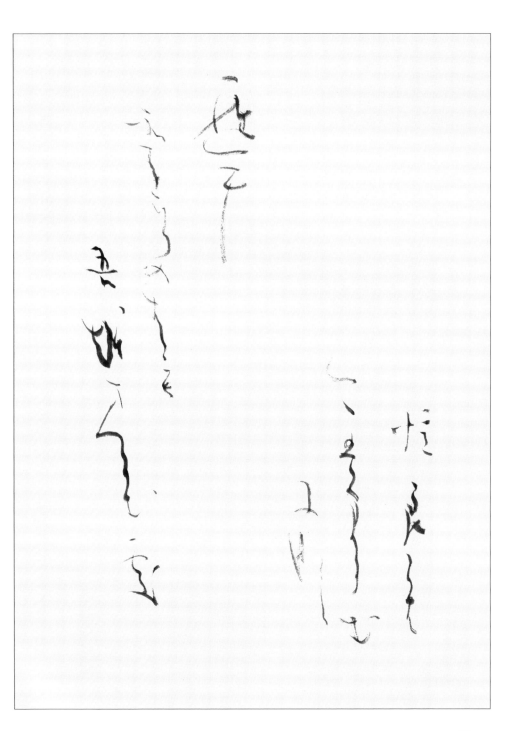

44 憶良《おくら》らは　今《いま》は罷《まか》らむ　子《こ》泣《な》くらむ　それその母《はは》も　我《あ》を待《ま》つらむぞ

（巻三・三三七）

原文　憶良等者　今者将罷　子将哭　其彼母毛　吾乎将待曽

意味　私憶良のような者は、もうこれで失礼します。家では子どもが泣いているでしょうし、その子の母も私を待っているでしょうよ。

解説　題詞に「山上《やまのうえ》憶良《おくら》臣《おみ》、宴を罷る歌一首」とある。宴席を退出する時の戯笑的な挨拶歌であろう。

「憶良ら」の「ら」は接尾語。本来複数を表すが、相手を含めない場合のわれわれに相当する用法での「ら・ども」には謙遜の気持ちがこめられている。憶良なんかの意。「今は罷らむ」の「今」は宴席半ば、席を中途で立つ歌としたり、「憶良ら」でみずからの名をうち出した点に自我の主張があるとする説がある。また「宴の『お開き』を告げる客側の挨拶歌」（伊藤博）とする説にも興味がひかれる。

「その母も」の「その」は第三句の子を受け、自分の妻をその子の母と表現したもので、直接「妻」と言わないところに戯笑性がある。

本歌は大宰帥大伴旅人を中心とする宴席での歌であり、憶良は宴席を退出する時、その理由として家で妻や子供が自分を待っているだろうと言っている。

創作のポイント

憶良ら者　今盤万可らむ
子那く羅牟　所連曽の者、
毛　吾越万つらむ處

右下集団は、「ら者」「盤万可ら」のスマートな居姿とエッジラインで「憶良」を浮かび上がらせ、また「那」は大らかに構え、となりの行に配慮するとともに、「憶」と呼応しています。

左集団は、「羅牟」がダイナミックに、「所連曽の者、毛」は行に屈折をもたせます。第六行は「吾」の右上への浮かびと「越」の左下方への沈み、「万つらむ處」の太細の巧みな組み合わせが行を進める力となります。

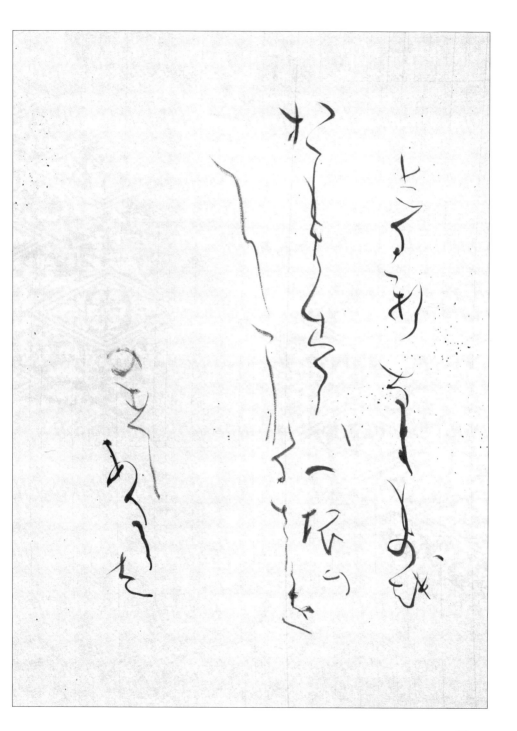

45 験《しるし》なき物《もの》を思《おも》はずは一坏《ひとつき》の濁《にご》れる酒《さけ》を飲《の》むべくあるらし

（巻三・三三八）

原文 験無　物乎不念者　一坏乃　濁酒乎　可飲有良師

意味 何のかいもない物思いにふけるより、一坏の濁り酒を飲むべきであろう。

解説 題詞に「大宰帥大伴卿《だざいのそちおおともきょう》、酒を讃《ほ》むる歌一三首」とあり、その冒頭の一首である。

作歌年代は不明であるが、一三首一連の歌を構成ありとする説、構成なしとする説の二つに分かれる。構成ありとする説は三三八～三五〇の一三首において、三三八の第一首は総論・総括的叙情として除き、

第四首（三四一）―「賢しみ」と「酔ひ泣き」の対比によって酒をほめる
第七首（三四四）―「賢しら」の語を使って酒をほめる
第一〇首（三四七）―「酔ひ泣き」語を使って酒をほめる
第一三首（三五〇）―「賢しら」と「酔ひ泣き」の対比によって酒をほめる

と三三八・三四一・三四四・三四七・三五〇が柱となり、その間にある二首ずつが一組とする。この四組が起承転結と区分されているという。

また「験なき物を思」うとは、①望むべくもない昇任のこと、②老いた身で早く帰京したいと願う望郷の念、などが考えられ、さらに死別した妻を思慕する情などが考えられよう。このような物思いをするより、一坏の濁り酒を飲むべきであろうという。憂いに沈む心を酒を飲んで紛らわそうとしており、酒を讃美している。この歌は漢籍・仏典などの影響を受けていることも注意しておきたい。

創作のポイント

志る新奈支　もの越於も
者春八　一杯の　耳これるさ
介を　のむへくあるら志

短い三つの連綿集団から成る第一行と、連綿から放ち書きとなる第二行が対比し、これに第三行が影となって第四行へと波動します。

第四行では、渇筆「のむへく」に墨継ぎ「あるら志」を一体化させ、書き出し「志る」より強めることで、放漫にならぬようにしています。

冒頭と末尾の「志」は、それぞれ右・左を強く指向し、両サイドの空間に能動的に働きかけて効果的です。

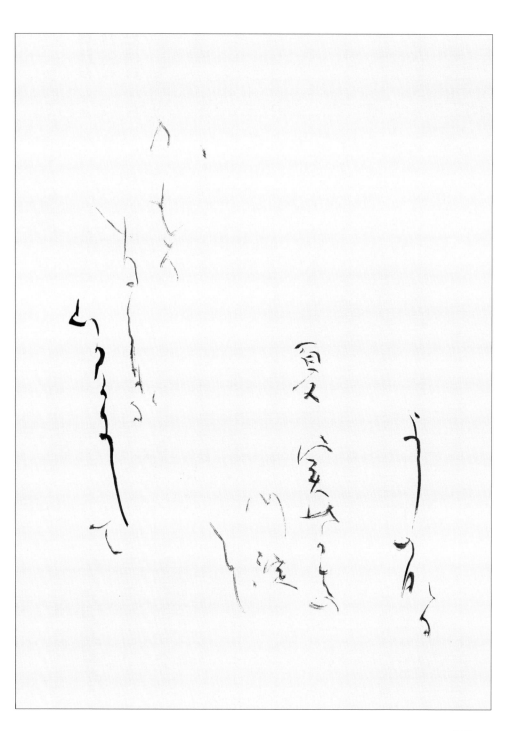

46 吉野《よしの》なる　夏実《なつみ》の川《かは》の　川淀《かはよど》に　鴨《かも》そ鳴《な》くなる　山影《やまかげ》にして

（巻三・三七五）

原文　吉野尓有　夏実之河乃　川余杼尓　鴨曽鳴成　山影尓之弖

意味　吉野にある夏実の川の川淀に鴨が鳴いているよ。そこは山陰であって。

解説　題詞に「湯原王《ゆはらのおおきみ》吉野にして作る歌一首」とある。歌中の「夏実」は今「菜摘」という名で残っている。吉野川の一部を言ったのであり、吉野の宮滝の上流にある奈良県吉野川町菜摘、その菜摘のあたりを流れている川を、「夏実《なつみ》の川」と言った。夏実のあたりは川幅が急に広くなって、淀んで静寂である。この一首は上句において山川の淀んでいる景色を描き出し、下句において鴨を焦点にしている。第四句で切れ、第五句を「山影にして」という助詞（「にして」）で止めている。この例は『万葉集』中に四五六・五五五・一七九四・一八七五番歌など数多くある。いかにも軽快な感じを与えるし、場所も的確に示している。

また、この歌は次に示すように「な」「か」の音の繰返しがある。

よしのなる　なつみのかはの　かはよどに　かもそなくなる　やまかげにして

このように平明で景色の描写も鮮明に詠み込んでいるため、作者の傾向もわかる。とにかく作品はまことにさわやかで理解しやすい。

この歌は『古今和歌六帖』（第三・鴨）、『新古今和歌集』（巻六・冬歌・六五四）、『夫木抄』（一七・水鳥）などに採られている。

創作のポイント

よしの那る　夏実能可者の　川淀耳　かも曽奈く那る　山可介尓して

行頭に高低の差をつけた集団を右下に配置して中央部を漢字で占め、最後の「耳」に一行分の役割を与えています。

この右下の集団を受けて左上では行頭を逓下させ、字中の余白を広げた平仮名の使用で前半「夏実」の複雑さに対応させます。また、各行の下に生まれる余韻がこの集団で大切になります。

「山可介…」の墨の多い行が紙面右上方の空間を一層鮮やかに浮かび上がらせます。

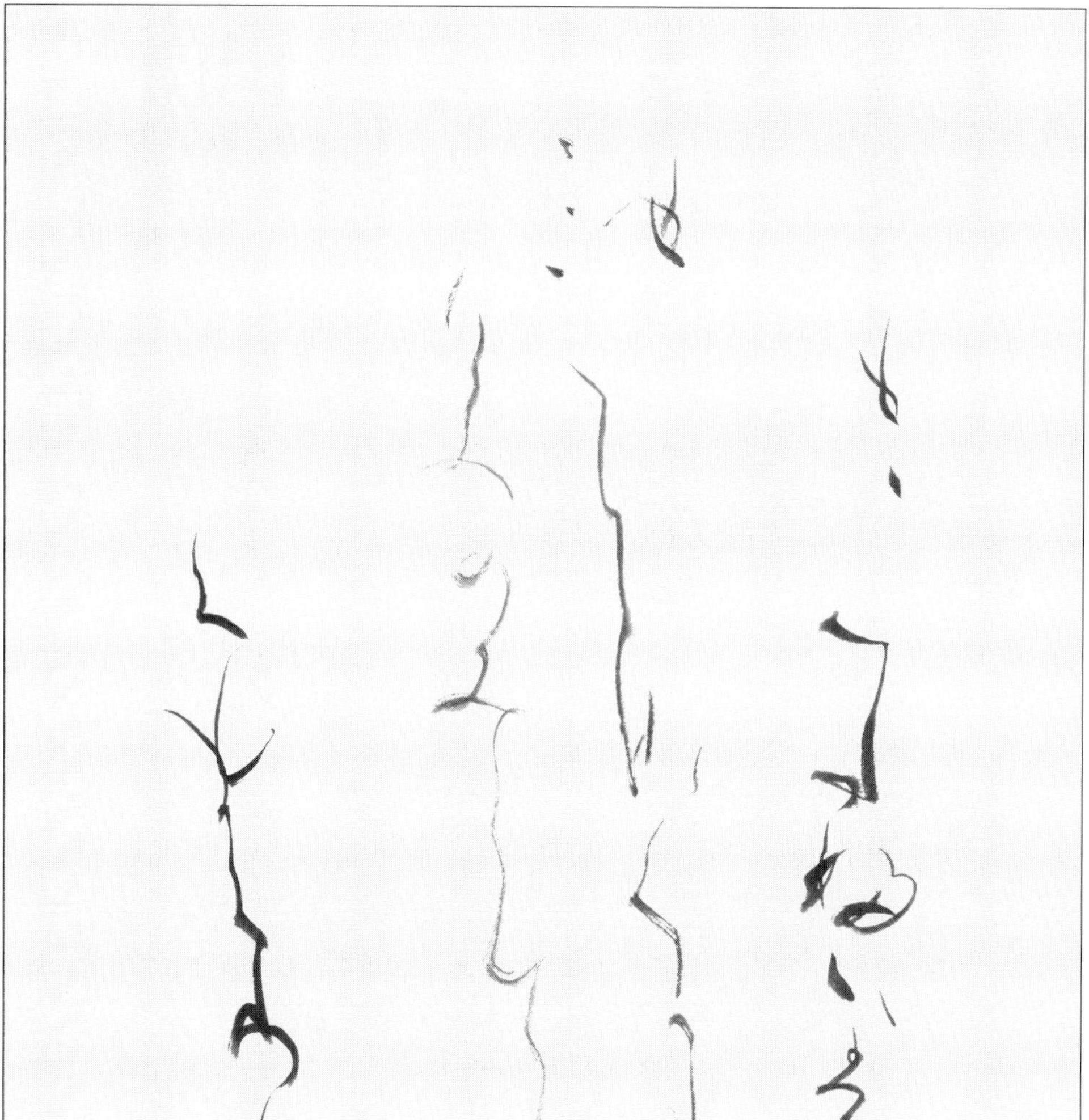

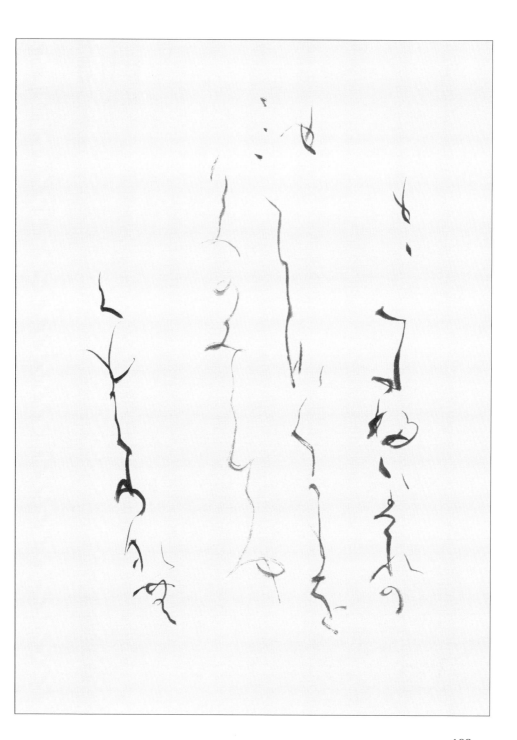

47 百伝《ももづた》ふ　磐余《いはれ》の池《いけ》に　鳴《な》く鴨《かも》を　今日《けふ》のみ見《み》てや　雲隠《くもがく》りなむ

（巻三・四一六）

原文　百伝　磐余池尓　鳴鴨乎　今日耳見哉　雲隠去牟

薫味　（「ももづたふ」は枕詞）磐余《いわれ》の池に鳴いている鴨を、今日だけ見て私は死んで行くのか。

解説　題詞に「大津皇子《おおつのみこ》、死を被《たまは》りし時に、磐余の池の堤にして涙を流して作らす歌一首」とあり、辞世の歌として有名である。大津皇子は父天武天皇崩御後、持統天皇の朱鳥元年（六八六）十月、皇太子草壁皇子への謀反の罪に問われて死を賜った。時に二四歳であった。大津皇子は懐風藻の伝に「武を愛《この》み、多力にして能く剣を撃つ。性頗る放蕩にして法度に抱らず」とあることからも、皇子は草壁皇子《くさかべのみこ》即位に障害になると考えられて持統天皇の謀略によって抹殺されたという。

本歌の「百伝ふ」は地名磐余の枕詞で、磐余の池の永遠性を示し、下二句「今日のみ見てや雲隠りなむ」に歌いついでゆくはかなさが感じられる。第三句の「鳴く鴨」は生きている鴨の生命感をとらえ、今死んでいこうとする大津皇子の心の動きをとらえている。死を凝視して生きることを伝えていく姿を詠んでいるのだ。「雲隠る」は人の死について表現しているが、「死ぬ」の敬避表現で自らの死には用いないことから、後人仮託の歌と見る説が有力である。本歌を伝誦歌と考え、大伯皇女の歌も含めて「大津皇子物語」ともいうべきものができたのであろうという。

創作のポイント

もゝつ多婦　い盤れの池耳
那く可もを　介ふのみ、て
やくも可く利那無

和泉式部集続集切に見る集団美を意識し、字数の多い連綿表現を主に用いています。

書き出し「もゝ」からの放ち書きと、浮かび上がる「池」、右下へ直線的に、縦を中心とした第二行、さらに第三行の下方に向かっての漸増、強弱・太細による第四行、これらがすべて一体となって、紙面に交響が生まれています。

各行の傾斜が徐々に強まっている点も、作品の「統二」に大きく資しています。

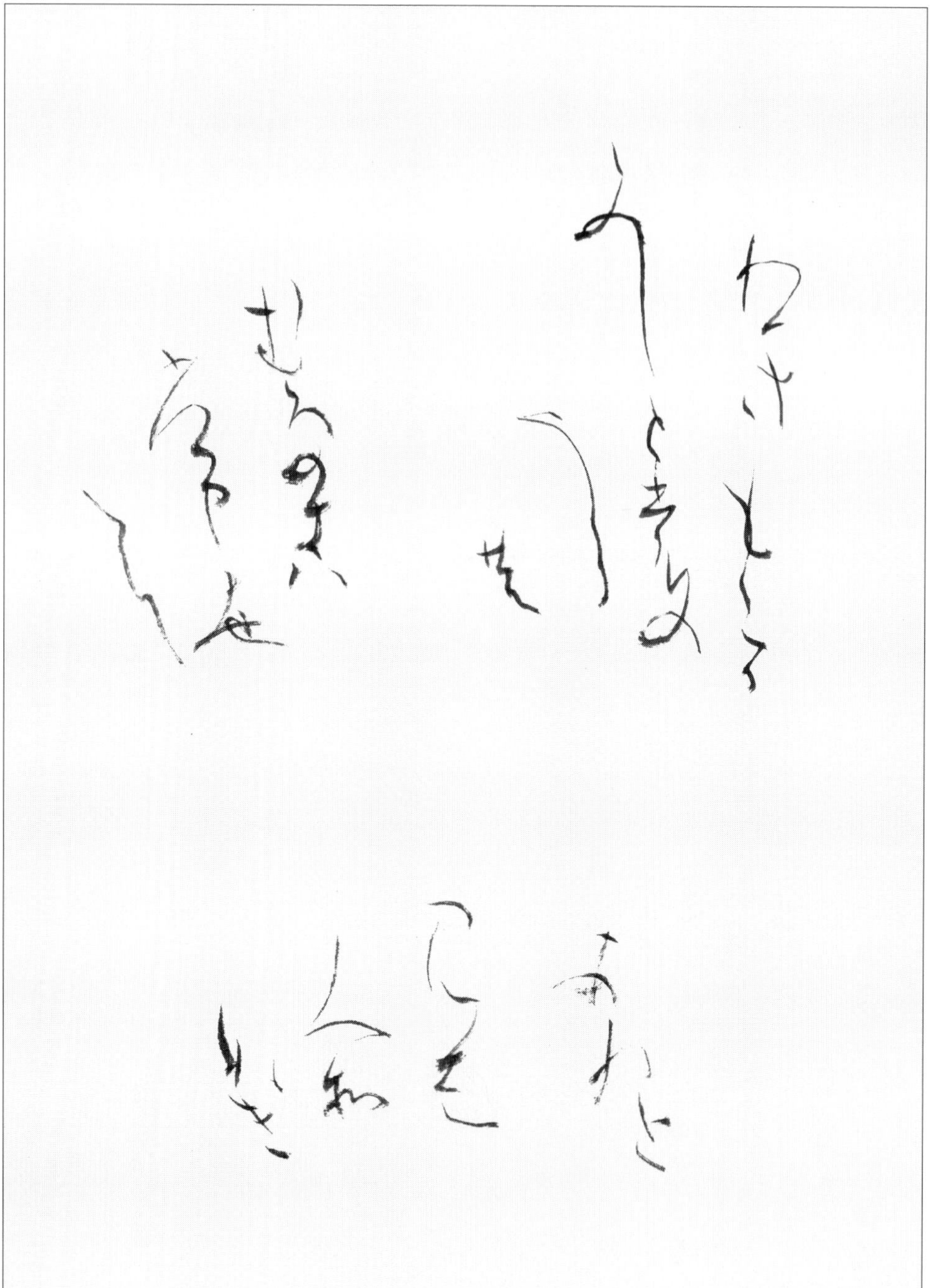

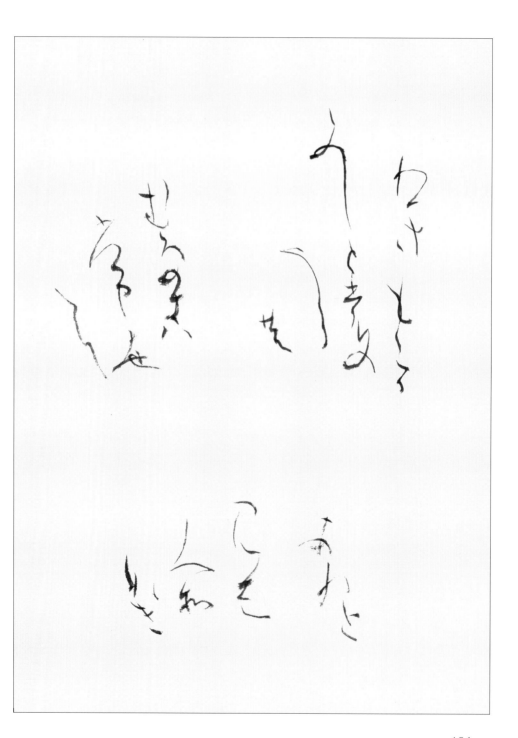

48 我妹子《わぎもこ》が　見《み》し鞆《とも》の浦《うら》の　むろの木《き》は　常世《とこよ》にあれど　見《み》し人《ひと》そなき

（巻三・四四六）

原文　吾妹子之　見師鞆浦之　无木香樹者　常世有跡　見之人曽奈吉

意味　わが妻が見た鞆の浦のむろの木は、今も変わらないであるが、これを見た妻はもうこの世にいないのだ。

解説　題詞に「天平二年庚午の冬一二月、大宰帥大伴卿《だざいのそちおおともきょう》、京に向かひて道に上る時に作る歌五首」とある。旅人《たびと》が神亀五年（七二八）大宰帥として妻大伴郎女《おおとものいらつめ》と同伴で大宰府に船で下向した。その後、天平二年（七三〇）大納言に昇進して帰京したが、道中旅人は亡妻を追慕する挽歌を詠んだ。旅人の亡妻挽歌は「故人を思ひ恋ふる歌三首」（四三八～四四〇）、「京に向かひて道に上る時に作る歌五首」（四四六～四五〇）、「故郷の家に還り入りて、即ち作る歌三首」（四五一～四五三）であるが、すべて一一首一連のものとして考える。この三群の「京に向かひて道に上る時に作る歌」の中の「鞆の浦に過る日に作る歌」の一首が本歌である。「鞆の浦」（現在の広島県福山市鞆町の海岸）を通り過ぎる時、「むろの木」（杜松《ねず》）を見て亡き妻を偲んでいる。

むろの木は不老不死の霊木して尊敬されたが、旅人の妻はこの世にいない。むろの木と亡妻を対比している。「京に向ひて道に上る時の歌」五首にすべて「見る」という語が使用されており、見ることによって魂振りと関係があると信じていた。旅の途中で霊木を見ることは生命の永遠性や旅の安全無事を保証することであった。旅人夫妻は往路「むろの木」を見たが、帰路では妻がいない。「見た」効果の空しさを感じた。

創作のポイント

わきもこ可　みしと裳のう
ら農　むろの支は　常世耳
あれと　見志人所那き

上下に分裂する構成です。上の集団はさらに左右に分かれます。

右集団では上部を疎に、下部を密に、左集団では字数の調整により密から疎へと動きます。この右左の二つの集団により左回りの動きをもたせ、下の集団もこれに寄り添い、偏平な集団として扇面が上下二枚あるように対応しています。上部右集団「みし」が効いていますが、各行脚の文字が偏平にされ、美しいラインが形成されていることも大切です。

49 君待《きみま》つと 我《あ》が恋《こ》ひ居《を》れば 我《わ》が屋戸《やど》の 簾《すだれ》動《うご》かし 秋《あき》の風《かぜ》吹《ふ》く

（巻四・四八八）

原文 君待登　吾恋居者　我屋戸之　簾動之　秋風吹

意味 あなたのお出ましを待って、私が恋い慕っておりますと、わが屋のすだれを動かして秋の風が吹いていています。

解説 題詞に「額田王《ぬかたのおおきみ》、近江天皇を思《しの》ひて作る歌一首」とあるから作者は額田王。しかし、後世の男性歌人がその立場になって創作したフィクション歌であろうとする説もある。

本歌は、男の来訪を待ちわびているが来ることもなくてただ秋風が吹いている、という歌。「簾動かし秋の風吹く」は女性として風の音にさえ男が来るように感ぜられると、恋する女の敏感さがあるという。実際には来ない男への失望感であり不安である。

秋の夜に夫を待ってその憂いを詠む詩は、中国六朝の閨怨詩の影響を受けていると指摘したのは小島憲之である。この歌の次に鏡王女《かがみのおおきみ》の作った

風をだに 恋ふるはともし 風をだに 来むとし待たば 何か嘆かむ（巻四・四八九）

があり、空しい秋風ばかりで男の訪れもなく恋の嘆きが歌われている。

鏡王女は額田王と姉妹かと言われているが、不明である。鏡王女ははじめ天智天皇に寵愛され、後に藤原鎌足の正室となった。額田王は、本歌を鏡王女に示したのに対し追和したのであろう。本歌と四八九番の二首は巻八・一六〇六・一六〇七に重出。

創作のポイント

支み万つ登　あ可こ日をれ
盤　わ可やとの　春多れう
こ可し　秋農可せふく

古筆「本阿弥切」における仮名美の要素を加えてみました。書き出し「支み万つ登」を象徴的に見せ、第二行で左上方へ向かわせ、第四・五行で左下方向へなびかせます。

紙面上方の空間と下方の空間の広さに変化をつけ、行間の広狭の変化によって横展開を図っています。

「春多れうこ可し」における行の蛇行、「農可せ」と「ふく」との絡ませ方にも配慮しています。

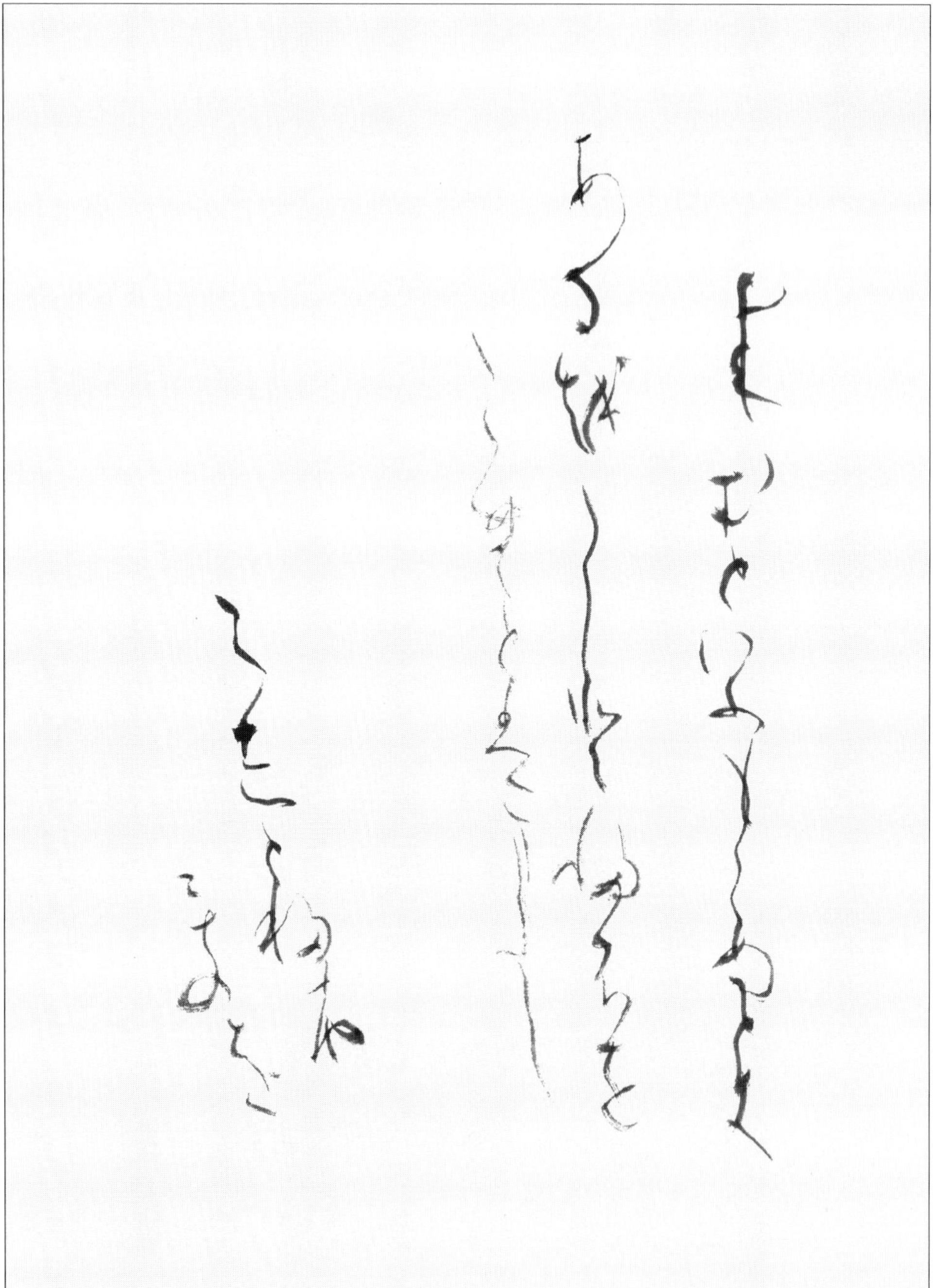

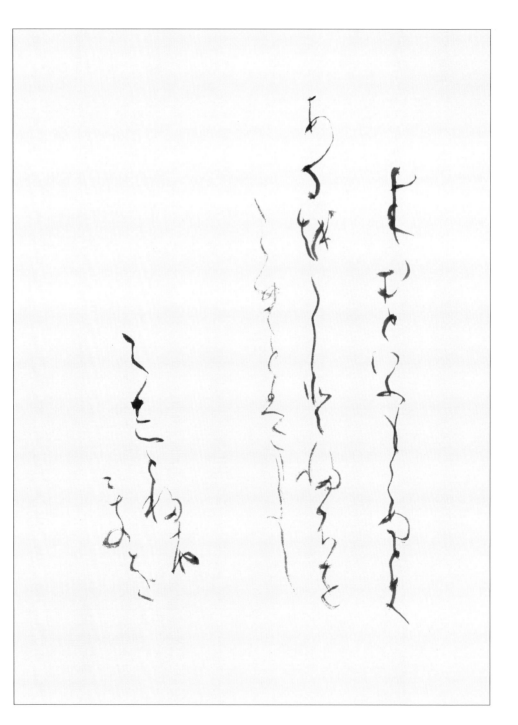

50 来《こ》むと言《い》ふも　来《こ》ぬ時《とき》あるを　来《こ》じと言《い》ふを　来《こ》むとは待《ま》たじ　来《こ》じと言《い》ふものを（巻四・五二七）

原文　将来云毛　不来時有乎　不来云乎　将来常者不待　不来云物乎

意味　来ようと言っても来ない時のあるのに、はじめから来られないというのを、来るだろうなどと待つようなことはしません。来ないと言うものを。

解説　五二二番から五二四番までの歌に、「京職藤原大夫、大伴郎女《おおとものいらつめ》に贈る歌三首 卿諱を麻呂といふ」の題詞がある。それに対して「大伴郎女の歌四首」（五二五～五二八）があるその中の一首である。心ではもしかすると来るかと待っているけれども、反面来ないと言っているから来ないのだ、とあきらめているのだ。男女の不和をはっきり詠んでいる。

しかし、「来」ということばを句頭に踏んで「来」を何回も用いている戯れ歌である。おそらく大伴坂上郎女の初期の作品であると思われるが、「来」を繰返し使用している類似歌が巻一一に次のように見える。

我が背子は　幸くいますと　帰り来て　我に告げ来《こ》む　人も来《こ》ぬかも（二三八四）

梓弓　引きみ緩へみ　来《こ》ずは来《こ》ず　来《こ》ば来《こ》そをなぞ　来《こ》ずは来《こ》ばそを（二六四〇）

また『万葉集』初期の作品に、二句目に用いたことばを第五句目に繰返し用いて意味を強調する手法がある。しかし、この歌は「来じと言ふを」を第三句で用い、第五句で繰返し用いているのが珍しい。自分自身にいい聞かせて心があるとも考えられるし、待たずにおれない心を相手に訴えたとも受け取れるのである。

創作のポイント

来むといふも　こぬと支あ
る越　こし登移不を　こ無
と盤万多し　こ志と移布
毛のを

「来」の書き出しのみ漢字を残しました。

第二行「ある越」「こし登」「移不を」を三つの集団とし、第三行は渇筆で振幅を小さめにして添えています。

第一行と第二行との行間を大切に、右集団に対する左集団は傾斜を強くし、右集団に対応させています。各行脚を結ぶラインを美しくなだらかに形成し、行頭の高さにも配慮しました。

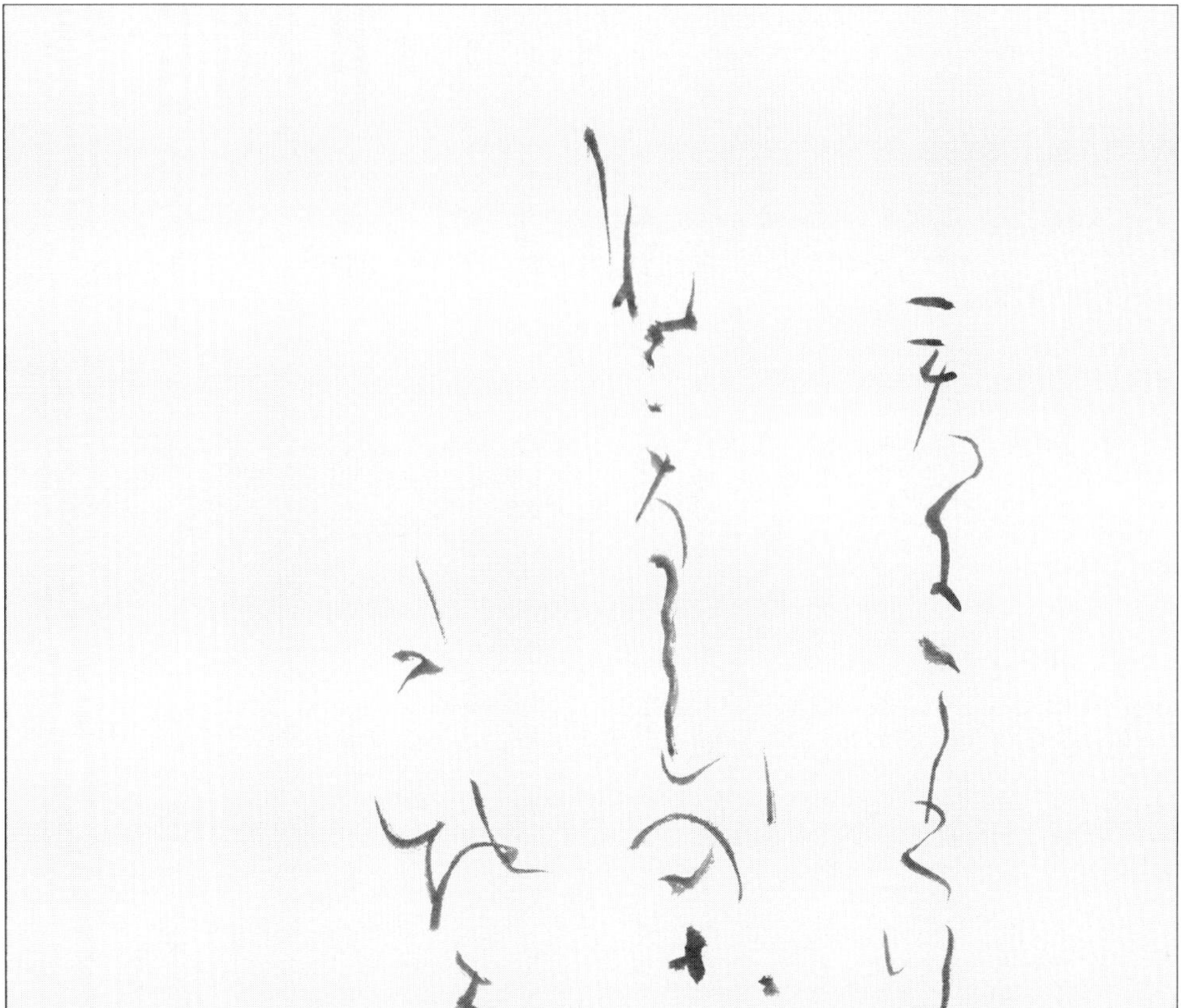

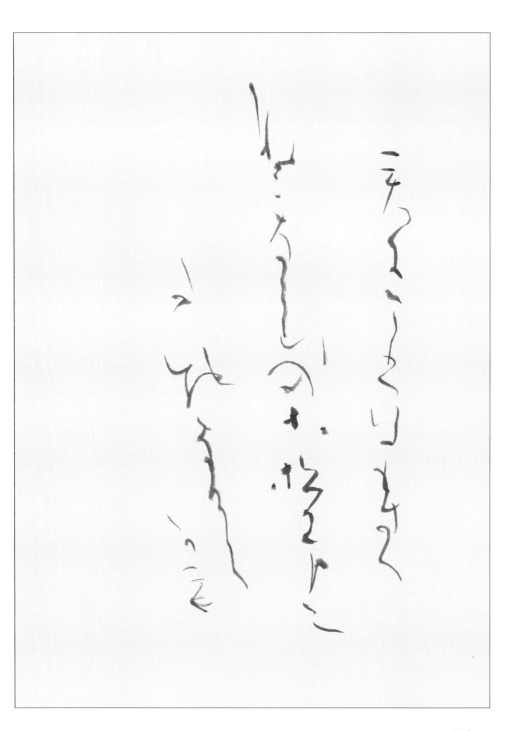

51 君《きみ》に恋《こ》ひ　いたもすべなみ　奈良山《ならやま》の　小松《こまつ》が下《もと》に　立《た》ち嘆《なげ》くかも

（巻四・五九三）

原文 君尓恋　痛毛為便無見　楢山之　小松下尓　立嘆鴨

意味 あなたに恋い焦がれてどうしようもなく、奈良山の小松の下に立って嘆くばかりです。

解説 題詞には「笠女郎《かさのいらつめ》、大伴宿禰家持《おおとものすくねやかもち》に贈る歌二四首」とあり、その中の一首である。

笠女郎は家持に二四首を贈っているが、家持からの返歌は二首だけである。集中、女郎の歌は家持に宛てた恋歌のみで、両者の歌の数からもわかるように、女郎の、家持への恋情の強さがわかる。

歌中「いたもすべなみ」の「いたも」は、「はなはだしく」の意であり、「すべなみ」は「手段方法がない」の意である。この語で、家持への思いが成就しない女郎の恋心が表現されている。「奈良山」は、奈良盆地の北の丘陵で、大伴氏一族の住居は奈良山の東の佐保にあった。

女郎は、どうするすべもなく、せめて家持の家だけでも見ようと奈良山に登り、松の木の下で家を見ながら、ただ嘆き悲しむことしかできなかった。小野寺静子（『万葉集事典』）は「家持と笠女郎の恋は必ずしも快く終わっていなかったが、家持には笠女郎の歌を高く評価するところがあって、歌集編纂にあたり、笠女郎からの歌のほとんどを収録したのであろう」と述べている。

創作のポイント

君尓こ悲　い多もすへ那三
奈ら山の　小松可下二　多
地奈介く可毛

第二行中央部に膨張感をもたせ、行全体を一集団化しています。

第一行では、小刻みで軽妙なリズムをもって降下し、第二行の展開を活かします。第三行では紙面左の余白の存在をより高める「多地」、墨継ぎ「小松可下」からの波動を左下方へと誘う「可毛」。

三行を一体化させることで、天地左右の余白を引き立たせます。特に、漢字を残し読ませる「小松可下」が浮かび上がってきます。

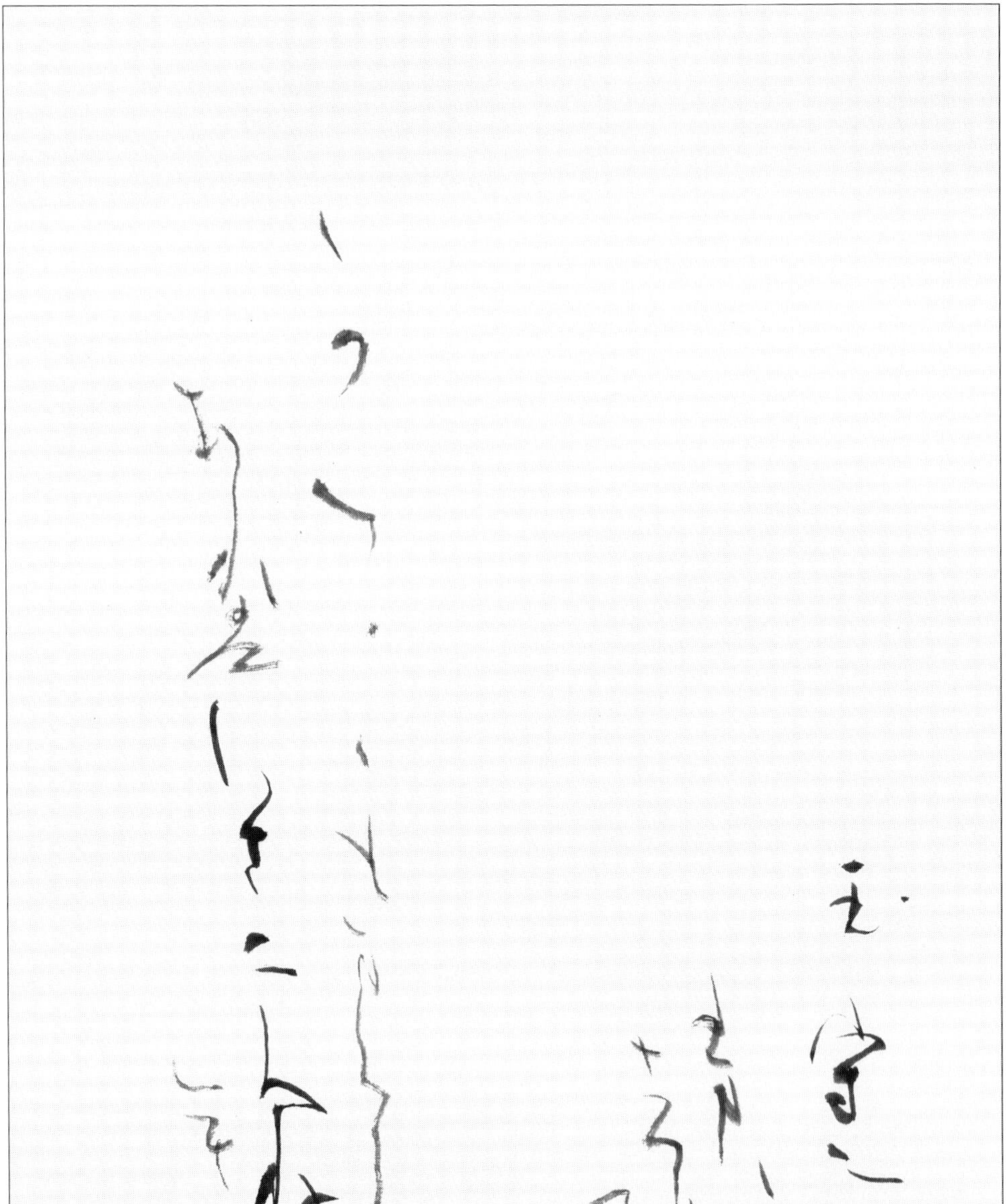

52 玉守《たまもり》に　玉《たま》は授《さづ》けて　かつがつも　枕《まくら》と我《あれ》は　いざ二人《ふたり》寝《ね》む

（巻四・六五二）

原文　玉主尓　珠者授而　勝且毛　枕与吾者　率二将宿

意味　大切な玉（娘）は玉守《たまもり》（その夫）に渡してしまった。ともかく枕と私は、さあ二人で寝よう。

解説　大伴《おおともの》坂上郎女《さかのうえのいらつめ》は旅人の妹で、はじめ穂積親王《みこ》に召され、次に藤原麻呂の妻となり、後に大伴宿奈麻呂《すくなまろ》の妻となり、坂上大嬢《おおいらつめ》と二嬢《おといらつめ》の二子を産んだ。

原文の「玉主」は自分の娘を玉に喩えて、その玉を守るものとして「タマモリ」と読むが、「タマヌシ」の読みもある。玉の主人という意味に取れば「タマヌシ」もいいかもしれない。この「玉主」は歌の四、五句を見ると、坂上郎女の家に残っている娘のいないことがわかるので、「玉」は二嬢であり、「玉主」はその夫・駿河麻呂であろう。「かつがつも」は「不十分であるが」の意であるので、今まで二人で寝ていたのに、今は一人で寝なければならない。それは、私にとっては不足のことであるが、の意味である。「玉主」「かつがつも」は集中、ここだけ。

土屋文明（『万葉集私注』）は「欲情を歌つたのみでなく、歌調いかにも下品である」と酷評しているが、他は「……人情の機微に触れた作である。娘をとつがせた経験のある親にして、はじめてこの歌の真味は了解することが出来る」（佐佐木信綱『評釈万葉集』）などと評価している。娘を嫁がせた母の気持ちは、今も昔も変わらない。

創作のポイント

玉守二　多万八さつ介て　可
つゝも　万くら登　あれ盤
いさ二人ね牟

右下の逓下式による美技集団を受けて、左上方に浮かび上がる「可つゝ」「あれ盤」。

第五行の「万九ら登」、第六行「いさ二人ね」、そして「牟」がおりなす左下への膨張感によって、行の中央に漸減効果が効き、紙面中央を大きく見せています。

右下集団を受け、「可つゝも」の歌い上げるような表現が強調され、音楽でいう「サビ」の役目を果たしています。

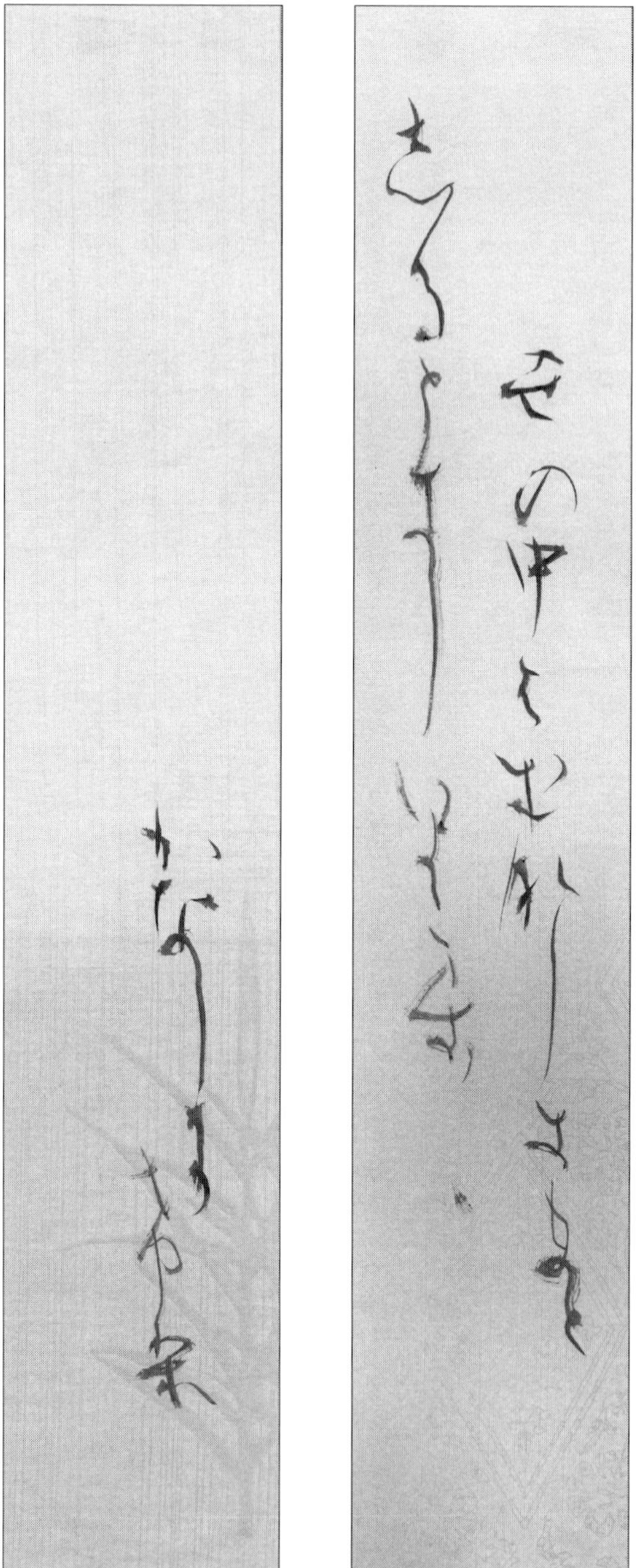

53　世《よ》の中《なか》は　空《むな》しきものと　知《し》る時《とき》し　いよよますます　悲《かな》しかりけり　（巻五・七九三）

原文　余能奈可波　牟奈之伎母乃等　志流等伎子　伊与余麻須万須　加奈之可利家理

意味　世の中は空しいものだと思い知った今この時こそ、（今までよりも）いよいよますます悲しいことだ。

解説　題詞に「大宰帥大伴卿《だざいのそちおおともきょう》、凶問《きょうもん》に報《こた》ふる歌」とあり、漢文の序に「禍故重畳《かこちょうじょう》し、凶問累集《るいじゅう》す。永《ひたふる》に崩心《ほうしん》の悲しびを懐《むだ》き、独《もはら》断腸《だんちょう》の涙《なみだ》を流す。ただし、両君の大助《だいじょ》に依《よ》りて、傾《かたぶ》ける命《いのち》をわづかに継《つ》げらくのみ。筆《ふみて》の言《こと》を尽くさぬは、古《いにしえ》に今にも嘆くところなり」とある。

旅人は大宰府赴任後、妻を亡くし（神亀五年）、京からの弔問があり、この歌はそれに報《こた》えた歌である。「禍故重畳し、凶問累集す（不幸が重なり凶報が続く）」から、妻の死以外にも凶事が重なったことがわかる。歌中「知る時し」の「知る」は「実感や体験としてわかった」という意で、「世の中が空しいということは、知識としてはわかっていたが、今実際に体験して（妻の死に直面し）、よくわかった」という意味である。粂川光樹（『万葉集事典』）は、「郎女を失った旅人の悲嘆は大きく、その心情は巻三の四四六番以下の切々たる叙情歌として実を結んでいる」としている。この歌は、「妻の死」を契機に詠まれたことがわかるが、歌にはそれを直接表現していない。しかし、旅人の悲しみがよくわかる歌である。

創作のポイント

世の中者　む那し支ものと
志ると支し　いよ丶万す丶
かなし可利希梨

漢字による書き出し、放ち書きを中心とした第一行ですが、その中で、大・中・小、・密疎・密と展開させています。

第二行は連綿による表現を主として、左の短冊との間に大きな空間を作ります。

「かなし可利」では墨量豊かに、書き出し「世の中」と対応させています。

関戸本古今集七九五番歌の前半を想起させるキレのある運筆で、ほぼ垂直的な、静かなたたずまいを見せています。

54 妹《いも》が見《み》し　楝《あふち》の花《はな》は　散《ち》りぬべし　我《わ》が泣《な》く涙《なみだ》　いまだ干《ひ》なくに

（巻五・七九八）

原文 伊毛何美斯　阿布知乃波那波　知利奴倍斯　和何那久那美多　伊摩陁飛那久尓

意味 妻が見た楝《おうち》の花は、もう散ってしまいそうだ。私が流す涙も、まだ乾かないのに。

解説 「日本挽歌」の反歌五首のうちの一首であり、山上憶良《やまのうえのおくら》が大伴旅人《おおとものたびと》の心に同化して旅人の妻を悼《いた》んだ歌である。左注の「神亀五年七月二一日に、筑前国守山上《ちくぜんのくにのかみやまのうえの》憶良《おくら》上《たてまつ》る」は、百日の供養の日であり、命日はさかのぼって四月一〇日（新暦五月二七日）と考えられている。これは、楝の花の開花時期とも合っている。「妹が見し楝の花は」とあることから、旅人の妻の死は、楝が散る前とわかる。楝は初夏に花をつける梅檀《せんだん》といわれている。「散りぬべし」の「散る」ものは、花であるとともに、妹自身でもある。

この歌について、斎藤茂吉（『万葉秀歌』）は「実は此歌よりも優れた挽歌が幾つも前行しているのである」と述べながらも、天平一一年夏六月の家持の歌（巻三・四六九）をあげ、「これは明かに憶良の模倣であるから、家持もまた憶良の此一首を尊敬していたということが分かるのである」と評している。「花」「散る」「干なく」の語により、実際の時間の経過と旅人の心の時間の経過の対比がわかり、より強く悲しみが表現されていると言える。

創作のポイント

い母可みし　あふちの八那　盤　ち利ぬへし　わ可那く　奈見多　い万多日なく二

古筆「曼殊院本古今集」を少し意識して、放ち書きの多い第一行から行を進めるごとに長い連綿集団を配し、後半へと続きます。

書き出しは墨量は控えめにして余白に溶け込むことを心がけ、「ち利ぬ…」では行の屈折を行って、後半部への移行としての役割をもたせています。

大空にまびくうっすらとした雲、その下で揺れる桜の花びらを思い浮かべて書いてみました。

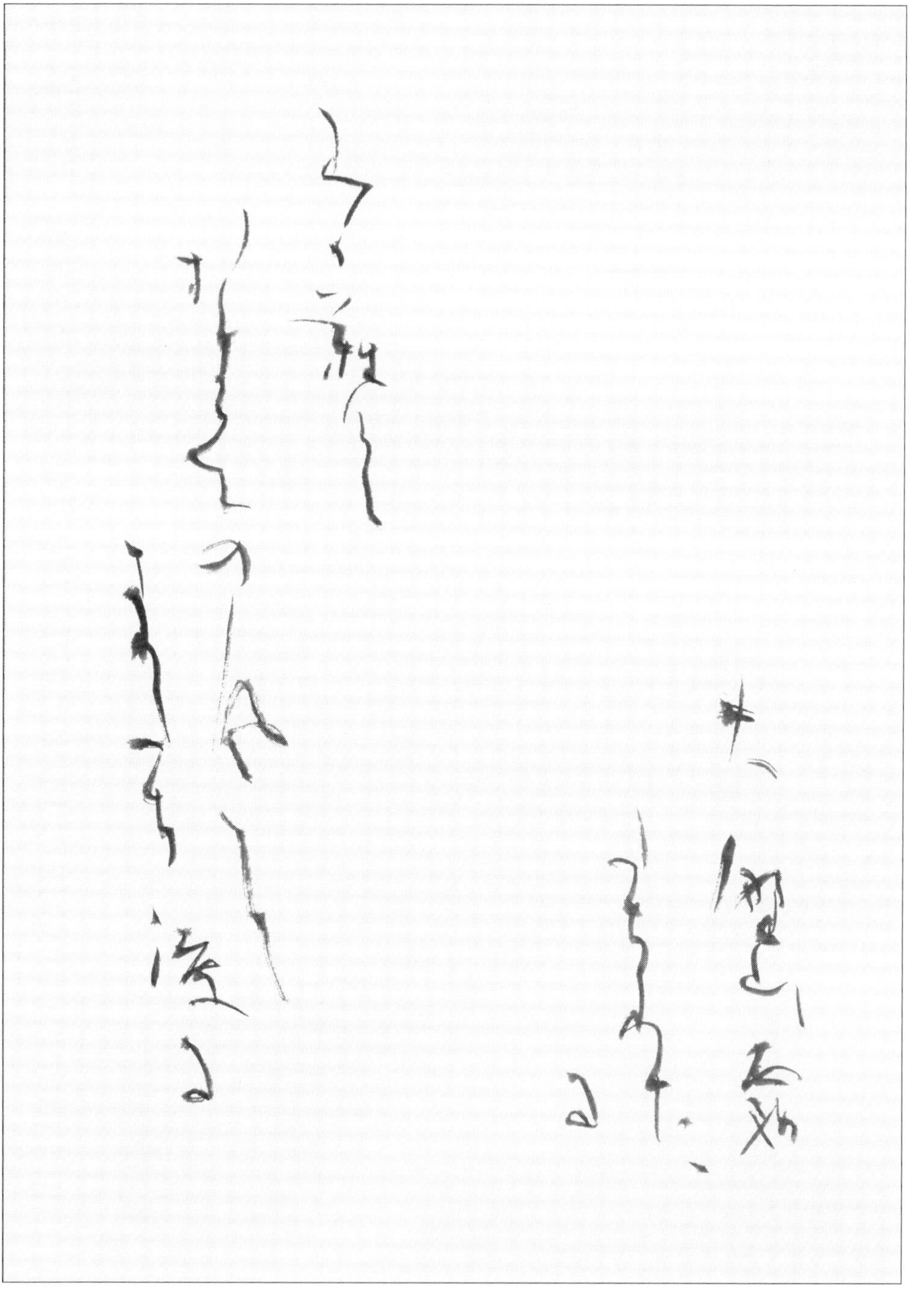

55 大野山《おほのやま》 霧立《きりた》ち渡《わた》る 我《わ》が嘆《なげ》く おきその風《かぜ》に 霧立《きりた》ち渡《わた》る

（巻五・七九九）

原文 大野山　紀利多知和多流　和何那宜久　於伎蘇乃可是尓　紀利多知和多流

意味 大野山に霧が立ちこめている。私の嘆きの息の風で霧が立ちこめている。

解説 「日本挽歌」の反歌五首の中の一首である。左注の「山上憶良上《やまのうえのおくらたてまつ》る」から、山上憶良が大伴旅人《おおとものたびと》になりかわって亡妻哀悼の詩歌を創作して贈ったことがわかる。また「神亀五年七月二一日」は旅人の妻の百日供養の日であると推定されている。

歌中「大野山」とあるのは、大宰府の背後の大城山《おおきのやま》、現在の四王寺山《しおうじやま》一帯をさすと推定され、旅人の妻がこの山麓に埋葬され、大野山は亡き郎女を偲ぶ山であろうという。「嘆きの息吹が霧となって立つ」というのは、神話的な発想であり、『古事記上』「吹き棄《う》つる気吹のさ霧に成れる神の御名は……」や『万葉集』巻一五・三五八〇番歌、三六一五番歌をあげることができる。

また、万葉集では離別の嘆きの息吹が相手を慰撫する力をもつものとしての考えもある。村山出（『万葉集事典』）は「大野山を包む霧に、愛惜思慕の嘆きが妻の霊を鎮めると観想しているであろう。しかし、やがて消えてゆく霧に、人の世のはかなさ、空しさも感じていたに違いない」と述べている。儚い霧が立ち渡り消えていく。それを繰り返しながら死を受け入れていくとも考えられる。

創作のポイント

大野山　霧多ちわたる　王
可難介く　於支その風耳
支利多ち渡る

右下集団では複雑から簡素へ向かい、対角線上の広い余白をまたがり、左集団へと向かいます。左集団の第二行「風耳」のダイナミックな書き振りが紙面を動かします。左集団では、密から疎への拡張を行の展開の柱にしています。

「於支そ…」における左下・右下への屈折が紙面左への波動の役を担います。

右下集団と左集団との間にできる余白は、「余白でなく「要」白として重要な空間となっています。

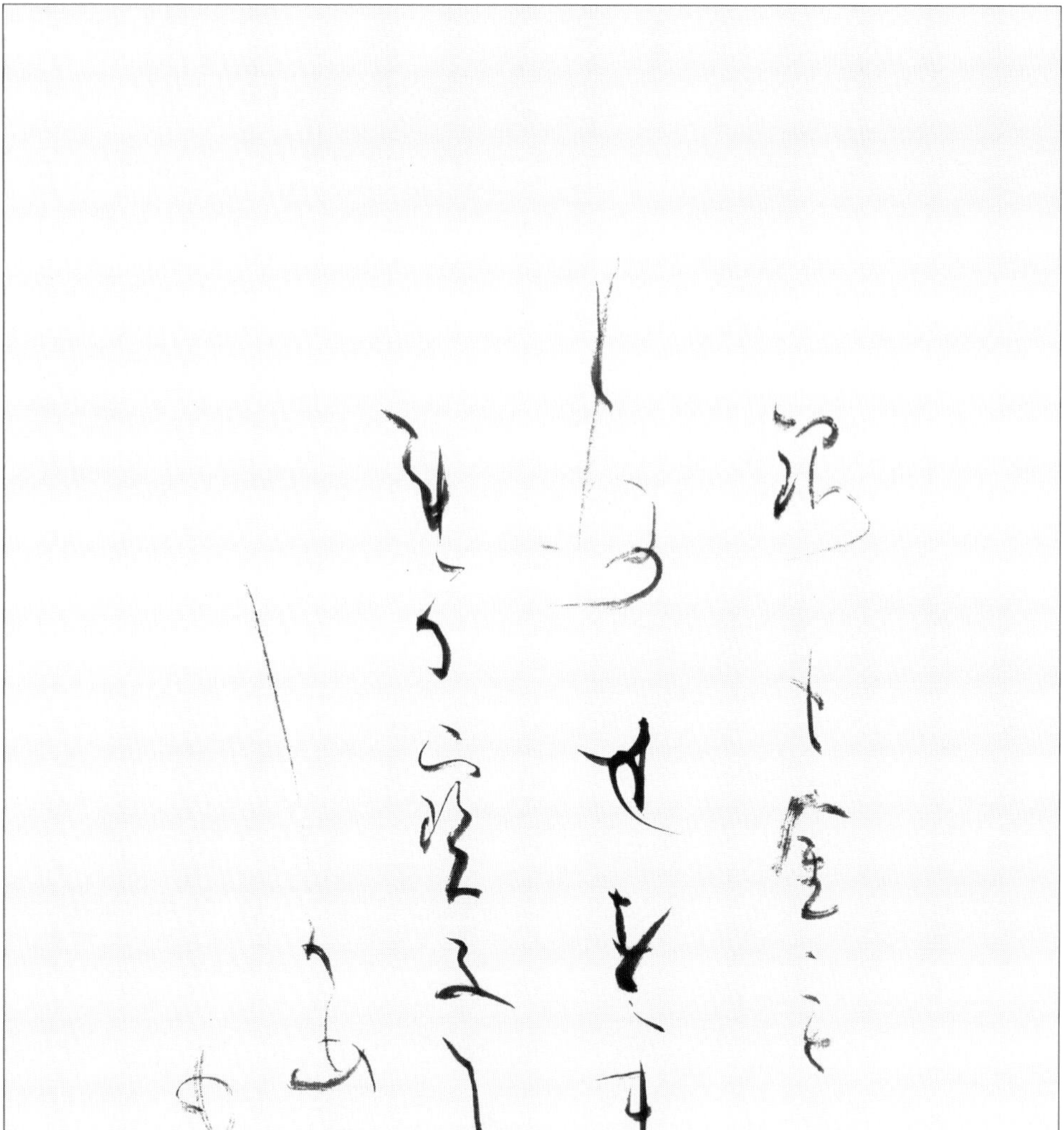

56 銀《しろかね》も　金《くがね》も玉《たま》も　なにせむに　優《まさ》れる宝《たから》　子《こ》に及《し》かめやも

（巻五・八〇三）

原文　銀母　金母玉母　奈尓世武尓　麻佐礼留多可良　古尓斯迦米夜母

意味　銀も金も玉もいったい何になろう。すぐれた宝も子にまさるものがあるだろうか。

解説　神亀五年七月二一日、山上憶良《やまのうえのおくら》は三部作「惑へる情を反さしむる歌」（巻五・八〇〇～八〇一）「子等を思ふ歌」（巻五・八〇二～八〇三）「世間の住み難きことを哀しぶる歌」（巻五・八〇四～八〇五）を筑前国嘉摩郡で選定した。この「子等を思ふ歌」の反歌が本歌である。作品の制作事情について、窪田空穂は国守としての職分の実践補足であるとしたが、土屋文明（『万葉集私注』）は徹底して国守の職務を歌った作品とみた。井村哲夫（『憶良と虫麻呂』）は「惑情を反さしむる歌」に国守の実践的意図に留まらぬ旺盛な表現意欲と抒情の質を認めるべきと述べ、さらに中西進（『山上憶良』）は、「惑情」「愛」「無常」を主題として緊密に連続した三部作で全体が「惑」を中心とする、と解したのは卓説である。

長歌では、子供の大好物である瓜や栗を食べるたびに子供を思い出す親の姿が具体的に述べられ、さらに銀・金・玉は仏法にいう七宝を代表するもので、この世の最高の宝である。この宝よりもまさるものとして子供という人宝の重みを強調した。憶良は子煩悩であり、かつ子供讃美を詠んだ。それにとどまらず憶良自身の愛の思想にまで光をあてたと理解できる。

創作のポイント

銀も　金毛玉も　何せむ二ま佐連る寶　子にし可めやも

この作品では、文字同士の結束力を高める連綿に比して、「字間」「時間」を託すことによる響き合いを期待する「放ち書き」的表現を主としています。

特に注目すべきは第二行「も何せむ二」で、上空高くから大きな運筆で書かれた「も何」を受ける「せ」の動作、さらにそれを受けて緊密になる「む二」。「し可めやも」の、左側余白に訴求する働きは、「余情」「残響」となっています。

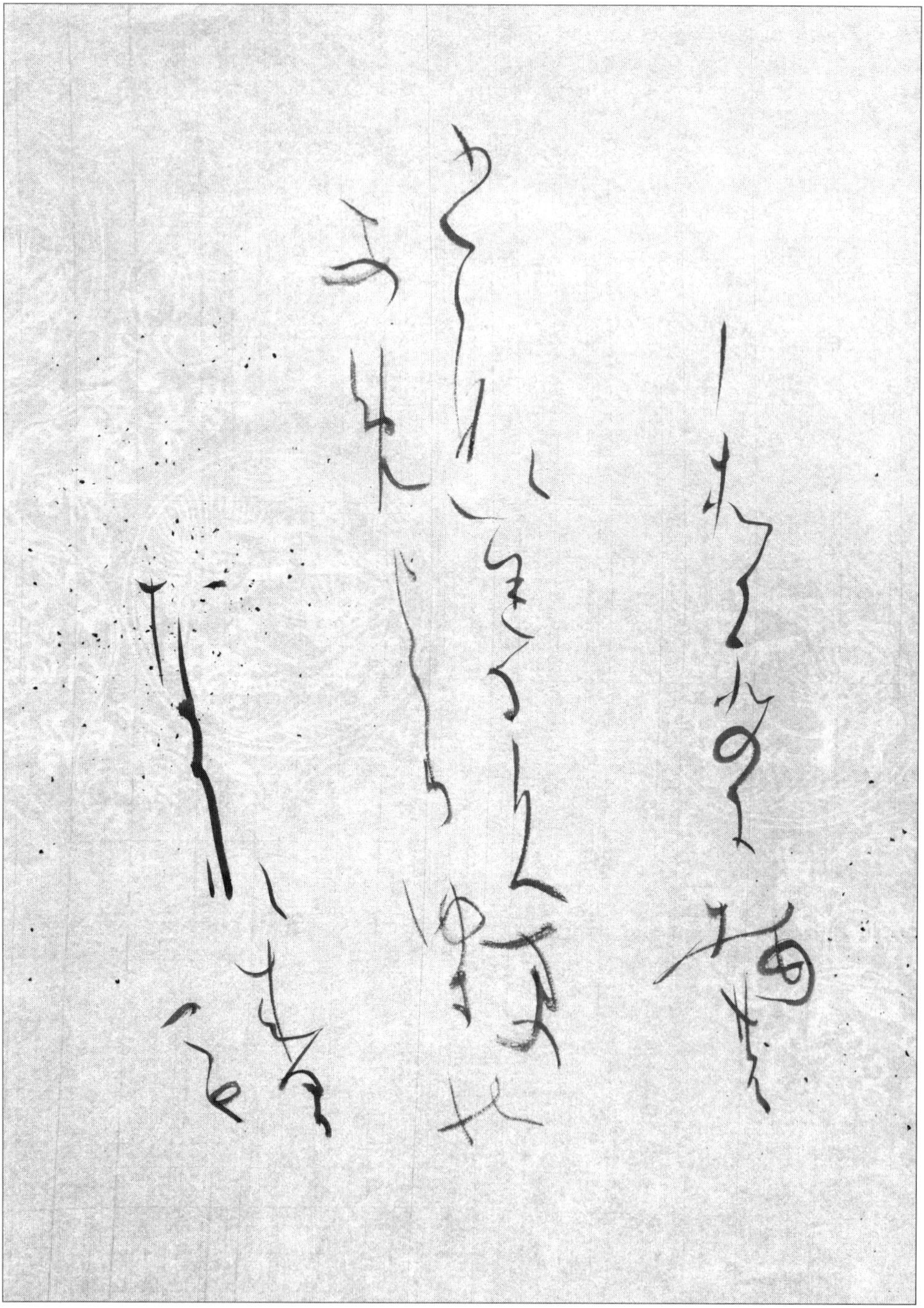

57 我《わ》が園《その》に　梅《うめ》の花《はな》散《ち》る　ひさかたの　天《あめ》より雪《ゆき》の　流《なが》れ来《く》るかも

（巻五・八二二）

原文　和何則能尓　宇米能波奈知流　比佐可多能　阿米欲里由吉能　那何列久流加母

意味　わが家の庭に梅の花が散っている。天から雪が流れて来るのだろうか。

解説　天平二（七三〇）年正月一三日、大伴旅人《おおとものたびと》が館に大宰府管下の官僚を集めて、梅花の下で宴を催した時の歌である。異国情緒をたたえる植物を囲み、異国の習慣に倣っての宴は、海外の玄関口に当たる大宰府にはふさわしい集いであったという。宴席歌のため、旅人を賀している社交の歌であり、拙い歌はないが傑作もないようである。

落花を落雪に見立てるのは漢詩に多く、『懐風藻《かいふうそう》』旅人作にも「梅雪残岸《ばいせつざんがん》に乱れ、煙霞《えんか》早春に接《つらら》く」とある。しかし、「見立て」が和歌の修辞法として一般的に用いられるのは『古今和歌集』になってからである。「雪の流れ来る」も、「流風・流露・流雪」などの漢詩句の応用である。

この歌は大久保広行（『万葉の歌人と作品』）が「憶良が散る楝《おうち》の花と涙を結びつけた、『日本挽歌』の第四反歌（巻五・七九八）をも意識しながら、直接的には先の憶良歌に応えて現時の心境を象徴的に歌い上げた一首と解したい」としながらも、この裏の心理的贈答も宴席での「文雅の遊び」かもしれないという。

創作のポイント

和可所の尓　梅農盤那遅
る　久方の　あ免与利ゆ支
能　な可れ来る可毛

各行の文字群の数を少なくして、字幅の大小に大きな差をつけてみました。第二行の「方の」に密度感を与え、周囲に疎を配して求心力をもたせています。そのため、大きな二つの余白は、一層の広がりをもっています。脈々と降下する行の中で、しなやかな心身の働きが豊かな文字の表情を創出します

第一行の右回転、第二行の左回転、第二行と第三行の寄り添う姿を考慮しました。

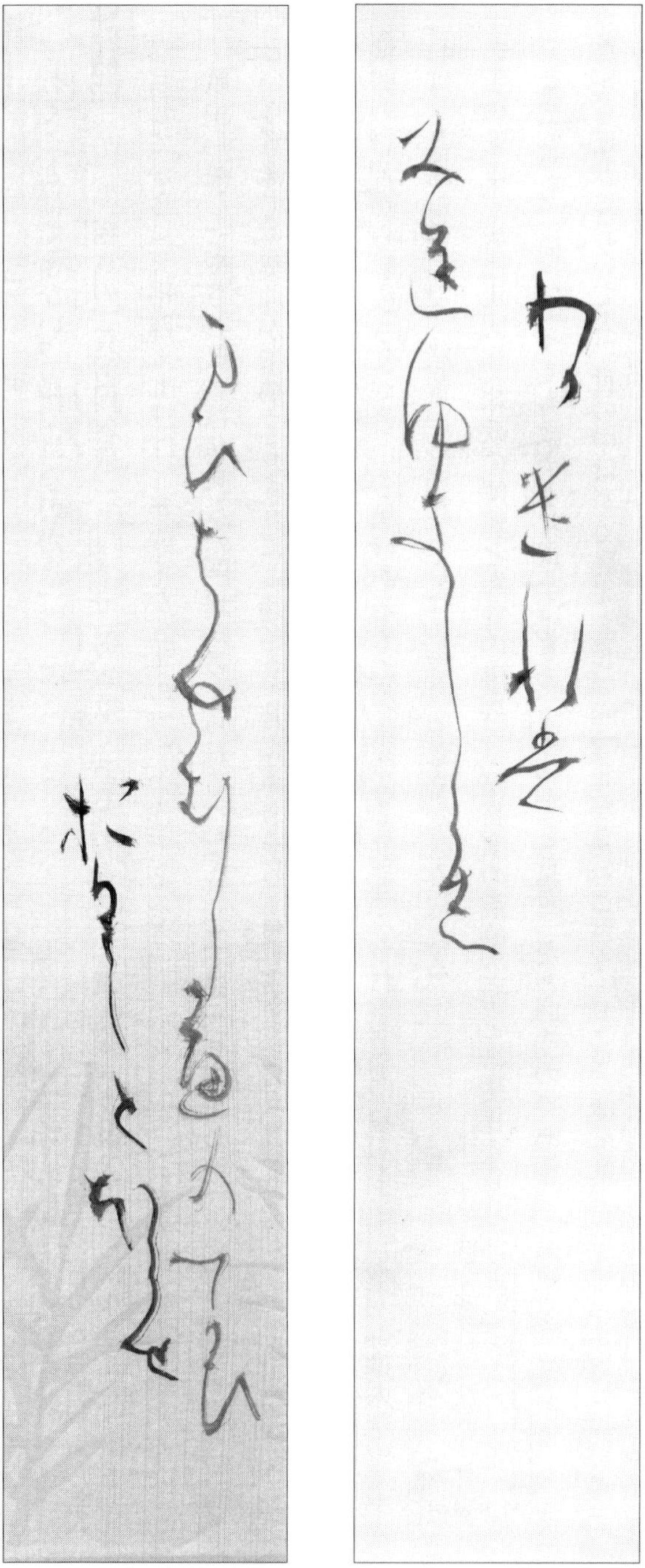

59 若《わか》ければ　道行《みちゆ》き知《し》らじ　賂《まひ》はせむ　したへの使《つか》ひ　負《お》ひて通《とお》らせ

（巻五・九〇五）

原文　和何家礼婆　道行之良士　末比波世武　之多敝乃使　於比弖登保良世

意味　幼いので、あの世への道を知るまい。贈り物をしよう。冥途の使いよ、この子を背負って通って行っておくれ。

解説　左注に「右の一首、作者未詳なり。ただし、裁歌《さいか》の体《たい》の山上《やまのうへ》の操《そう》に似たるを以《もち》て、この次《つぎて》に載せたり」とあり、「右の一首」の範囲には諸説あるものの、山上憶良《やまのうえのおくら》作であろう。

長歌にある「古日」は憶良の子供か他人の子供かわからないが、おそらく他人の子供と考えられている。この歌の「若ければ(幼いので)」は、この「古日」を指している。「道行き知らじ」の「道」は冥途への道をいう。「賂《まひ》はせむ」の「マヒ」は、「幣」を当てているものもあるが、「したへの使ひ」への贈物の意である。「賂はせむ」は、虫麻呂の一七五五番歌のそれを転用したものであるとして、憶良は虫麻呂を高く評価していたとする考えがある。「したへの使ひ」は「死の国の使で、生者を迎えに来ることを職とする者」である。集中、子のために詠んだ長歌の挽歌は他に例はない。

この歌、斎藤茂吉（『万葉秀歌』）は「黄泉の道行をば、恰《あたか》も現実にでもあるかの如くに生々しく表現して居るところに、憶良の歌の強味がある」と評している。作者未詳であるが、集中、家族を詠むことが多い憶良らしい歌である。

創作のポイント

わ可遣れ盤　み遅ゆ支し
ら志　万ひ者せむ　し多遍
のつ可ひ　於日氏と本らせ

短冊二本による表現です。

書き出しの「わ可」の筆の腹による力感あふれる線から、放ち書きを通してシャープな線、第二行における丸みとやわらかさ、しなやかさをもつ線の表情へと移ります。

左短冊の長い行では、多字数の連綿による息の長い行とし、第四行では「と」の字を挟んで、上下に表情の異なる二つの文字群を配しています。

60 若《わか》の浦《うら》に　潮《しほ》満《み》ち来《く》れば　潟《かた》をなみ　葦辺《あしへ》をさして　鶴《たづ》鳴《な》き渡《わた》る

（巻六・九一九）

原文　若浦尓　塩満来者　潟乎無美　葦辺乎指天　多頭鳴渡

意味　若の浦に潮が満ちてくると干潟がなくなるので、葦の生えた岸辺を目指して鶴が鳴き渡っていく。

解説　この歌は神亀元（七二四）年一〇月、聖武天皇の紀伊行幸の従駕歌《じゅうがうた》で、長歌と反歌二首とから成る歌の第二反歌である。

『古今集』仮名序の山部赤人《やまべのあかひと》の注に、この歌が載せられていることから、古来から有名な歌だったことがわかる。集中にも巻一五・三六二九番歌、三六四二番歌等赤人の模倣だろう歌があることから、当時からこの歌は尊敬されていたという。

反歌は長歌と連動していて、長歌の潮の満干を反歌二首それぞれが受けているという。また、第一反歌にある玉藻は神性があり、第二反歌の満ち潮の動きと鶴の躍動から讃歌としての性格があるとする。晴の場での儀礼性讃歌性、讃歌性に支えられた叙景性も色濃くある。景物としての「鶴」は、鳴き声や飛びかける姿に旅愁を託していて、「鶴鳴き渡る」の語句はすでに高市黒人も使用している（二七一番歌）。しかし、「黒人の歌は、視界の外へと飛び去って行く鶴を詠んで、しみじみとした旅愁がただよう。対して赤人のこの歌には、力強い躍動感が弾んで、若の浦の動的な自然が沸き立つ」と村瀬憲夫（『万葉の歌人と作品』）は述べている。赤人は「鶴」を旅愁ではなく、自然美の対象として詠んでいる。

創作のポイント

わ可のうら尓　し本見地くれ者　か多を奈身　あしへ乎佐して　多つ奈支わ多る

「香紙切」の美を加味し、しなやかさを求めました。

左右上下への振幅で前半を進め、大きな中央の空間を挟んで第三行「あしへ」の行は大きな心で受け止めます。そして第四行は短い行にして、深く沈めます。

「乎佐して」と「奈支わ多る」を密にして、また右下へ向かわせることによって、第一行、第二行の動きに静寂で呼応させています。

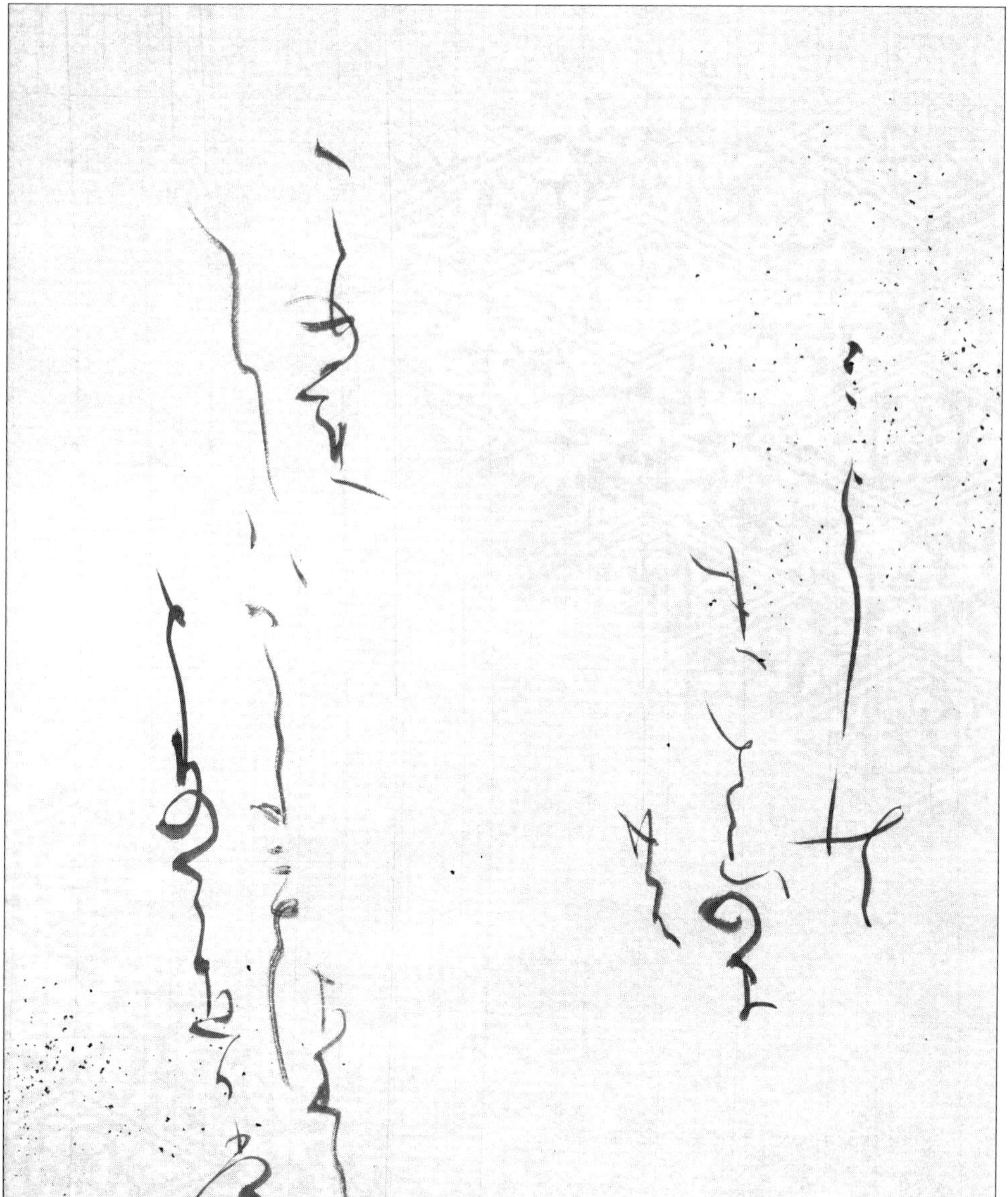

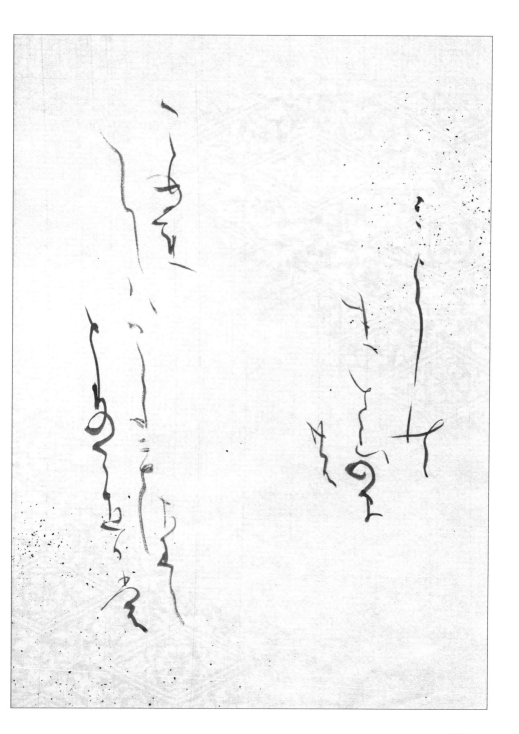

61 み吉野《よしの》の　象山《きさやま》の際《ま》の　木末《こぬれ》には　ここだも騒《さわ》く　鳥《とり》の声《こゑ》かも

（巻六・九二四）

原文　三吉野乃　象山際乃　木末尓波　幾許毛散和口　鳥之声可聞

意味　吉野の象山の谷間のこずえには、しきりにさえずる鳥の声がすることだ。

解説　題詞に「山部宿禰《やまべのすくね》赤人《あかひと》が作る歌二首并せて短歌」とある。本歌は赤人の二組の吉野讃歌の第一組の第一反歌である。長歌（九二三番）は柿本人麻呂《かきのもとのひとまろ》の吉野讃歌（三六～三九）にならって宮讃めを主題としている。たとえば「やすみししわが大君の」の詞句は伝統的な讃歌の言葉として歌いあげ、吉野の宮が「たなづく青垣」に囲まれ清き流れにつつまれた地であると歌っている。また「春へには花咲きをり」と「秋へに霧立ち渡る」、「その山のいやしくしくに」と「この川の絶ゆることなく」はそれぞれ対句表現である。即ち山と川を対にして歌うという構図である。

第一反歌は長歌の山川の対のうち、山の叙述を承けて朝の山中の鳥の声に焦点をあてて離宮を讃美している。また第二反歌は長歌の対句中、川の叙述を承け、夜の川の様子が歌われている。これらの赤人の歌は整然とした表現であり、均斉のとれた作品で儀礼歌にふさわしいと言える。赤人の代表的な作品であり、五味智英（『古代和歌』）は「騒く」の言葉に注目して「細く顫動《せんどう》してやがて清澄の世界に吸収されて行くものであった」と述べているのは魅力的な見解である。

創作のポイント

三与し能、きさ山のま農
こぬ連耳八　こゝ多毛佐王
くと利のこゑ可裳

ただよう右側集団と、那智の滝のような左側集団とで構成しています。「山のま」は密にして沈ませ、伸びやかな「三与し能」との対比を図ります。左集団では、左上方への展開と右下方への展開、両方の役割をもたせます。「こぬ連」に左回り的背骨をもたせ、「耳八こゝ多毛佐王く」「と利のこゑ」で直線的に潔く降下させて、紙面に緊張感をもたせています。

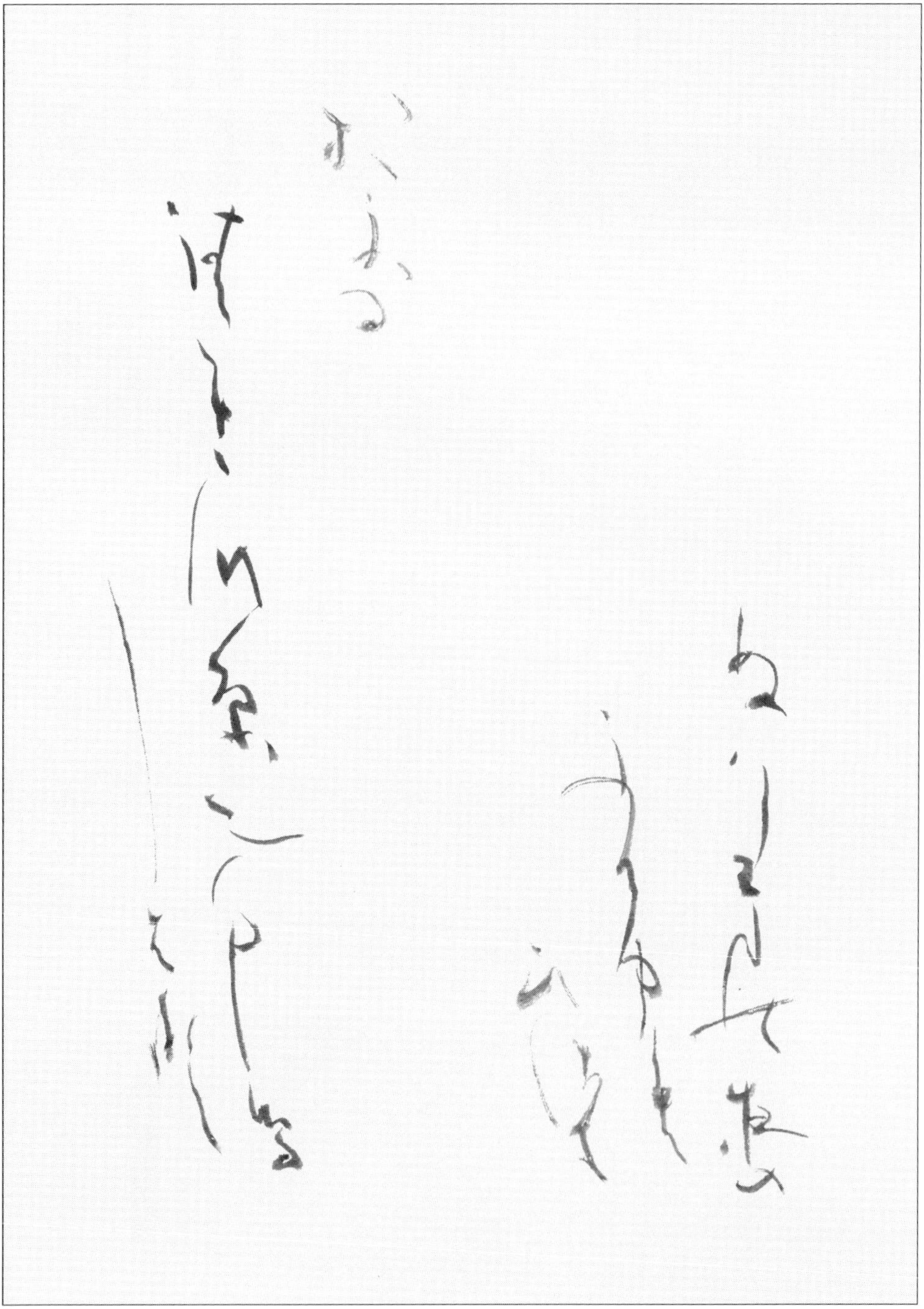

62　ぬばたまの　夜《よ》のふけゆけば　久木《ひさぎ》生《お》ふる　清《きよ》き川原《かはら》に　千鳥《ちどり》しば鳴《な》く　（巻六・九二五）

原文　烏玉之　夜乃深去者　久木生留　清河原尓　知鳥数鳴

意味　（「ぬばたまの」は枕詞）夜が更けていくと、久木の生える清らかな川原に、千鳥がしきりに鳴いている。

解説　「山部宿禰《やまべのすくね》赤人《あかひと》の作れる歌」と題された長歌の反歌の第二首目の歌である。長歌や第一反歌に「吉野」の語句があり、吉野行幸時の歌だとわかる。吉野は、斉明天皇以来、諸天皇によって多く行幸が行われていた地である。吉野離宮なども造られ、聖地と考えられる。第一反歌（九二四）は朝の山の鳥を、第二反歌（当該歌）は夜の川原の千鳥をと、綿密な対比構成が見られる。

歌中「深去者」は「ふけぬれば」とも読まれている。また、「久木」は、宮への永遠を寿ぐ意味や寿歌としての意味がある。「千鳥」については、千鳥がただ鳴いているのであり、「しば鳴く」とあることで生命感が一層強調されていて、従駕時の讃歌として自然の賛美がもっとも相応しく、赤人は素直に使命を果したと青木生子は述べている。また「ぬばたまの夜」に注目して、古代の旅の夜の、鎮魂の習俗から磨き出されたような魂の孤独、微動を、夜の空気に沁みとおる千鳥の声を通してとらえたという。

赤人が天皇のお供で出かけた吉野において、自然を賛美することは讃歌として相応しいと思うが、この歌では「夜」の千鳥を詠んでいる。その独自さが注目される。

創作のポイント

ぬ八多万能　夜のふ介ゆ介
者　ひ佐支於ふる　清き川
原二　千鳥し者那く

後半「清き川原…」の行の立ち姿と、寄り添う「於ふる」「し者那く」が一体感を生み出す左側集団に対して、右下集団では右下への集約を図り、また中央の大きな空間によって、面の美を創造しています。

左右への振幅・漸増・漸減が直立的な行に秩序を与え、天地左右の空間との響き合いを美しく演出します。中央の空間は、右下集団と左集団との響きを増補する役目を担っています。

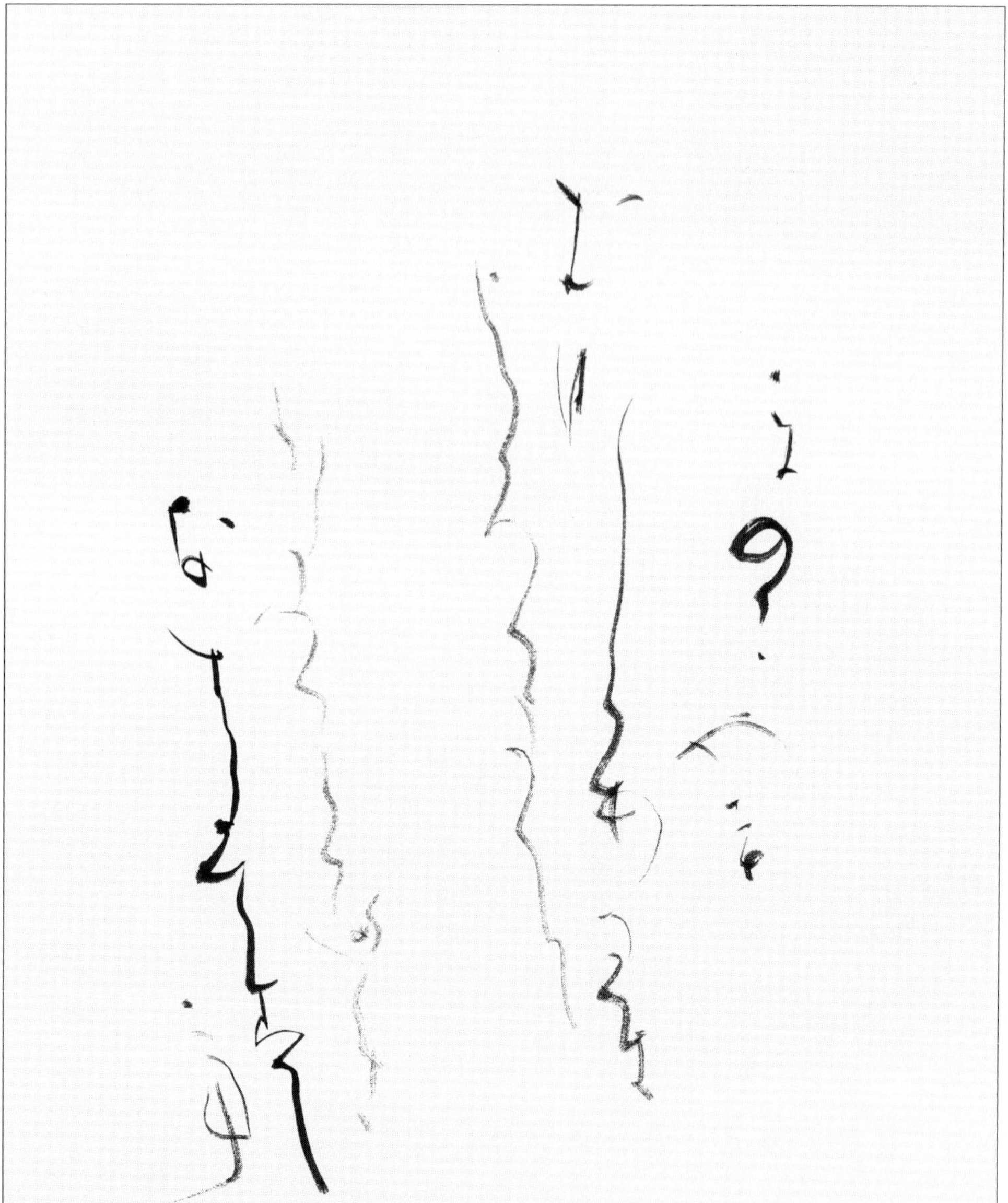

63 士《をのこ》やも　空《むな》しくあるべき　万代《よろづよ》に　語《かた》り継《つ》ぐべき　名《な》は立《た》てずして

（巻六・九七八）

原文　士也母　空応有　万代尓　語続可　名者不立之而

意味　男子たるものは、空しくあってよいものだろうか。万代《よろずよ》に語り継がれるような名を立てないで。

解説　「山上憶良《やまのうえのおくら》の痾《やまい》に沈《しず》める時の歌一首」で、巻五の「沈痾自哀文」と「思子等歌」は、天平五年の作であるから、この短歌一首もその時作ったものであろう（辞世歌との考えもある）。左注に憶良が病の時に藤原八束《やつか》が河辺東人《あづまと》を使いとして病状を問わせたとあり、この時の作だとある。

歌中「士也母」の訓は、他に「ますらやも・をとこやも・ますらをも」がある。卑門出身の官人であったことや、作歌態度が現実に目を向けるものであったことなどから、憶良は、自分を表す時に官職冠位を表す大夫を用いず、一般的男子を表す「士」を用いたという。

憶良の求める名は、国司として人々に善政をもってあたり、朝廷からの善政の官人として推挙されることだったと辰巳正明は述べている。しかし、功績もなく、ただ空しく人生の終焉を迎えようとしている。辰巳は、最後まで「名」を求め続けた姿は現実主義的だとも述べている。巻一九には大伴家持がこの歌に追和した歌（四一六四、四一六五）があり、「丈夫は名をし立つべし後の代に聞き継ぐ人も語りつぐかね（四一六五）」から、この憶良の歌を重視していたのではなかろうか。

乎のこや毛　む那しくある
へ支　与ろつよ耳　か多利つ
く遍き　な者多て春し亭

創作のポイント

各行とも線の太細に留意しています。前半三行では、下への流れを早く見せる「那しく」と、静かにただよう「与ろつよ耳」と、第一行の放ち書きによるリズム、この三者による交響。

静かに舞い落ちる「か多利つく…」と、しなやかにキレよく進む「者多て春」との交響。この二つの集団に「亭」の一文字が縦長で寄り添うように配置して、これら五行による交響に美しいエンディングの役を担わせています。

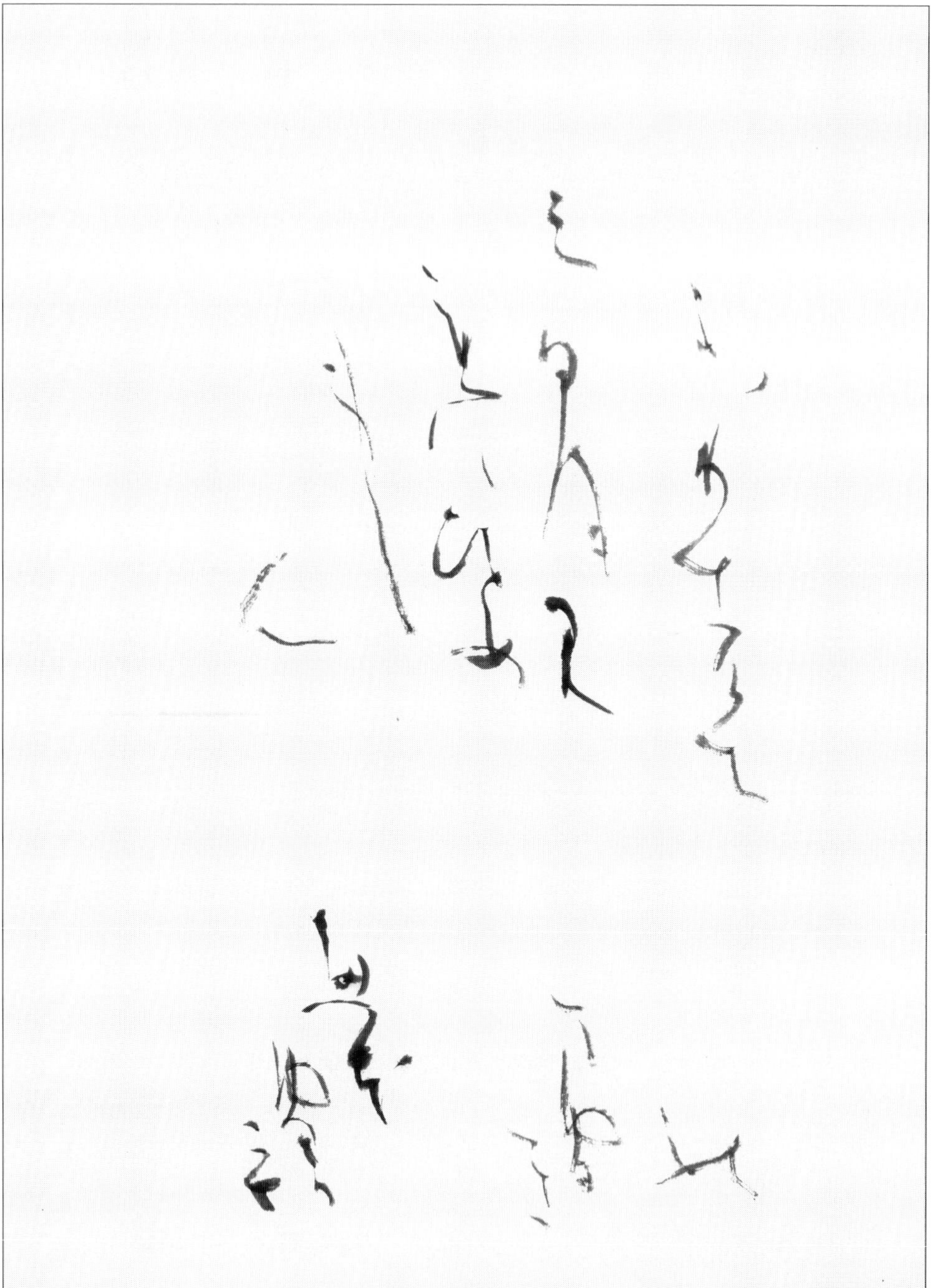

64 振《ふ》り放《さ》けて 三日月《みかづき》見《み》れば 一目《ひとめ》見《み》し 人《ひと》の眉引《まゆび》き 思《おも》ほゆるかも

（巻六・九九四）

原文 振仰而　若月見者　一目見之　人乃眉引　所念可聞

意味 振り仰いで三日月を見ると、一目見た女の眉の様子が思われることだ。

解説 巻六は年代順に歌が配列してあるので、作歌年時は前後の関係から天平五（七三三）年ということになる。大伴家持《おおともやかもち》の作品の中で年時の判明している最初の歌である。家持の誕生に異説があるが、養老二年の誕生とするとこの時一六歳である。

この家持歌の前に、叔母である大伴坂上郎女《おおとものさかのうえのいらつめ》の初月の歌「月立ちてただ三日月の眉根掻き日長く恋ひし君に逢へるかも」（巻六・九九三）がある。家持の初月の歌は題詠のように思われる。実際に月を見て詠んだのではなく、月に思いを馳せて詠んだのであろう。「一目見し」とは幻想的な人物と見ないで、坂上大嬢とする見方もあり、一方で家持は三日月のかそけき光を受けて、そのかそけさにふさわしい「一目見し人」を創造したのだとする説もある。また「眉引き」を詠んだ歌は、家持以前に、

思はぬに 至らば妹が 嬉しみと 笑まむ眉引き 思ほゆるかも　（巻一一・二五四六）

我妹子が 笑まひ眉引き 面影に かかりてもとな 思ほゆるかも　（巻一二・二九〇〇）

とあるから、「家持の初月歌」を模倣の作とする考えもある。この歌は古歌を踏まえて詠んだ習作歌なのかもしれない。また、初期の作品としてそれなりに繊細な感情が歌われていて評価してよいだろう。

創作のポイント

ふ利さ介て 三日月見連八
ひとめ身し 人の能万ゆ日
き 思本ゆる可毛

継色紙と寸松庵色紙によける構成と、集団美を念頭に置いています。上の大きな集団における各行の役割、屈折の強い「ふ利さ介て」、大きな空間を抱え、墨継ぎとの明暗をもつ「三日月」、第三行への揺さぶり、添える「身し」、前四行との均衡を保つ「人」。下の集団では、右上への進行が上の大きな集団に対応していきます。「思本ゆる可毛」を太中細と展開させ、密な集団とし、上部「身し人」と呼応させせます。

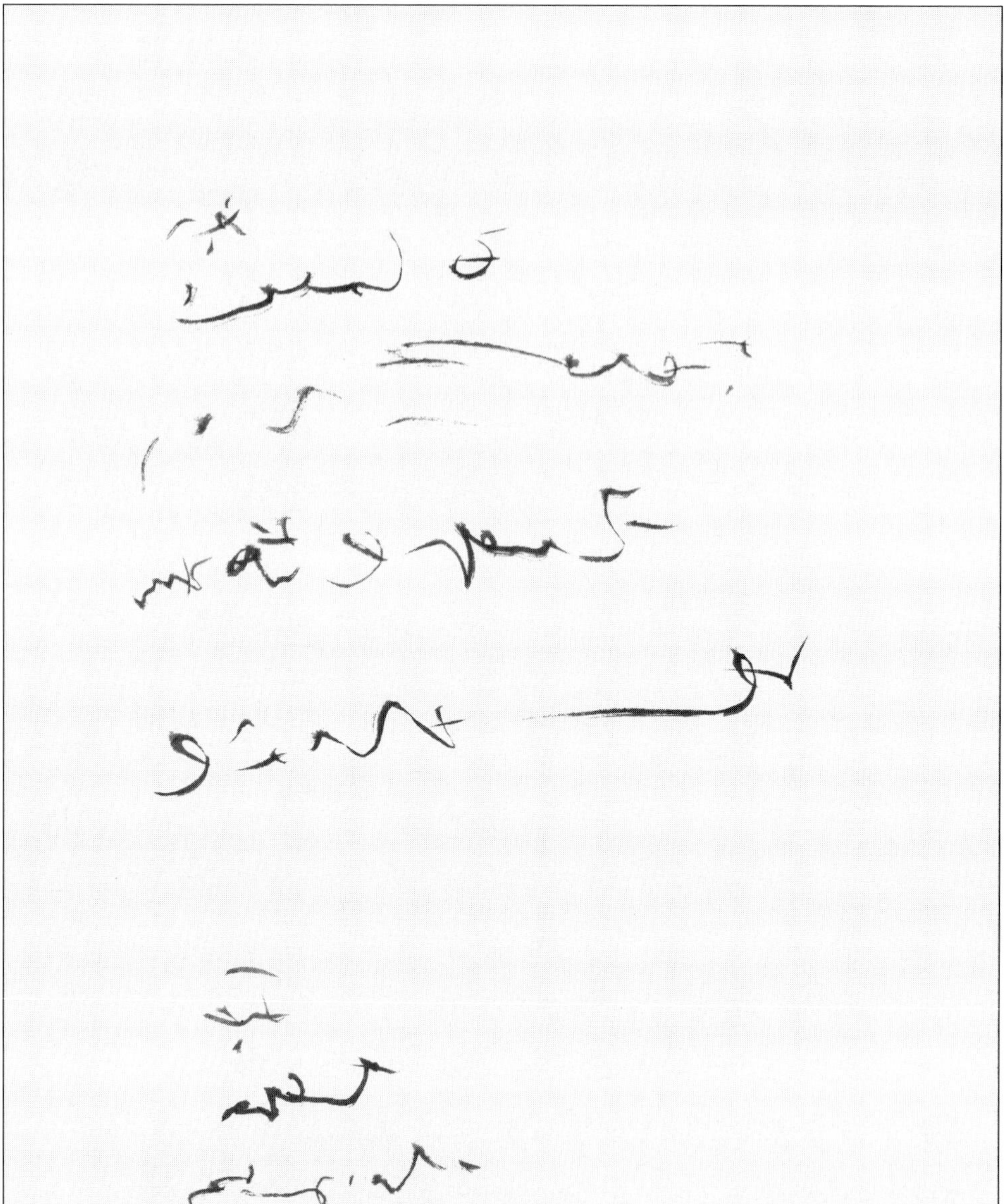

天

65 あしひきの 山川《やまがは》の瀬《せ》の 鳴《な》るなへに 弓月《ゆつき》が岳《たけ》に 雲立《くもた》ち渡《わた》る

（巻七・一〇八八）

原文 足引之 山河之瀬之 響苗尓 弓月高 雲立渡

意味 （「あしひきの」は枕詞）山中を流れる川の瀬音が激しくなるにつれて、弓月が岳に雲が立ち昇っている。

解説 「雲を詠む」と分類された中の一首。「右の二首、柿本朝臣人麻呂《かきのもとあそみひとまろ》が歌集に出でたり」という左注をもつことから、前歌（一〇八七）とともに人麻呂歌集の非略体歌であることがわかる。

この歌は人麻呂の出身地といわれる天理市の近く、櫟本《いちのもと》と関係がある。その地の南の穴師、三輪にかけての歌が多いことや歌柄も人麻呂にふさわしいという。「山川」は山中を流れる川。ここは痛足《あなし》川で、穴師山《あなしやま》と三輪山の間を流れて初瀬川へ注ぐのである。「あしひきの山川の瀬の」と「の」の音をくり返しながら流れるように進めてきた表現を「鳴るなへに」で一転させている。「なへに」とは「…につれて」という意。痛足川の川瀬の音が鳴りひびくとともに弓月が岳に立ち昇る雲の雄大な様子を感動的に詠んでいる。この景物としての山川や雲の動きを詠みあげて、自然観とともに叙景歌の完成というべきであろう。本歌は「山川の瀬の鳴る」と聴覚で捉えられ、さらに視覚的に「弓月が岳の雲立ち渡る」と捉えて詠んだ自然の景は見事である。島木赤彦（『万葉集の鑑賞及び其の批評』）は「風神霊動の概《がい》があり、一首の風韻《ふういん》おのずから天地悠久《ゆうきゅう》の心に合するを覚えしめる」と高く評価している。

創作のポイント

あし悲きの 山可盤の勢 農なる那へ二 ゆつ支可多 遣耳 久毛多ちわ堂流

継色紙の中にある逆形式の構成を参考にしています。

右半分の大きな空間を受け止める「あし悲きの」、肉厚な線を多めにする「山可盤の勢農」、もっとも広い空間を抱える「なる那へ二」、寄り添う「ゆつ支可多」、そして高低による行頭によって左集団が主となります。

右集団は、小さく行頭を下げながら進む逓下式で、左集団と緩やかな船底的行尾によって一体感をもたせます。

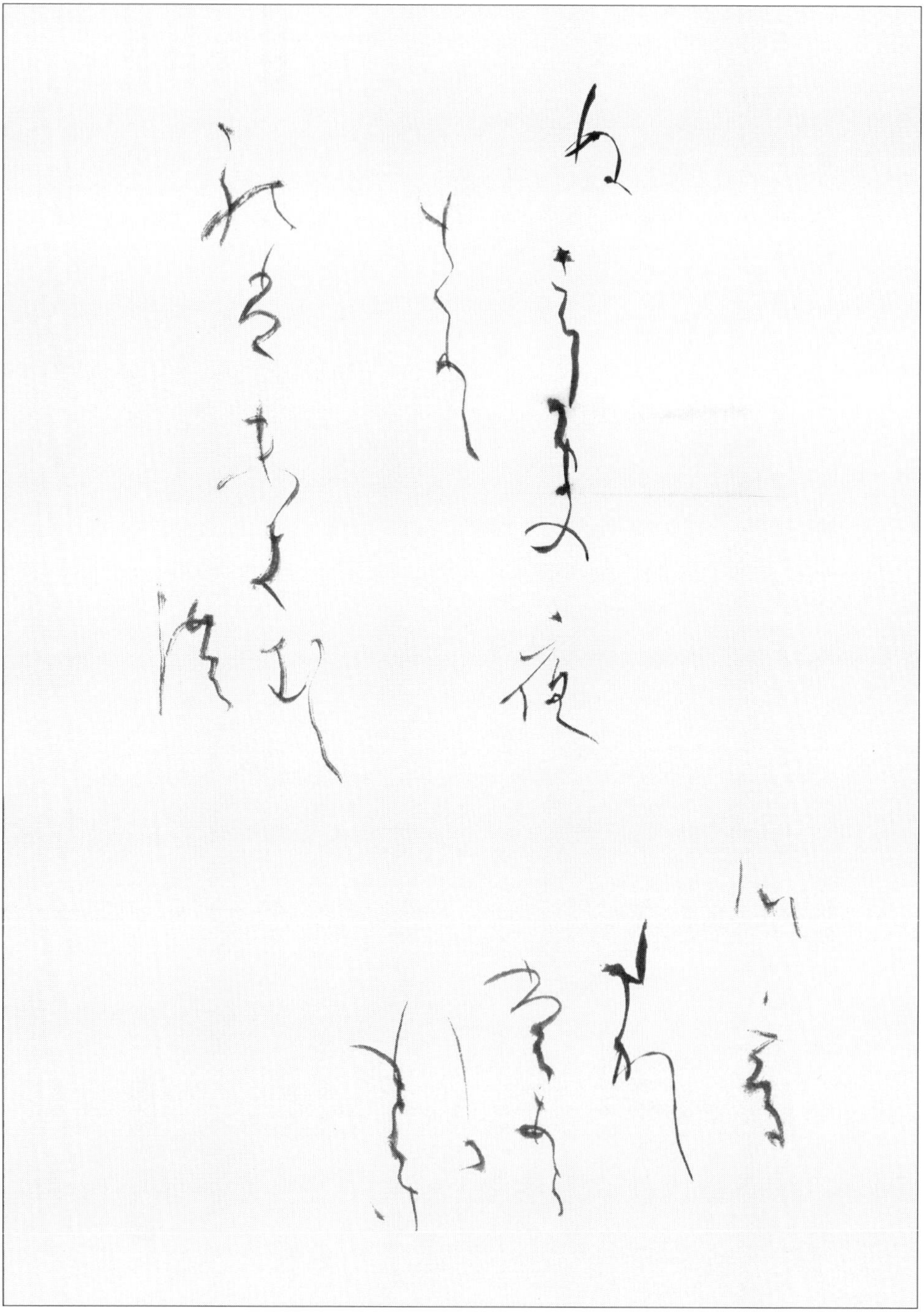

66　ぬばたまの　夜《よる》さり来《く》れば　巻向《まきむく》の　川音高《かはおとたか》しも　あらしかも疾《と》き

（巻七・一一〇一）

原文　黒玉之　夜去来者　巻向之　川音高之母　荒足鴨疾

意味　（「ぬばたまの」は枕詞）夜がやって来ると、巻向川の川音が高い。多分、嵐が激しいのかな。

解説　左注に「右の二首、柿本朝臣人麻呂《かきのもとあそみひとまろ》が歌集に出でたり」とあり、人麻呂歌集歌であり、原文から非略体歌とわかる。「河を詠む」の一首。

歌中「黒玉」は、普通は烏玉と記すことが多いが、黒玉と書いた例はここに初めて見え、人麻呂の闇黒・黒色への想像を強めるための意図的用字ではないだろうか。「巻向」は奈良県桜井市の地名であり、集中、人麻呂歌集非略体歌に多い。四句切れで、最後の一句が上の句全体の原因となっている。終わりが二音で終わった結句は、万葉にも珍しく、他に類似のものとして、巻三・二九八、巻二〇・四四二二、巻一九・四二八五、巻二〇・四二九七、巻一九・四二二六、巻一八・四〇四五、巻一六・三九三二、巻一五・三六八八がある。

中嶋真也（『万葉の歌人と作品』）は、漆黒の夜に川音だけが大きく聞こえるが、ふと我に帰ると、川音が高くなる原因の嵐の音は聞こえない。それが第五句に疑問を表す「かも」に示されているとして、「川音が高いのに、原因になりそうな嵐は激しくない、その理由のつかめない自然の神秘性への感動がこの歌に表出されていると見るべきだろう」と述べている。

創作のポイント

ぬ者多まの　夜さ利く礼
盤　未支むく濃　川音多か
し裳　あらし可もとき

継色紙と寸松庵色紙の構成、行に対する考え方をいただいています。

上部では象徴的に「ぬ者多ま…」を見せ、左右への大きな振幅によって「礼盤未支むく」を「ぬ者多ま」と対比させ、その中間に短い「さ利く」を配しています。下部の集団は、背の低い行書き的集団として、上の集団と異質な表情によって対応させます。

上下集団の間にできる余白の道が大切になります。

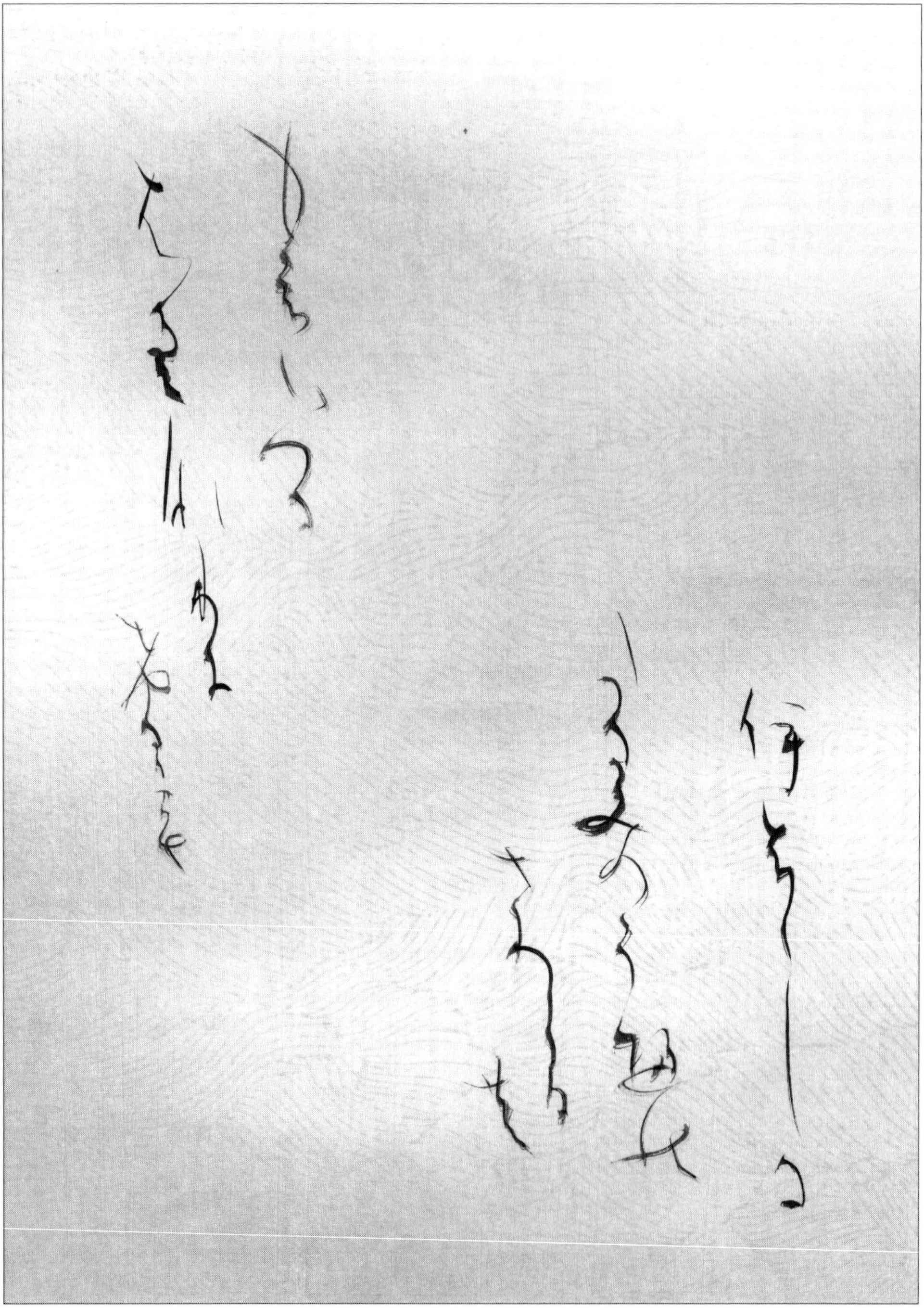

67 石走《いはばし》る 垂水《たるみ》の上《うへ》の さわらびの 萌《も》え出《い》づる春《はる》に なりにけるかも

（巻八・一四一八）

原文 石激　垂見之上乃　左和良妣乃　毛要出春尓　成来鴨

意味 岩に激しくぶつかり、流れ落ちる滝のほとりのさわらびが萌え出る春になったことだなあ。

解説 本歌は巻八の巻頭にあり、春の雑歌の代表歌として置かれたのであろう。四季分類をしているのは巻八と巻一〇の二巻のみで、巻八は作者・年代の分明するもので、巻一〇は作者・年代不明歌である。題詞に「志貴皇子の懽《よろこ》びの御歌一首」とあるから作者は志貴皇子。「懽」は歓と同じ。春の到来を喜ぶ歌として伝誦され、宴席などで披露されたのであろう。しかし、何かの慶賀を比喩したものであろうとすればそれは何であろうか、具体的には不明である。この歌は実景に関する感動的な面も十分味わうことのできる歌で「さわらび」という小さな素材が春の到来を暗示してこの上ない感動をもたらしている。第四句は字余りで暢びやかな調べであり、ラ行音を多く含んだ「石走る垂水（たるみ）の上のさわらびの萌え出づる春《はる》になりにけるかも」の律動感は新鮮な感動を与えるといえよう。

また、結句の「なりにけるかも」と歌うのが感動を詠嘆のことばにたくしたもので、実景に対する表現であるという。さらに、助詞の「の」を上三句に続けて詠みこんで「さわらびの萌え出づる春になりにけるかも」と歌いあげ、力強い調べが春の躍動感とともに調和して気品の高い作品となっている。

創作のポイント

伊者、しる　多るみのう遍
能　さわら日農　もえいつる
者る二　那利尓希る可毛

静かに流れる時間。「多るみ…」の行に見る密度の高まりと心の解放。寄り添わす「さわら日農」に宿る線が生み出す力。第一行の「伊者…」の漸減が星座を作り出します。

中央の空間は、宇宙の拡がりのように悠久の時を感じる「道」となっています。

左集団の墨継ぎ後の太細と大小が織りなす空間が一層星たちを輝かせます。明るい星もあれば、静かに佇む星もある。書の真理の一つです。

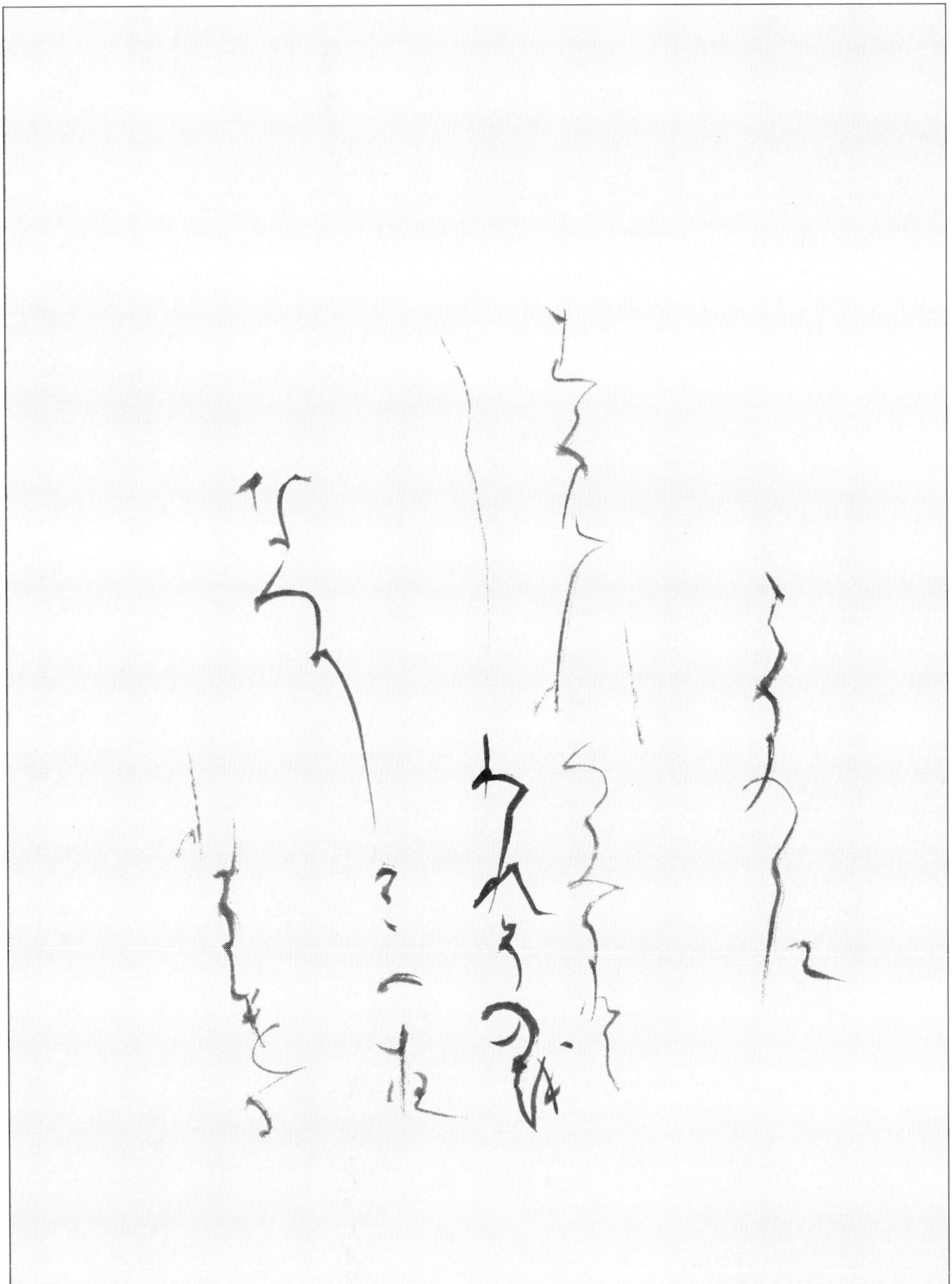

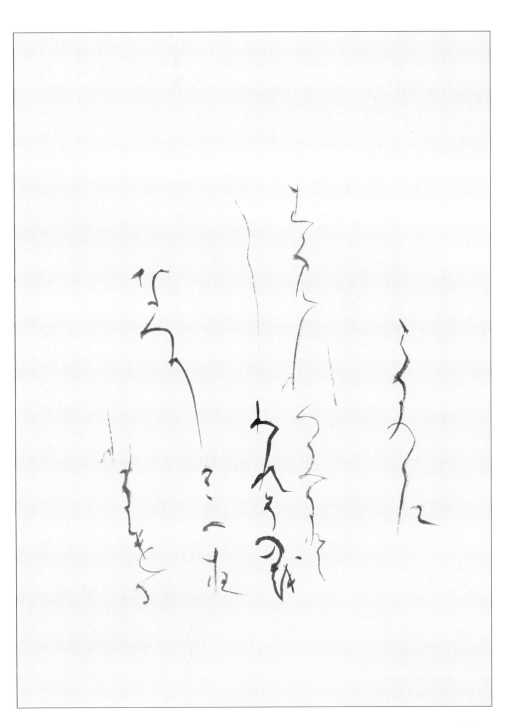

68 春《はる》の《の》野に　すみれ摘《つ》みにと　来《こ》し我《われ》そ　野《の》をなつかしみ　一夜《ひとよ》寝《ね》にける

（巻八・一四二四）

原文　春野尓　須美礼採尓等　来師吾曾　野乎奈都可之美　一夜宿二来

意味　春の野に、すみれ摘みにやって来た私は、野に心ひかれて、一夜寝てしまった。

解説　この歌は「春の雑歌」の山部赤人《やまべのあかひと》の歌四首の中の一首である。

歌中「すみれ摘みにと」の「すみれ摘み」は「食用・染料・鑑賞用」と考えられるが、『倭名抄』では「菜類」の部に見え、食用と考えることができる。しかし染料と考える注釈書もある。この歌では、すみれが咲いている野原が重要なのであり、「すみれ摘み」の目的に重点を置かなくても良いだろう。その他、「すみれ」を女性に喩えているとする考え方もあるが、現在では野のすみれを詠んだものと解釈され、春の到来を楽しむ風流な野遊びとするのがよいだろう。

この歌には、野というものへの親しみの心を誇張して表現する技巧が見えるとして、「赤人はむしろ万葉集の森に紛れ込んだ王朝びとといってもいいような、耽美主義の傾向さえ見せる歌人である」と森朝男（『万葉の歌人と作品』）は述べている。この赤人歌人像は、この歌が、『古今集』仮名序に赤人の注として九一九番歌（「若の浦に…」）と共にあげられていることや、『源氏物語』にも引歌とされている（「真木柱」「椎本」）ことなどからも考えられる。また、この二作品に採られていることから、平安期にはすでに愛誦され、有名な歌だったと推測できる。

創作のポイント

者るのゝに　春見れつみ尓
登こしわれ曽　の越なつ可
し三　一夜ね尓遣る

中央二行がこの作品の要となります。

増大の効果によって、大きな空間を抱える「れ」の字と、下部の密な集団。この行に対応して「こし」と墨継ぎによる集団が、本阿弥光悦の書状を背景にもちます。「なつ可し三」の行では、連綿美と放ち書き美を用意します。

各行間における広狭の変化から生まれるリズム、行展開の秩序が紙面に美を生み出すことを念じて筆を運びました。

69 百済野《くだらの》の　萩《はぎ》の古枝《ふるえ》に　春待《はるま》つと　居《を》りしうぐひす　鳴《な》きにけむかも

（巻八・一四三一）

原文　百済野乃　芽古枝尓　待春跡　居之鶯　鳴尓鶏鵡鴨

意味　百済野の萩の枯れ枝に春を待ってとまっていた鶯《うぐいす》は、もう鳴いただろうか。

解説　題詞に「山部宿禰《やまべのすくね》赤人《あかひと》が歌一首」とある。歌中「百済野」は現在の奈良県北葛城郡広陵町辺りで、一九九番歌「高市皇子挽歌」の「百済の原」もこれと同じであろうとされる。しかし、赤人は飛鳥の古京に思慕の情があり、藤原京にも懐旧の思いがあったことから、藤原京の一郭であった百済野、そこにいた鶯に託してこの歌を詠んだとして、橿原市高殿町の字東百済・西百済であると直木孝次郎は述べている（「百済野のうぐいす」『夜の船出』）。

「萩の古枝」とは葉のついてない枝であり、晩秋、冬の時期と考えられる。「鶯」は春を告げる鳥である。ここから、まだ春ではなかったので、以前見た古枝に止まっていた鶯が鳴くことはなかった（鳴けなかった）が、時は流れ、今は鶯も私も待ち望んでいた春がやってきたので、あの鶯も鳴き始めただろうかと、春の到来の喜びを感じ、想像した歌である。この歌について、絵画的（花鳥画や渋い日本の画）と評しているものもある。森朝男（『万葉の歌人と作品』）は「後生の和歌の伝統を先導する役割を果たしている」と述べている。

創作のポイント

く多らの、萩の不るえ耳
八る万つ登　乎利しうく悲
数　那支尓遣む可毛

上下に二つの大きな集団ですが、上はさらに三つの小さなグループ、下は二つのグループから成り立ちます。

右下から書き出し、「萩の不るえ」を象徴させてその前後に字数に留意した行を添え、「万つ登」の集団が対応します。

上の集団は小分けした三つのグループが左下への逓下を強め、その要として「那支尓」を配しています。行間の広狭の変化が求められます。

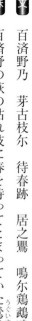

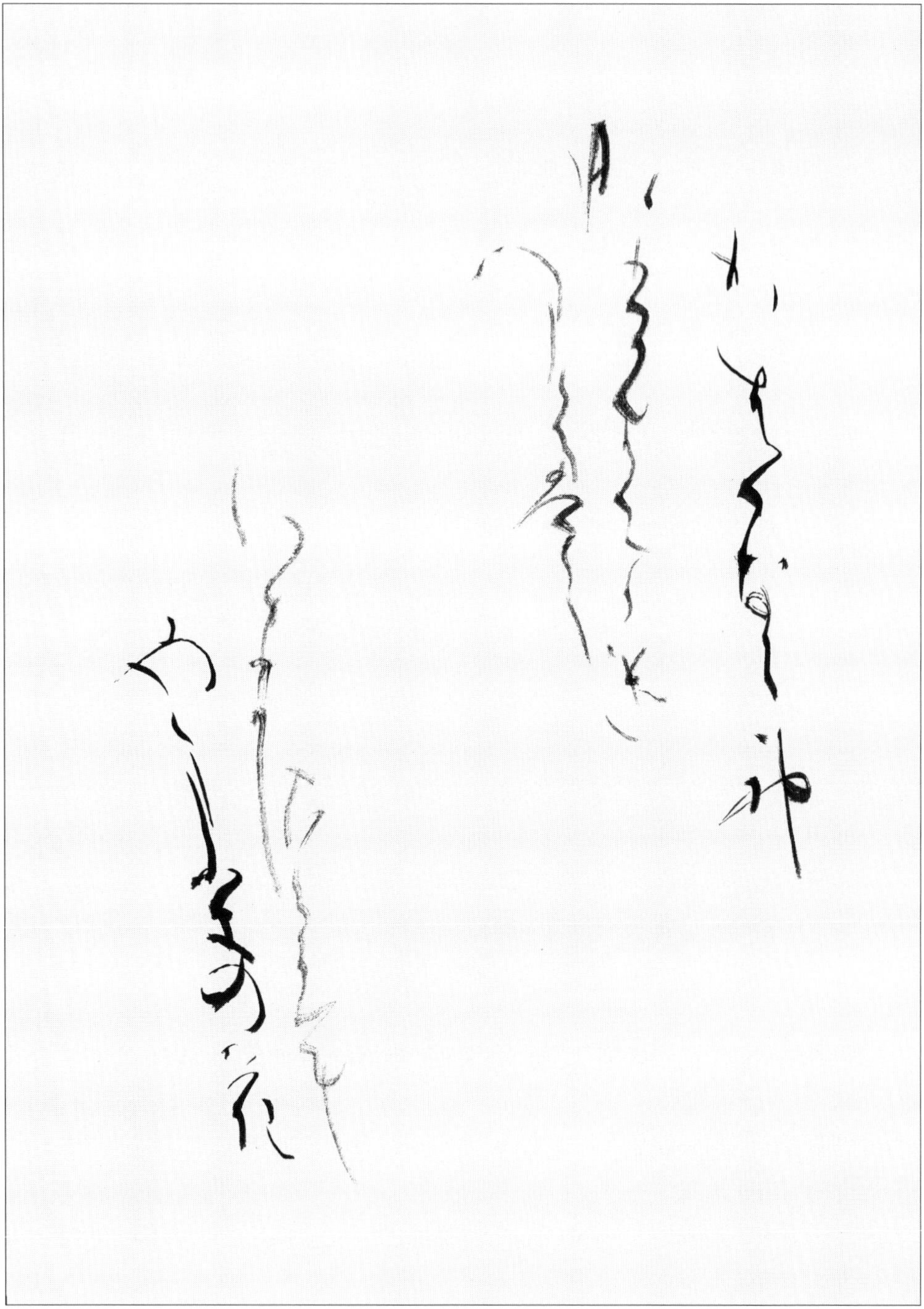

70　かはづ鳴《な》く　神奈備川《かむなびかは》に　影見《かげみ》えて　今《いま》か咲《さ》くらむ　山吹《やまぶき》の花《はな》

（巻八・一四三五）

原文　河津鳴　甘南備河尓　陰所見而　今香開良武　山振乃花

意味　かわずの鳴く神奈備川に影を映して、今ごろは咲いているだろうか、山吹の花が。

解説　本歌は山吹の花のことを歌っているから「かはづ」の鳴く季節（夏）と違うが、この歌より後に「かはづ」「山吹」との取り合わせができるようになった。神奈《かんな》備《び》川は「カムナビ」の地を流れる川で、いろいろな所にその地がある。飛鳥《あすか》・三輪《みわ》・竜田《たつた》・雲梯《うなて》・春日《かすが》に「カムナビ」があるが、この歌の場所はどこを指すか不明である。ただ『万葉集』には飛鳥の神奈備（一一二五・三二二七番歌）が多く読まれている。作者は神奈備川に黄色い花の咲く山吹を配し、美しい景色としてとらえている。

初句・二句・三句にカ音の押韻をして、流麗な調べを描き出している追憶の情の歌である。平明な内容の整った作品である。本歌は『新古今和歌集』（巻二・春歌下・一六一）にも採られており、また後世の作品にも影響を与えている。たとえば、

今をかも　咲きにほふらむ　橘の　小島のさきの　山吹の花
（詠み人知らず・『古今和歌集』巻二・春歌下・一二一）

逢坂の　関の清水に　影見えて　今やひくらむ　望月の駒（『拾遺和歌集』・巻三・秋・一七〇）

などがある。

このように多くの歌人たちの好みに合致していたのだろうと思われる。

創作のポイント

か者つなく　神那悲可者二
可遣見盈氏　いま可佐く
ら年　や万ふ支の花

右上の集団と、左下の集団にそれぞれ異なった表情を担わせています。

第一行、第二行は、小刻みなテンポによる展開、これを第三行「見盈氏」が左の大きな空間、左下の集団へ導きます。厳しいタッチから、ゆるやか、大らかに展開してゆく右上集団に対し、左下集団は伸び上がる「いま可…」と、高密度の「や万ふ支…」との相反する二行。

渇筆と潤筆との落差が、左右の広い余白を一層鮮明に見せています。

71　夕月夜《ゆふづくよ》　心《こころ》もしのに　白露《しらつゆ》の　置《お》くこの庭《には》に　こほろぎ鳴《な》くも

（巻八・一五五二）

原文　暮月夜　心毛思努尓　白露乃　置比庭尓　蟋蟀鳴毛

意味　夕月夜に心もしおれてしまうほどに、白露の置くこの庭にこおろぎが鳴くことだ。

解説　題詞に「湯原王の蟋蟀《こおろぎ》の歌一首」とある。この歌は夕月夜の影さす庭における情景を実感として描写したのであろう。

第一句の「夕月夜」が第二句へ関連させるところは唐突であるが、一首全体を統制する働きとなっていることを理解すれば、眼前の情景に感銘を受けたととれる。

第二句の「心もしのに」が、①すぐ下の「白露」に掛かる説、②第五句の「こほろぎ鳴くも」に掛かる説、③「夕月夜」に掛かる説、の三つの解釈がなされている。現在は②の説が有力である。

この歌の手法の複雑なことはわかるが、一首の意味は理解しやすい。また「夕月夜」「白露」「こほろぎ」と三つのものを詠み合わせた点に心ひかれるし、助詞を多く詠みこんで間隔をおいたのも感傷を覚えるのである。

佐々木信綱は「情緒こまやかにして玲瓏たる歌調風韻ゆたかな作である。作者の感じた秋のあはれが、千年の時の隔たりを超えて今日の読者の胸臆にもそっくりそのまま流れて沁みこむ思がする」と述べている。

創作のポイント

夕月夜　心もし能尓　新ら
つゆ農　おくこの庭耳　こ
本ろき那く毛

象徴的に始まる書き出しの「夕月夜心」の放ち書きから、疎から密の行へ移行する右下集団。高まる感情を線に乗せ、各行頭の文字は中央の余白を動かしてゆきます。

上部に流れる集団は、各行文字数を変えながら逓下。小刻みで繊細へと移ろい、右斜め下の「新らつゆ」の強力な連綿集団と対比させています。紙面中央の左回り的空間を引き出す効果をねらっています。

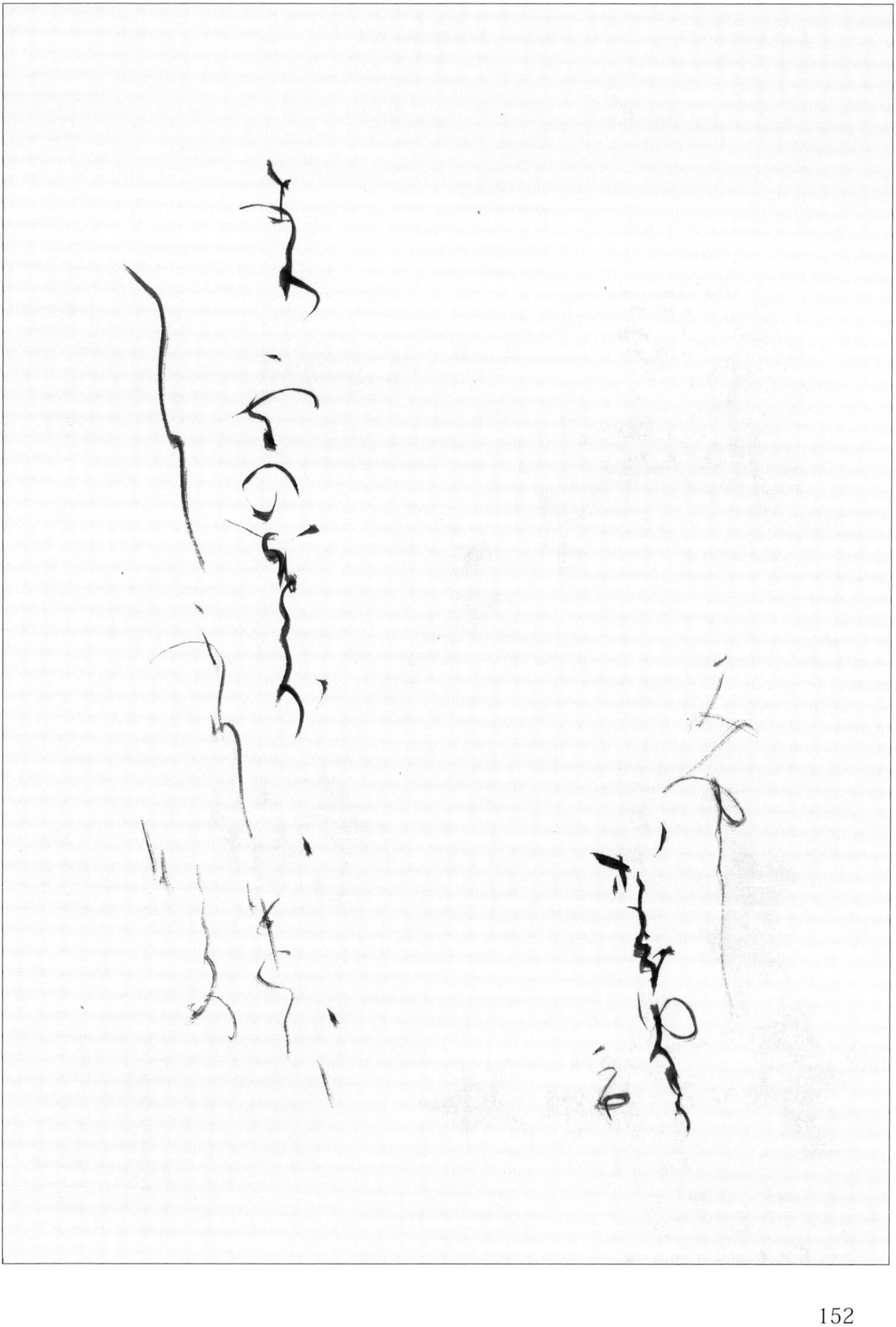

72 沫雪《あわゆき》の　ほどろほどろに　降《ふ》り敷《し》けば　奈良《なら》の都《みやこ》し　思《おも》ほゆるかも

（巻八・一六三九）

原文　沫雪　保杼呂〻〻尓　零敷者　平城京師　所念可聞

意味　沫雪《あわゆき》がはらはらと薄っすら地面に降り積もると、奈良の都が思い出される。

解説　題詞に「大宰帥大伴卿《だざいのそちおおともきょう》、冬の日に雪を見て、京《みやこ》を憶《おも》ふ歌一首」とある。大宰府は「遠の朝廷」と呼ばれていたが、旅人にとって九州への赴任は辺境への下向であり、赴任後神亀五年四月に現地で妻を亡くしたこともあり、都への思いは強かったと想像できる。おそらく、神亀五年の冬か翌天平元年の冬の作であろう。

歌中「沫雪」は、沫のように消えやすくやわらかい雪であり、「ほどろほどろに」は、そういう柔らかい感じの雪が、勢いづいて降るという意味であろう。また、旅人の歌に「ほとほとに」「つばらつばらに」「いよよますます」などの語があることに注目して、リズミカルな感じを与える畳語は旅人の特色だと述べているものもある。ここでも畳語を用いることで、雪の降る情景をより鮮明に想像できる。

この歌について「雪の少ない筑紫で初めて出会った泡雪に、雪の多かった都のさまを即座に思い起こしての一首である。うっすらと雪化粧を施した政庁の建物や市街の遠望が、奈良の雪景色を鮮明に蘇らせ、望郷の念を喚び覚ましたのである」と大久保広行（『万葉集事典』）は述べている。

あわ雪の　本とろゝゝ耳　ふ
利し遣八　那らのみやこし
於も本ゆる可毛

創作のポイント

紙面左の集団より書き始めます。後半を右下に置く逆形式です。この両者間に必要な十分の空間を中央に与える必要があります。そして墨継ぎを内側の行で二回行うため、外側は渇筆となります。「本とろ」「於も本ゆる可」の密度の高い文字集団が要となり、作品を引き締めています。

中央部の空間、紙面外に向かう膨張感が生かされるとよいと思い創作しました。

73 御食向《みけむ》かふ　南淵山《みなぶちやま》の　巌《いはほ》には　降《ふ》りしはだれか　消《き》え残《のこ》りたる

（巻九・一七〇九）

原文 御食向　南淵山之　巌者　落波太列可　削遺有

意味 （「御食向かふ」は枕詞）南淵山の岩にうっすら降った雪が消え残っているのか。

解説 題詞に「弓削皇子《ゆげのみこ》に献《たてまつ》る歌」、左注に「右、柿本朝臣人麻呂《かきのもとのあそみひとまろ》が歌集に出でたり」とあり、人麻呂作とするのが通説である。「御食向かふ」は枕詞で、南淵、淡路《あわじ》、城《きの》上《え》、味生《あじう》などの地名にかかる。ここでは「南《みな》」が「蜷《みな》」と同音のためかかると言われるが、かかり方は未詳。「南淵山」は奈良県高市郡明日香村稲淵一帯の東南にある山、「はだれ」はうっすらと積もった雪や、降り置いた霜をさす。

『日本書紀』天武天皇五年（六七六）五月条には勅として、「南淵山・細川山を禁《いさ》めて、並に蒭薪《くさかりたきぎこ》ること莫《なか》れ。又畿内《うちつくに》の山野の、元より禁むる所の限り、妄《みだり》に焼き折ること莫れ」とある。土屋文明（『萬葉集私注』）は「此の時代では濫伐されて、イハホニハといふ感じも、其のままのものであつたことも想像される」と述べ、さらに金井清一（『全注・九』）は「岩肌の露出ははだれ雪の残っていることによって無残な風景ではなく美しく見えるものになり変わっていたのだと思われる」と述べている。「降りしはだれか消え残りたる」という疑問の表現は、岩肌の露出した部分がうっすら白く見えるのか、それともはだれ雪が消え残っている白さなのか、とやや皮肉めいた表現として読むことが可能となろう。あるいは、残雪であってほしいという願望に近いものにも感じられるだろう。

創作のポイント

三介む可婦　身那ふ地山
の　者春本耳八　ふ利し者
多連可　消盈のこ利多る

ゆるやかな時の流れ、静かなたたずまい。「ふ地」に象徴されるように、大きな運腕から伸びのある文字の表情を創出しています。また、二字連綿および放ち書きを多用しています。特に第二行における行の膨張と伸縮に運筆の呼吸を託して、小刻みな左右への振幅を核としています。

第三行は影の役割をもたせて第四行の「消盈」の存在を導いています。

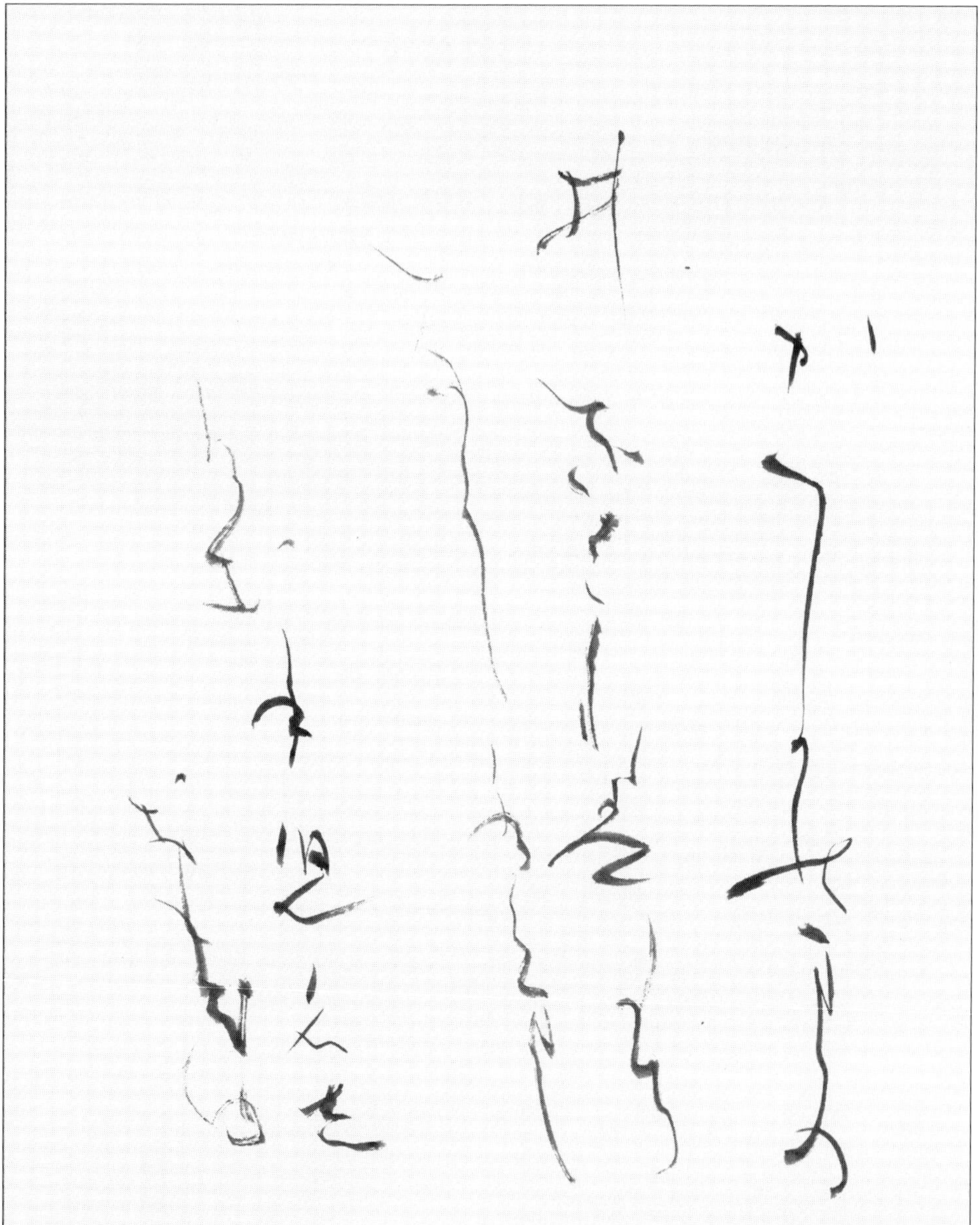

74 葛飾《かつしか》の　真間《まま》の井《ゐ》を見《み》れば　立《た》ち平《なら》し　水汲《みづく》ましけむ　手児名《てごな》し思《おも》ほゆ（巻九・一八〇八）

原文　勝壮鹿之　真間之井乎見者　立平之　水挹家武　手児名之所念

意味　葛飾の真間の井を見ると、きっとそこに立って水を汲んでいただろういとおしい手児名のことが偲ばれる。

解説　葛飾の真間の娘子を詠む歌の反歌で、高橋連虫麻呂《たかはしのむらじむしまろ》歌集中（一八一一番左注）の歌である。葛飾の真間は現在の千葉県市川市国府台《こうのだい》のあたり、下総《しもつふさ》国府が置かれていた。湧水など井泉《せいせん》を眼前にした詠者が、水汲みをする手児名の姿を想像し作歌したものである。

手児名については、直前一八〇七番の長歌で「夏虫の火に入るがごと　湊入りに船漕ぐごとく　行きかぐれ人の言ふとき　いくばくも生けらぬものを　なにすとか身をたな知りて　波の音の騒く湊の　奥つ城に妹が臥《こ》やせる」とあるように、多くの男性から求婚されたものの、「身をたな知りて」入水、自ら命を絶ってしまった女性として詠まれている。山部赤人《やまべのあかひと》の歌（巻三・四三一～四三三）や東歌《あずまうた》（巻一四・三三八四、三三八五）などにも「手児名」に関連した歌が詠まれていて、それらも手児名が多くの男性から求婚されるほど美しい女性であったことがうかがえる。ただし、東歌では笑いの要素も持ち合わせており、土地の人々に親しまれる伝説の女性という雰囲気も感じられる。遠い昔の出来事を眼前に体験しているかのごとく詠むところは、「水江《みづのえ》の浦島子《うらのしまこ》を詠む歌」（巻九・一七四〇、一七四一）などに通じるものがある。

創作のポイント

かつし可能　万、の井を三
れ盤　多ち奈らし　水く万
し介む　手児名志おも本
ゆ

「かつし可能」を象徴的な存在とし、第二行「井」、第三行「奈」、第四行「介」は左上方に指向させて、各行の下部は紙面右下へ吸引力をもたせ、統一を図ります。「手児名…おも本ゆ」の組み合わせに前三行との対比を考慮しました。

行頭では、大胆な逓下式、下部では出入りを少なくして、静寂にしています。ダイナミックに運ばれる心の様は、心身のキレを示し「渾身」の作となっています。

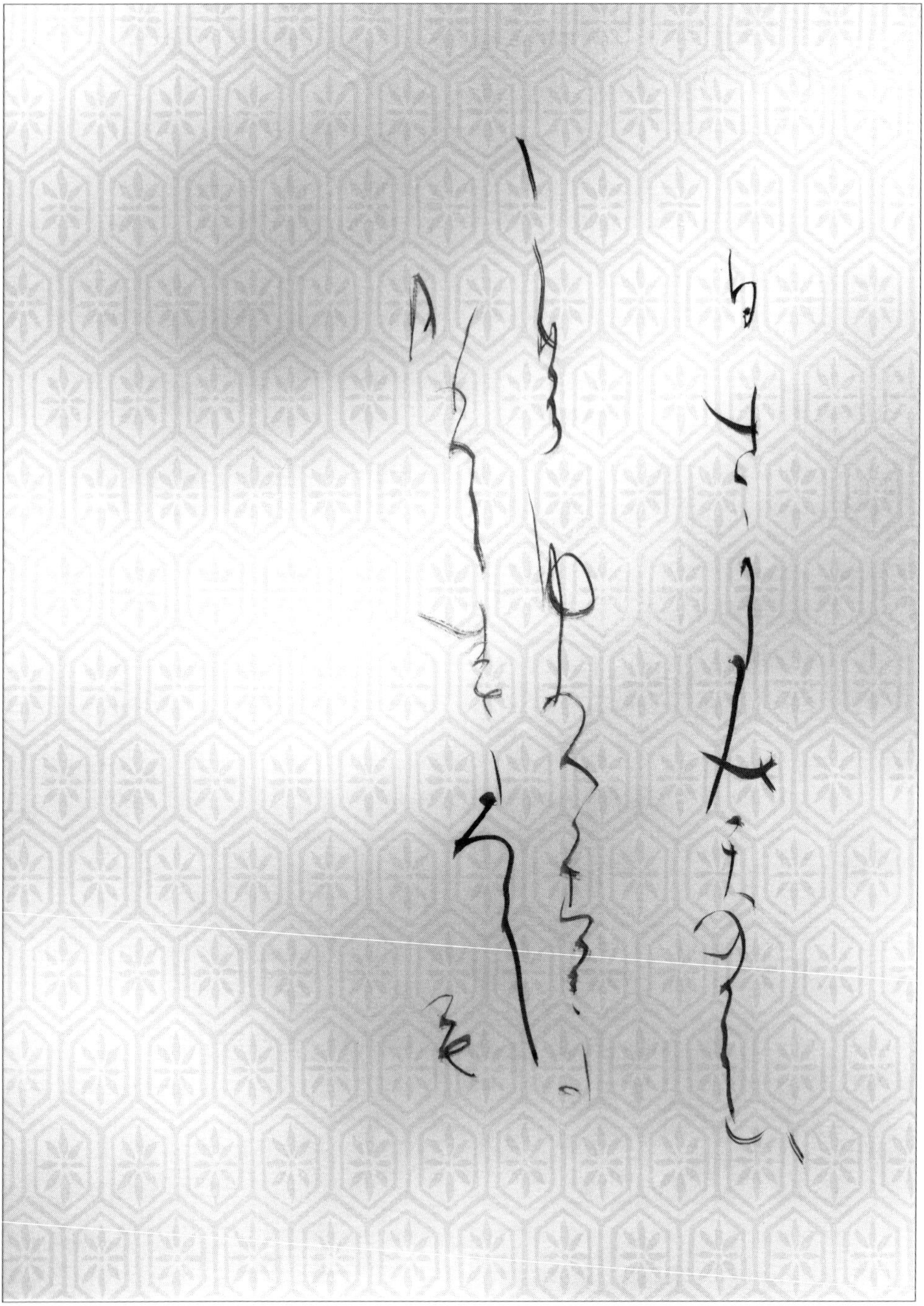

75　ひさかたの　天《あめ》の香具山《かぐやま》　この夕《ゆふべ》　霞《かすみ》たなびく　春《はる》立《た》つらしも

（巻一〇・一八一二）

原文　久方之　天芳山　此夕　霞霏霺　春立下

意味　（「ひさかたの」は枕詞）天の香具山に、この夕べ、霞がかかりたなびいている。春になったらしいなあ。

解説　巻一〇巻頭を飾るこの歌は、一八一八番歌左注に「右、柿本《かきのもと》朝臣《あそみ》人麻呂《ひとまろ》が歌集に出でたり」とある中の一首。香具山は天から降ってきた山とされる聖なる山で、現在の奈良県橿原《かしはら》市にある。畝傍《うねび》山、耳成《みみなし》山と共に大和三山の一つである。夕暮れ時の香具山に霞がたなびいていく様子を眼前にした作者が、春の到来を察している。

「春立」と詠む歌は万葉集中に四首（巻一〇・一八一二、一八一九、巻二〇・四四九〇、四四九二）あるが「春立つ」というと『古今和歌集』の巻第一の巻頭に排される在原元方《ありわらのもとかた》、紀貫之《きのつらゆき》の歌（題詞）を思い起こす。『日本書紀』持統四年（六九〇）一一月甲申（一一日）条に「始めて元嘉暦《げんかれき》と儀鳳暦《ぎほうれき》とを行ふ」と見え、「春立つ」という表現が暦法の「立春」をさすという見方もできなくはない。

しかし、歌の中の「春立つ」の表現は、自然の変化を敏感に感じ取る季節感から出たものと理解し、春の景物としての「霞」を詠む歌と見るのが妥当であろう。聖なる香具山とたなびく霞を見て春の到来を感じ取った、という詠みぶりは国見的な晴れの歌としての色彩が感じられ、巻一〇の巻頭を飾るにふさわしい歌と言えよう。伊藤博（『萬葉集釈注』）は三輪山付近で行われた春の国見の歌と解している。

創作のポイント

日さ可多能　天の可く山
こ農ゆふへ　可春三多那悲
く　春多つらし毛

縦への降下を主旋律とし、各行に少し円運動を配し調和を図りました。

第一行では中央にのびをもたせ、下部の密なところに円運動を用意。第二行は中央に円を象徴させ、第三行は下部の疎で円を意識。第二・第三行のエッジラインに配慮し、一体感をもたせています。また、「毛」の一夜傾きもこの作を完結させる重要なピースです。

シンプルでスマートな、格調高い生け花の姿を想起させる作品です。

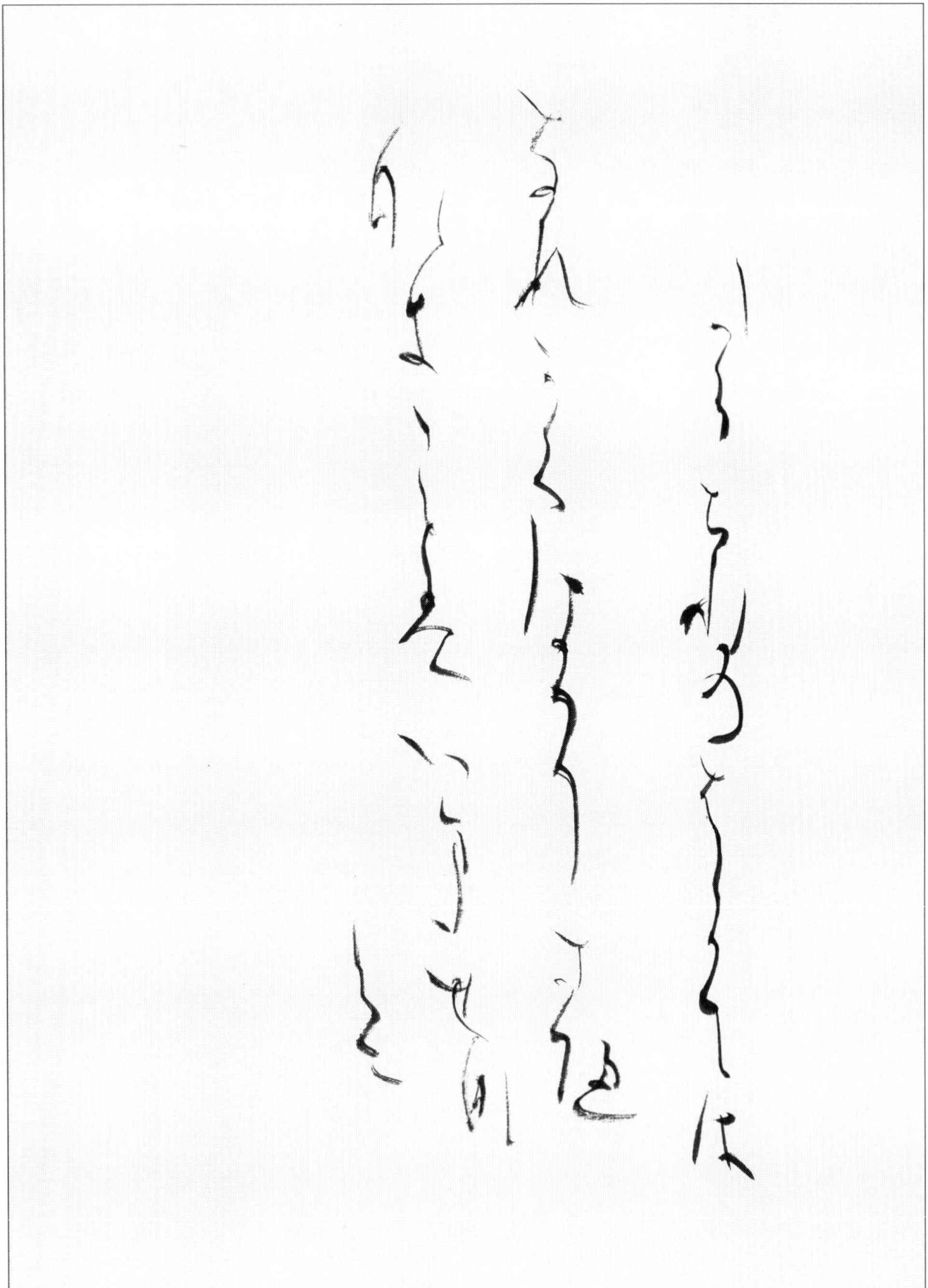

76　たらちねの　母《はは》が手離《てはな》れ　かくばかり　すべなきことは　いまだせなくに

（巻一二・二三六八）

原文　垂乳根乃　母之手放　如是許　無為便事者　未為国

意味　（「たらちねの」は枕詞）母の手を離れて以来、これほどまでどうしようもないことは、いままでしたことがない。

解説　この歌は、「正《ただ》に心緒《おもひ》を述《の》ぶる（正述心緒）」（直接心情を表出する）に分類される四七首（二四一四番歌まで）の最初に置かれている歌。二五一六番歌左注のあとに「以前一百四十九首、柿本朝臣人麻呂《かきのもとのあそみひとまろ》が歌集に出でたり」とあり、人麻呂歌集出の歌である。「かくばかり　すべなきこと」は、どうしようもない恋の苦しさのことで、これまでに経験したことのない恋心に苦悩する様子が表されている。男女どちらの歌か確定し難いが、斎藤茂吉（『万葉秀歌』）が「女の歌とする方が感に乗つてくるやうである」と述べるのをはじめ、諸注釈書も若い娘の立場で詠まれた歌と述べている。

筑波嶺《つくばね》のをてもこのもに守部《もりべ》据《す》ゑ母い守《も》れども魂《たま》そ合ひにける（巻一四・三三九三）

の歌のように、「母が娘を監視する中、何とか異性に逢いたい」と願望する歌は見られるが、「たらちねの　母が手離れ」は「母親の養育を離れる」という意味で、恋心を詠む歌の表現としては珍しいと言えるだろう（巻五・八八六にも見える）。結婚後、夫が通ってくるのをひたすら待つ女性の心情の吐露と見ることができるが、母親の養育を離れた一人の女性が感じる「かくばかり　すべなきこと」はそっとしておくほうがよいのかもしれない。

創作のポイント

多らちねの 者、可ては奈
れ 可くは可り す遍那支
こと盤 い万多せ那くニ

第一行は「者、可ては」のスラリと伸びる連綿による集団を柱とします。

第二行は「は可り」の強く時間を押し進める働きを軸に、屹立した行としての役割をもちます。

第三行は左右へ指向を幾度も変えながら展開、前二行と変化をつけます。

添えられた二文字「くニ」も、前三行下方に見えずとも存在する集約点を見つめており、なくてはならない行です。

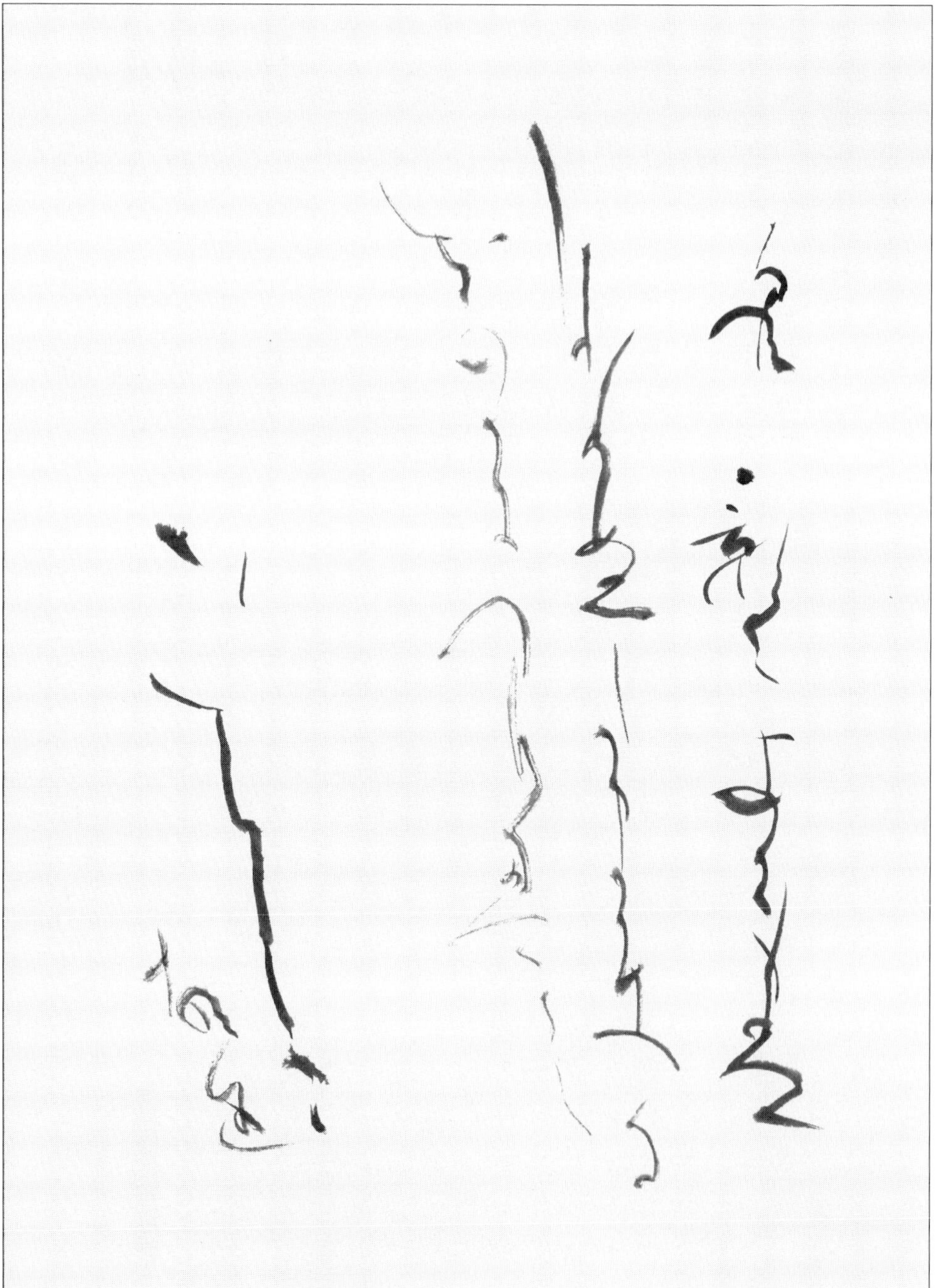

77 朝影《あさかげ》に 我《あ》が身《み》はなりぬ 玉《たま》かきる ほのかに見《み》えて 去《い》にし児故《こゆゑ》に （巻一一・二三九四）

原文 朝影 吾身成 玉垣入 風所見 去子故

意味 明け方の影のように私はなってしまった。（「玉かきる」は枕詞）ほのかに見えて消え去ってしまったあの子のせいで。

解説 この歌も、「正《ただ》に心緒《おもひ》を述《の》ぶる（正述心緒）」の一首。古代の男は夕方女のもとに向かい、明け方女のもとを離れた。「朝影に 我が身はなりぬ」は、帰途の男の身が朝日に照らされ細長く映し出された影のことと解される。朝影に自身の心境を重ね、恋心の苦しみを詠出している。同時に、朝影は細長く映し出されることから、痩せるほどに恋に苦しむ自らの容姿を表しているとも言える。また、三、四句目「玉かきる ほのかに見えて」と続くことから、「朝影」を明け方のほのかな光と解しても歌として成り立つ。

土屋文明（『万葉集私注』）は「朝影」を「薄明の覚束なく頼りない如くなつた」と解し、青木生子（「萬葉の「我が身」の歌をめぐって」「萬葉」第百三十二号）は『私注』の見解に賛意を示したうえで、「朝影とはまた朝の薄明のそんなおぼつかない頼りない存在そのものをいうのであろう」と述べ、「朝影」が痩せたことの比喩だけではないという。なお、巻一一・三〇八五番に当該歌とほぼ同じ歌（第三句は「玉かぎる（玉蜻）」）が収載されている。こちらは「物に寄せて思ひを陳ぶる（寄物陳思）」に分類され、作者未詳（出典未詳）の歌とされている。

創作のポイント

朝影二 あ可身盤那利怒
多ま可支る 本の可尓見
盈弖 い耳しこ故迹

各行とも上部の文字群は短くし、下部に長い連綿集団を配しています。

前半の複雑さに対して「い耳しこ」が空間の広がりを助長し、両者をつなぐ「本の可…」が渇筆で左方向への展開に寄与します。特に渇筆の「見盈弖」の表情が紙面を大きく見せ、第一行「盤」から左上方への拡張的指向という重役を担っています。紙面下部の文字群は高い安定感を示し、紙面上部を支えています。

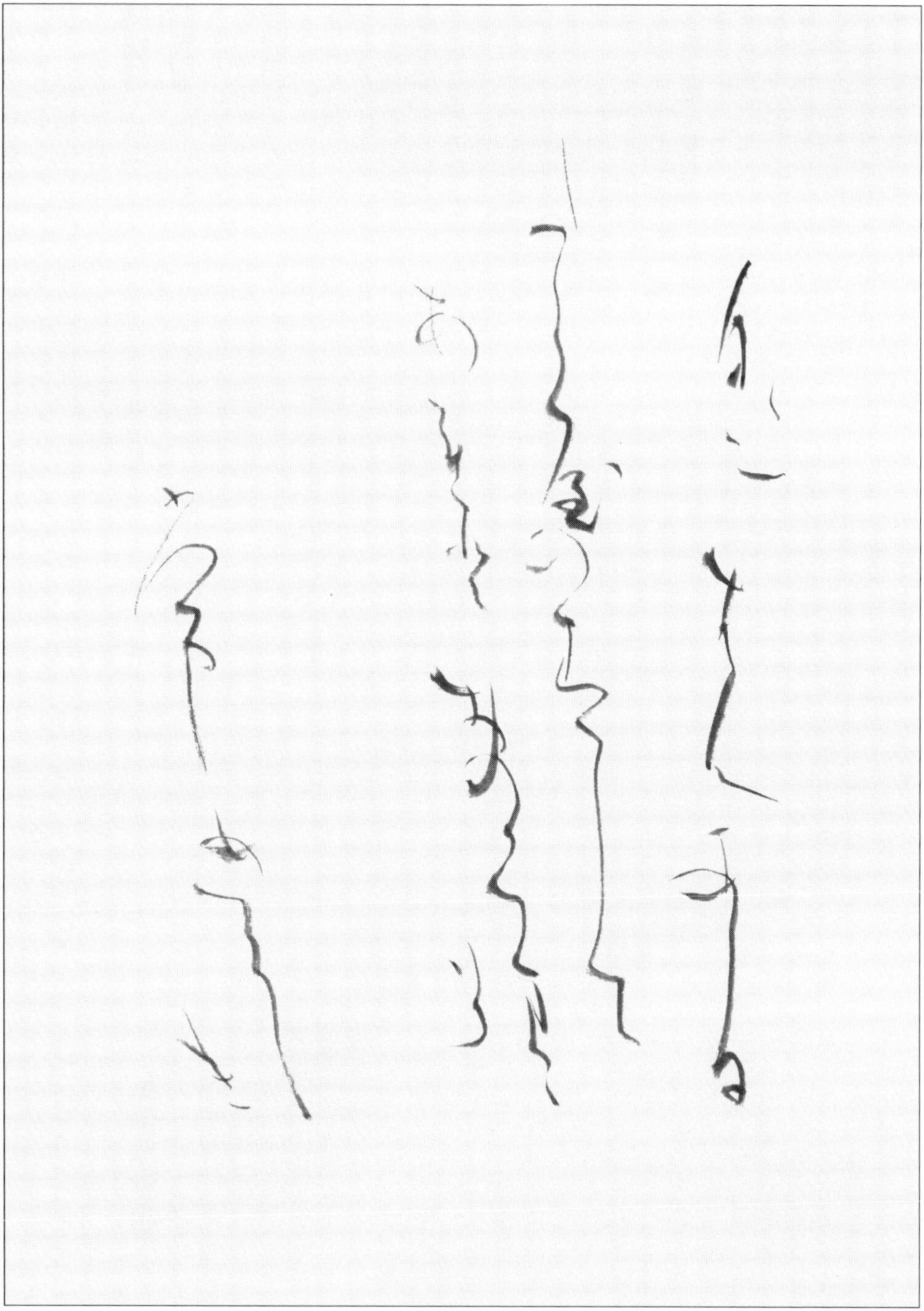

78　難波人《なにはひと》　葦《あし》火《び》焚《た》く屋《や》の　すしてあれど　己《おの》が妻《つま》こそ　常《とこ》めづらしき

（巻一一・二六五一）

原文　難波人　葦火燎屋之　酢四手雖有　己妻許増　常目頰次吉

意味　難波人が葦火を焚く家のように煤けているけれど、自分の妻こそいつも愛らしくかわいい。

解説　「物に寄せて思ひを陳ぶ（寄物陳思）」の歌（作者未詳）で、「屋」に寄せる思いが詠まれる。「難波人葦火焚く屋の」は「す（煤）して」の序詞。当時、難波の葦は広く知られていたようで、万葉集中に「難波の国は　葦垣の　古りにし里」（巻六・九二八）、「葦が散る　難波の御津」（巻二〇・四三三一）などの歌が見える。「す（煤）して」は葦火の煙による煤のこと、葦は湿気を含み火を焚くと煤が出やすいと言われる。その煤だらけの家と妻を掛けている。「常めづらしき」の「常」は、いつまでもという意味、「めづらしき」はかわいいという歌意を付したが、新鮮味あるものや類まれなもの、心惹かれるものに対して用いられる。「煤けて歳を重ねた妻は、普通はかわいいとは思われない」と上句で思わせながら、「俺にとっては長年寄り添っている女房が一番だ」と下句で転ずるところが、この歌の絶妙な点だろう。思いもしない嘘としても、古女房に心惹かれるものを感じているとしても、周囲の笑いを誘うだろう。

斎藤茂吉（『万葉秀歌』）は「若い者の甘い戀愛ともちがつて落著いたうちに無限の愛情をたたへてゐる」と述べている。このような歌いぶりは歌垣など集団の中、あるいは宴席で詠まれたものだろう。

創作のポイント

那ニ者人　あし日多く屋
の　春してあ連登　おの可
つ万こ曽　常めつらしき

右側集団を劇的な集団として、左の二行がゆったり大らかに受け止めます。象徴的な「那ニ者人」は放ち書き的に、第二行は連綿によって集団化し、第三行は渇筆と潤筆によって二つの集団としています。

右側集団に寄り添う「曽」と、左の二行に寄り添う「き」との向かい合う表情によって対応がなされています。

「あし日」「春して」「常」に見る縦画が全体を律しています。

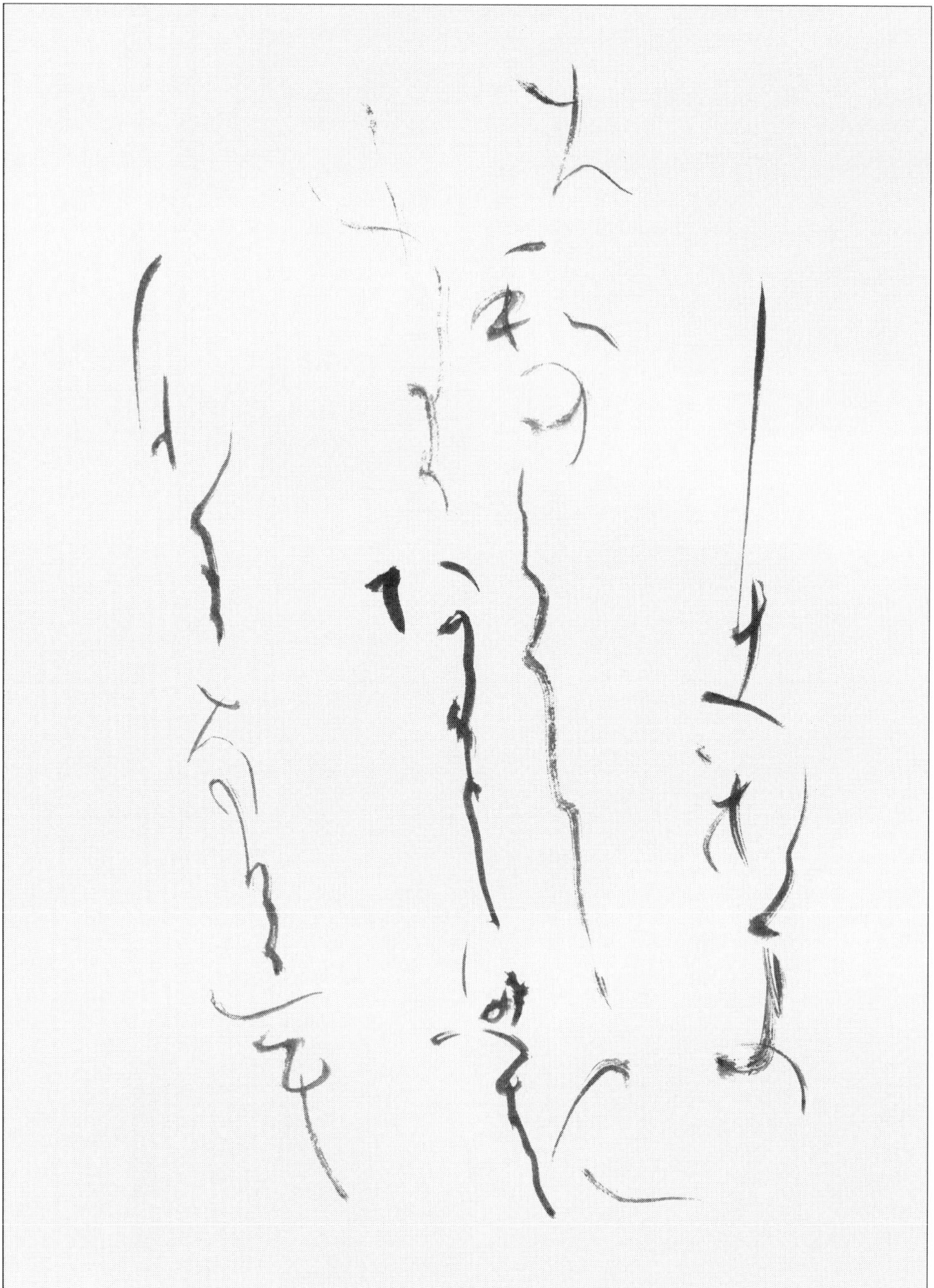

79 磯城島《しきしま》の 大和《やまと》の国《くに》に 人二人《ひとふたり》 ありとし思《おも》はば 何《なに》か嘆《なげ》かむ

（巻一三・三二四九）

原文 式嶋乃　山跡乃土丹　人二　有年念者　難可将嗟

意味 （「磯城島の」は枕詞）大和の国にあなたのような人が二人いると思うならば、どうして嘆きましょうか。

解説 巻一三相聞部の歌で、作者不明。三二四八番の長歌に対する反歌。「磯城島の」は「大和」にかかる。「大和の国に」は、畿内の「大和国」（現在の奈良県）とする説と日本全体とする説とがある。女性が、愛する男性を思って嘆く歌で、三句目の「人」は前歌の「若草の思ひ付きにし君」を指し、心から愛する人の意である。「人二人ありとし思はば」は、愛するあなたが二人いるならば、という意味で事実に反した仮定を詠んでいる。この表現は、結句「何か嘆かむ」という反語へと続き、愛するあなたはたった一人だからこそ嘆かずにはいられない、という強い思いになる。

明治期には「人二人ありとし」を夫婦二人でいれば、などと解されたことがあった。服部躬治《はっとりもとはる》（『戀愛詩評釋』）は「夫婦は、一の天地を有つ。天地の間に存在せるは、たゞ二人のみ……」と述べた上で「われとわが匹隅《ひつぐう》（原文ママ）との二人をいふなる」と解したが、斎藤茂吉（『万葉秀歌』）は「新派和歌当時の万葉鑑賞の有様」として否定的にとらえ、中西進（『万葉の秀歌』）もこの歌を「誤解されやすい歌として有名」であると述べた上で、「現代歌謡風に『あなたと二人いるなら平気』といったものではない」と解している。

創作のポイント

し支新万の　大和のく耳、
人ふ多利　阿利とし思者、
那尓可奈介可年

スケールの大きな交響曲に思いを馳せ、筆を運びました。導入からダイナミックな第一行、第二行の三つの集団による組み合わせ、そして寄り添う第三行は、第一行とは異なる三つの集団にしています。

第四行「那」では前三行を大きく受け止め「奈介可年」の軽快さがハーモニーを生んでいます。

小字かなでありながら、中・大字的スケールを抱えた「身体的能力の高い」作品と言えます。

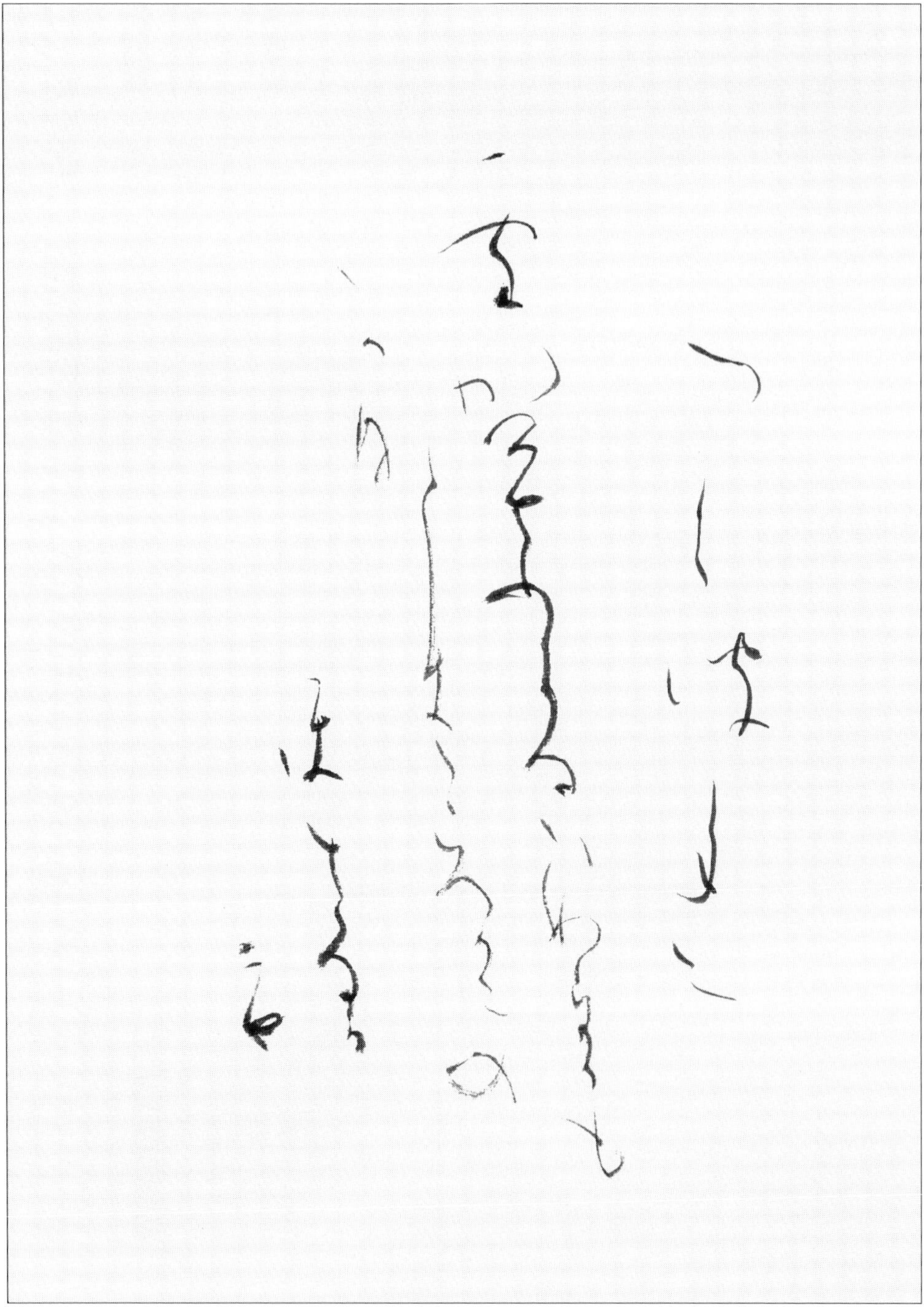

80 筑波嶺《つくはね》に 雪《ゆき》かも降《ふ》らる いなをかも かなしき児《こ》ろが 布乾《にのほ》さるかも

（巻一四・三三五一）

原文 筑波祢尔 由伎可毛布良留 伊奈乎可母 加奈思吉児呂我 尓努保佐流可母

意味 筑波山に雪が降ったのかなあ。いや違うのかなあ。かわいいあの娘が布を乾しているのかなあ。

解説 東歌。常陸国《ひたちのくに》の歌。「雪かも降《ふ》らる」の「降《ふ》らる」は「降《ふ》れる」の訛りであり、「布乾《にのほ》さるかも」の「にの」は「ぬの」の訛り、「乾《ほ》さる」は「乾《ほ》せる」の訛ったものである。

また、疑問の意を添えた「かも」を三回繰り返して軽快なリズム感を表現している。この歌は筑波山に降った雪を見て詠んだものか、それとも乾してある布を見て詠んだのかわからない。さらに、大久保正（『万葉集東歌論攷』）は「曝布の産地であった常陸において盛んに行わる曝布の労働の中で謡われた労働歌謡」と述べた。また木下正俊は、第三句の「否《いな》をかも」に注意して、

相見ては 千年や去ぬる いな（否） をかも 我や然思ふ 君待ちかてに（巻一一・二五三九）

をあげ、この句を含む歌は上に述べた内容が誤りで、下に述べる内容の方が正しいとして、「雪景色と見ることは無理で」あり「夏の歌であろう」と下句を事実と認めた。風俗歌《ふぞくうた》にも「甲斐が嶺に白きは雪かやいなをさの甲斐の褻衣《けごろも》や曝す手作りや曝す手作り」と布晒《ぬのさらし》の歌もある。

創作のポイント

つく波年二 雪か毛ふらる
い那乎可も 可那し支こ
ろ可 二のほさる可毛

紙面右と右上部を大らかに、紙面下部を密にしています。

第二行の字幅をもつ「雪か毛」から次第に字幅を狭くし、下部では一層漸減へ。第三行を添えながら、第四行の墨継ぎ「ほさる…」と最後の「毛」の一文字がバランスを取ります。

行頭は逓下する度合いに留意し、紙面左側の余白を広くしています。

良寛の書に見る、美しい字間・時間を取り込んだ「つく波年二」が活きています。

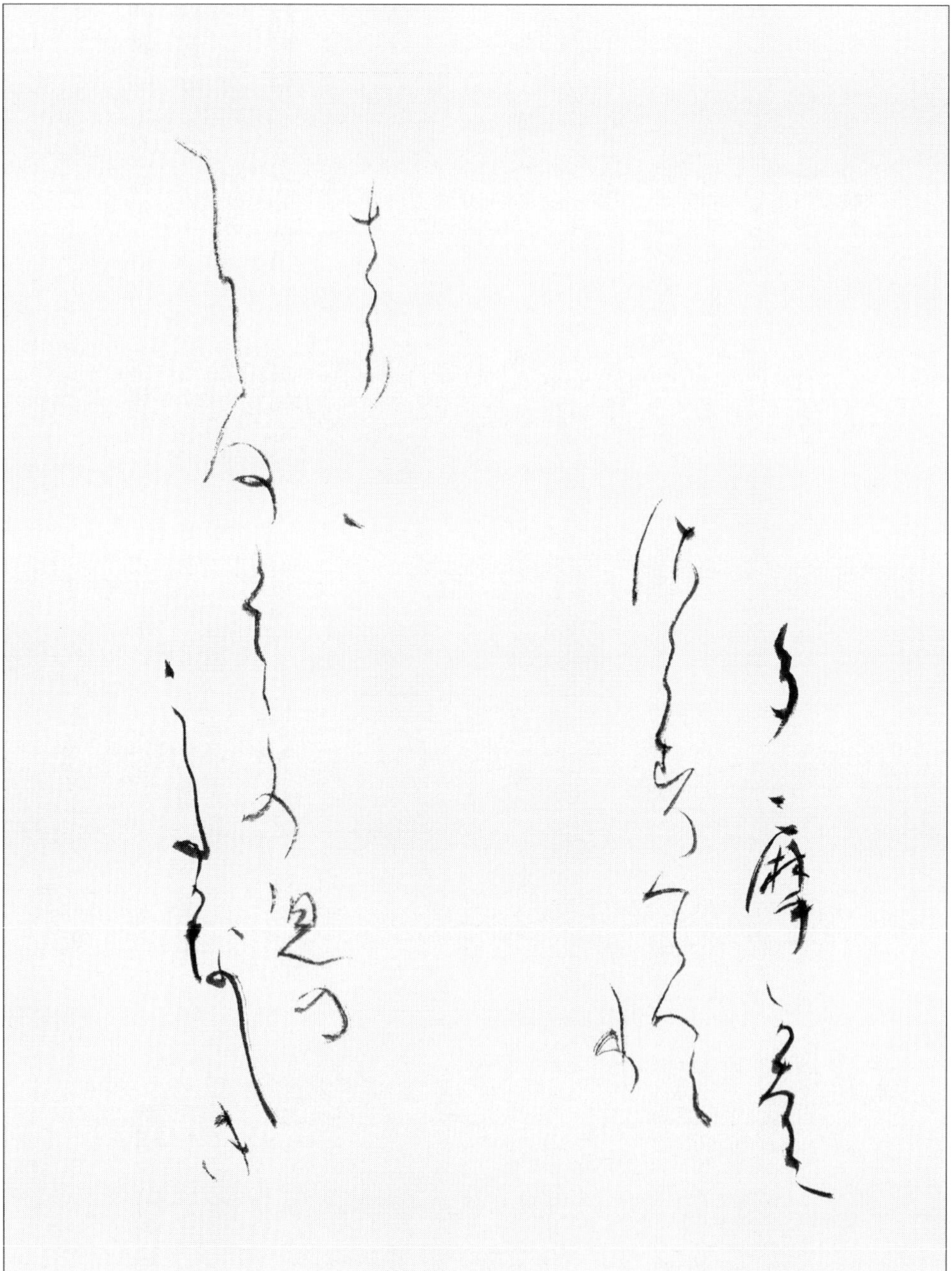

81　多摩川《たまがは》に　さらす手作《てづく》り　さらさらに　なにそこの児《こ》の　ここだかなしき　（巻一四・三三七三）

原文　多麻河泊尓　左良須弖豆久利　佐良左良尓　奈仁曾許能児乃　己許太可奈之伎

意味　多摩川にさらす手作りの麻布のさらさらで美しいように、さらにさらにどうしてこの児がこんなにもかわいく、愛おしいのであろう。

解説　巻一四東歌武蔵国《むさしのくに》の歌。武蔵国は調として貢納する麻布の産地だった。上二句は「さら」を起こす序、「さらす」は布を洗い、漂白し、乾かす作業を指す。「手作り」は手織りの布、『倭名類聚抄《わみょうるいじゅしょう》』の「白絲布」の項に「今案俗用手作布三字云天都久利《てつくり》乃沼乃《のぬの》是乎」とある。布をさらす女性が想起され、下句の「児」に重なる。「さらさらに」は結句「ここだかなしき」にかかる副詞として「ますます」などという意味をもっているが、川の水に布をさらす音や麻布の手触りをも感じさせる表現である。「この児」は男性が抱擁している女性のこと、「かなしき」は「愛おしい」という意味である。

上句で女性が布をさらす光景をイメージさせ、下句で、男性から女性への噴き出さんばかりの愛情を表現しているという転換がおもしろいところである。響きもよく、二句、三句の出だしに「サラ」という音が並ぶこと、四句、五句に「コ」という音が多く用いられることで、軽快な調べを生み出している。もともとは布をつくる人々の労働に伴って歌われたものと言われている。

創作のポイント

多摩可者二　佐ら春てつく
利　さら〻耳　何そこの児
のこゝ多可なしき

膨らみをもった「摩」によって第一行は集団化し、左回転的な背勢によって進行させる第二行が左方への展開をもたらします。「さら〻」と「耳何」がより左上方へ誘い、一方「この児の」と「可なしき」が右下方へ誘って、面の美を生み出しています。

中央の右上から左下へ向かう大きな空間、紙面の四方に浮かび上がる空間はどこまでも続く高い空であり、書かれた文字は流れ行く雲と捉えてみました。

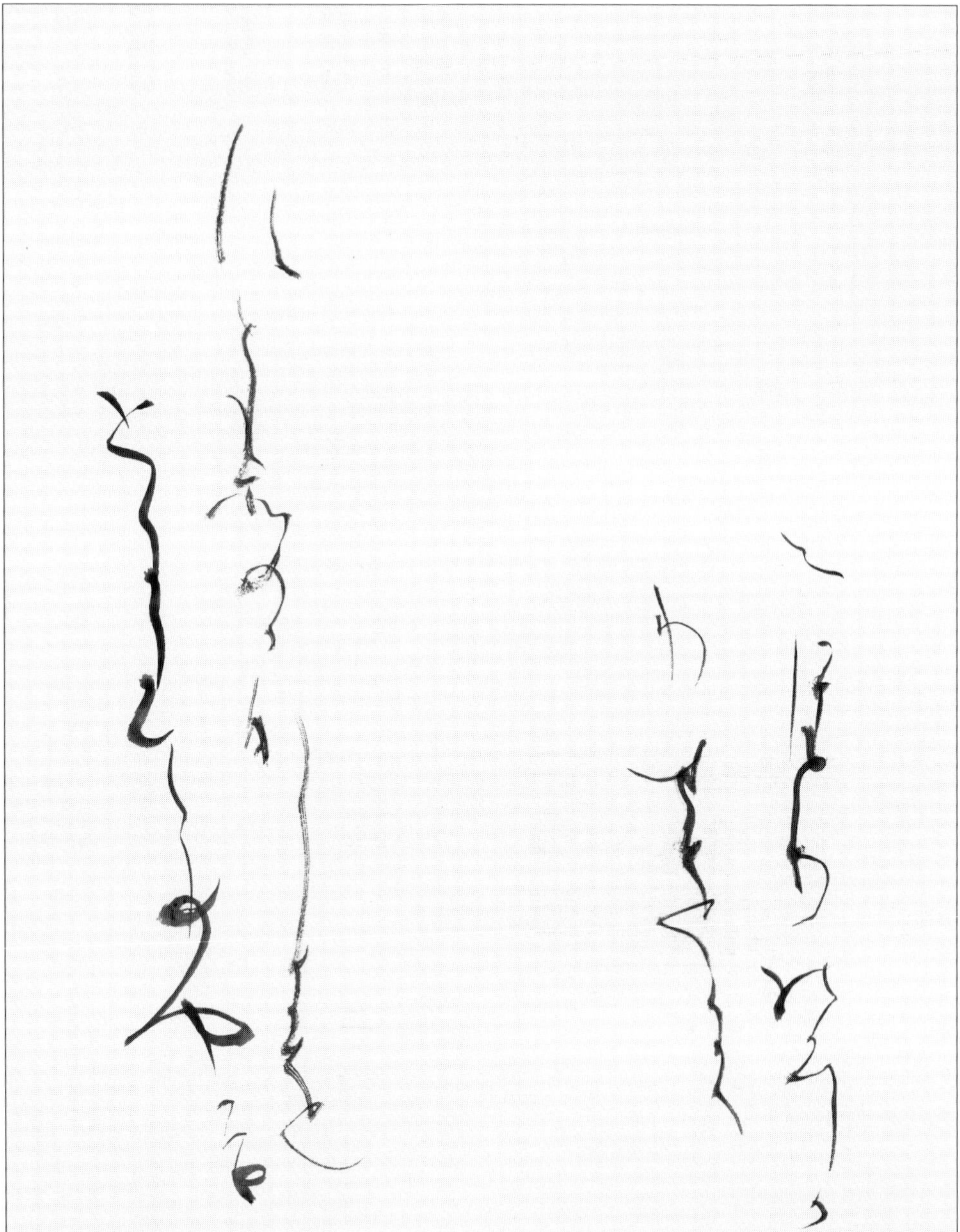

82 にほ鳥《どり》の　葛飾早稲《かづしかわせ》を　にへすとも　そのかなしきを　外《と》に立《た》てめやも

（巻一四・三三八六）

原文　尓保杼里能　可豆思加和世乎　尓倍須登毛　曾能可奈之伎乎　刀尓多弖米也母

意味　（「にほ鳥の」は枕詞）葛飾の早稲を神に捧げるときでも、その愛しい人を家の外にたてることなどありましょうか。

解説　巻一四東歌下総国《しもつふさのくに》の歌。「葛飾」は現在の東京、千葉、埼玉、茨城一帯の地域をさす地名。「にほ鳥」はカイツブリで、「カヅ」（カイツブリが長時間水に潜るからか）にかかる枕詞である。「にへす」は、神に贄《にえ》（神に捧げる品）を奉ること、豊年を感謝し初穂を神に捧げる祭り（新嘗祭）のことである。祭りの夜は神を迎え入れるために女性だけが家にいて、男性が家に入ることはタブーとされた。「かなしきを」は恋人、「外にたてめやも」は「外に立たせておくものか、いや、立たせておくことなどできない」という反語である。神聖な祭りの夜に、タブーをおかして男を家の中に引き入れる、という意味の歌である。巻一四には

誰そこの　屋《や》の戸押そぶる　新嘗《にふなみ》に　我が背を遣りて　斎《いは》ふこの戸を

（神を祭るために一人家に籠る女性に言い寄る男を咎める歌）（三四六〇番）

も見える。新嘗祭のタブーの話としては、『常陸国風土記』に収載される筑波山の新嘗祭に神祖命《みおやのみこと》が訪れる話（筑波郡の条）なども挙げられる。

創作のポイント

二ほと利能　可つし可わせを　尓へ須とも　所の可那し支を　と尓多てめや毛

「中務集」に拠り所を求め、シンプルに直下する連綿を多用、放ち書きも取り込んで書きました。

「ほと利能」では背勢的な表情を主として、第二行はこの第一行を見つめるように。

後半では「那し支を」「と尓多て」のように、長く連続する文字集団を用い、前半の放ち書きと対応します。

二つの集団は遠く離れていても、全体として見れば面としての美を発揮しています。

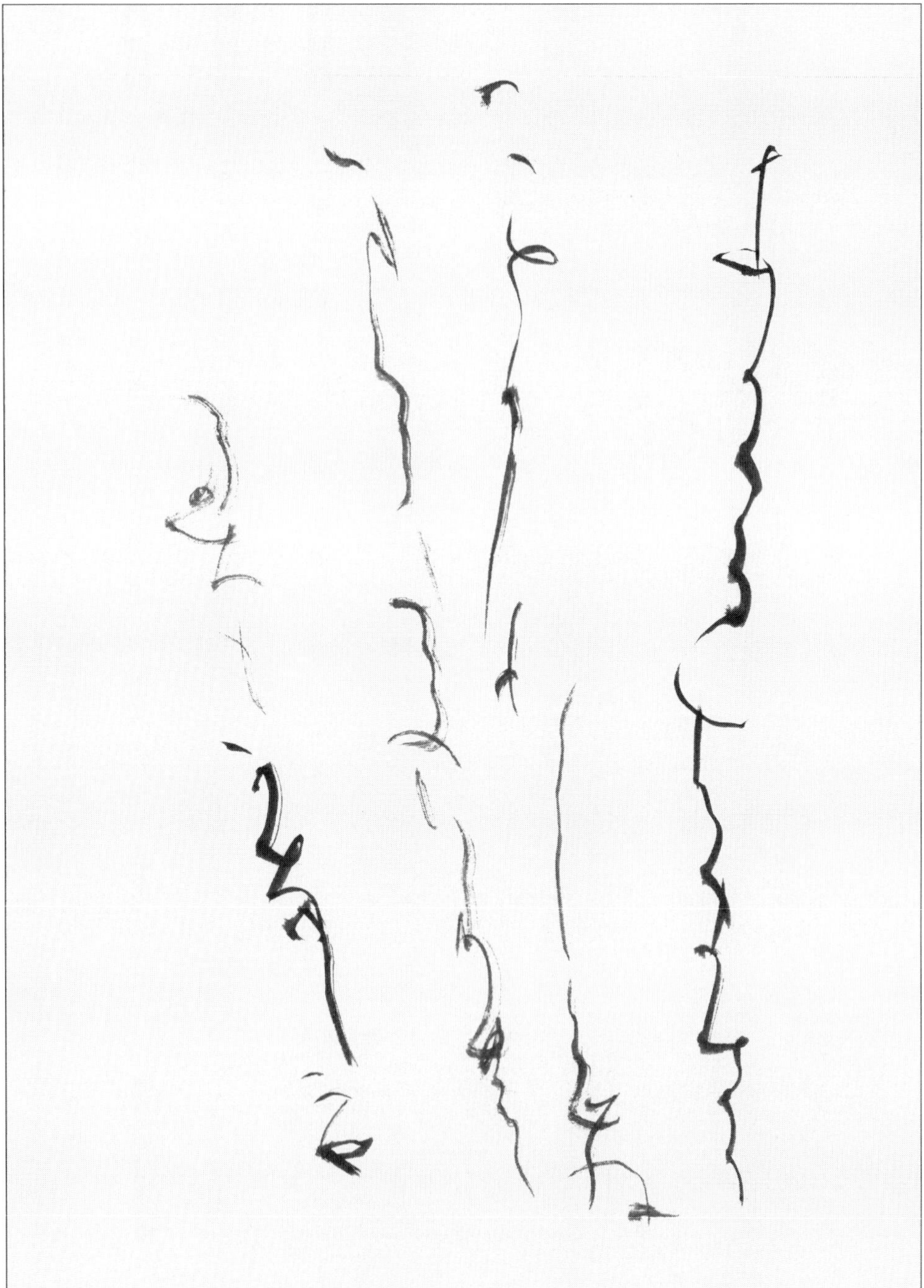

83　我《あ》が恋《こひ》は　まさかもかなし　草枕《くさまくら》　多胡《たご》の入野《いりの》の　奥《おく》もかなしも

（巻一四・三四〇三）

原文　安我古非波　麻左香毛可奈思　久佐麻久良　多胡能伊利野乃　於久母可奈思母

意味　私の恋する人は今も愛しい、それゆえに心切なくなる、（「草枕」は枕詞）多胡の入野の奥ではないが、いつまでも愛しいのだろう、それゆえに心切なくなる。

解説　巻一四東歌上野国《かみつけののくに》の歌。「まさか」は現在のことをさす。「かなし」は愛しいという意味（愛《かな》し）にも、切ない（悲《かな》し）という意味にも用いられる。「愛し」と解する場合の「恋」は「恋する人」をさすことになるし、また「悲し」とする場合の「恋」は「恋心」となり、心悲しく、せつない様子を表すことになる。

「草枕」は、通常旅にかかる枕詞として用いられるが、ここでは「多胡」という地名が下接している。このような例は他に見られない。新編全集の頭注では、地名「多胡」の「タ」に懸るものとするが、賀茂真淵《かものまぶち》（『冠辞考』）は「こは既にいひなれて、草枕を即旅の事とせしなるべし」としている。佐佐木幸綱（『東歌』）は、真淵の説を引いた上で防人が任地に向けて出発する際の歌と理解している。「多胡の入野」は「奥」を引き起こす言葉、現在の群馬県高崎市吉井町の地名で、国の特別史跡の多胡碑がある。「奥」は空間的な深さの意味、これから先、将来という時間的な意味とが掛けられている。旅に出る男の立場の歌、男性を送る女性の立場の歌、どちらとも読める歌であろう。

創作のポイント

あ可こ日者　まさ可毛可
那し　く散万くら　多この
い利農、奥も可奈し毛

縦長の集団による組み合わせ。第一行、感情を高めたあとの「者」における転調、第二行ではダイナミックな屈折と余白の大きさ、第三行は寄り添う小刻みなリズムを主旋律として展開します。

単純な字形の横並びに「奥」で刺激を与え、「可奈し」の凝縮が紙面右上の広やかな余白を吸引して、面の美を作り出しています。

力強く行を降下させるエネルギーに満ちた作品です。

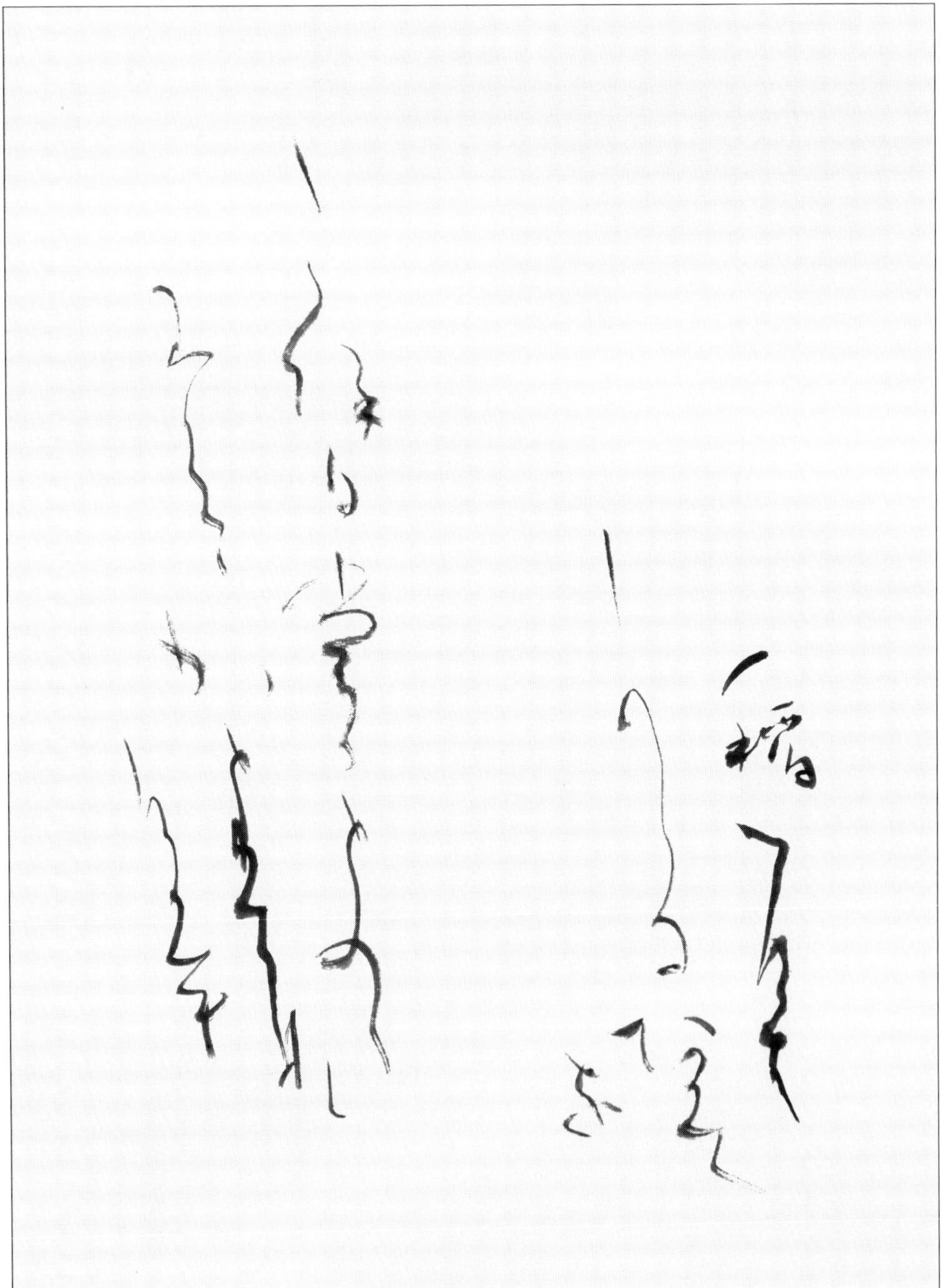

84 稲《いね》搗《つ》けば　かかる我《あ》が手《て》を　今夜《こよひ》もか　殿《との》の若子《わくご》が　取《と》りて嘆《なげ》かむ

（巻一四・三四五九）

原文　伊祢都気波　可加流安我手乎　許余比毛可　等能乃和久胡我　等里弖奈気可武

意味　稲を搗くので、ひび割れてしまう私の手を、今夜もまた殿の若子様が手に取って、嘆くことでしょうか。

解説　巻一四東歌の相聞部に収載されている歌。斎藤茂吉（『万葉秀歌』）が「併しこれだけの民謡を生んだのは、まさに世界第一流の民謡国だといふ証拠」と述べるように、東歌中の名歌として知られる歌である。

稲搗きをする娘が男性に荒れた手を取られ同情されるという内容の歌である。「かかる」は「かがる」とも言う。『倭名類聚抄《わみょうるいじゅしょう》』「皸」の項に「漢書注云皸音軍和名阿加々利手足坼裂」と見え、ひび割れやあかぎれのことである。「殿の若子」とは、お屋敷の若様といったところだろう。登場するのは稲搗きに携わる恐らく若い女性、そして男性は殿の若子でそれなりの地位にある人物が想起される。契沖（『万葉代匠記』）は「賤シキ女ノ然ルベキ人ニ思ハレテ身ヲ知テ恥ラヒテヨメルハアハレナリ」と述べる。男性と女性との間に貴賤の差が見え、昼は稲搗きに従事し、夜は若様に仕える女性ということか。女性の手を取ってその手荒れを嘆く若様と、そこにいささかの恥らいを感じている女性の様子も想起される。そのようなことも当然あっただろうと思われるが、この歌は稲搗きの折に歌われた労働歌と見るのがよいだろう。

創作のポイント

稲つ介者　可ゝる阿可てを
こ餘日裳可　との、王くこ
か と利て那介可牟

右集団並びに左集団、いずれも下部での集約と上部での拡散を基軸にしています。第二行「可ゝる」の大らかさと上部での大きな空間が、左集団と対比します。

となりあう二行、あるいは三行の対応、さらに各行とも集団の長さと集団ごとの字幅の変化が配慮されています。

各行脚を結んだエッジラインは船底形に形成し、右集団と左集団の軽重の釣り合いを図っています。

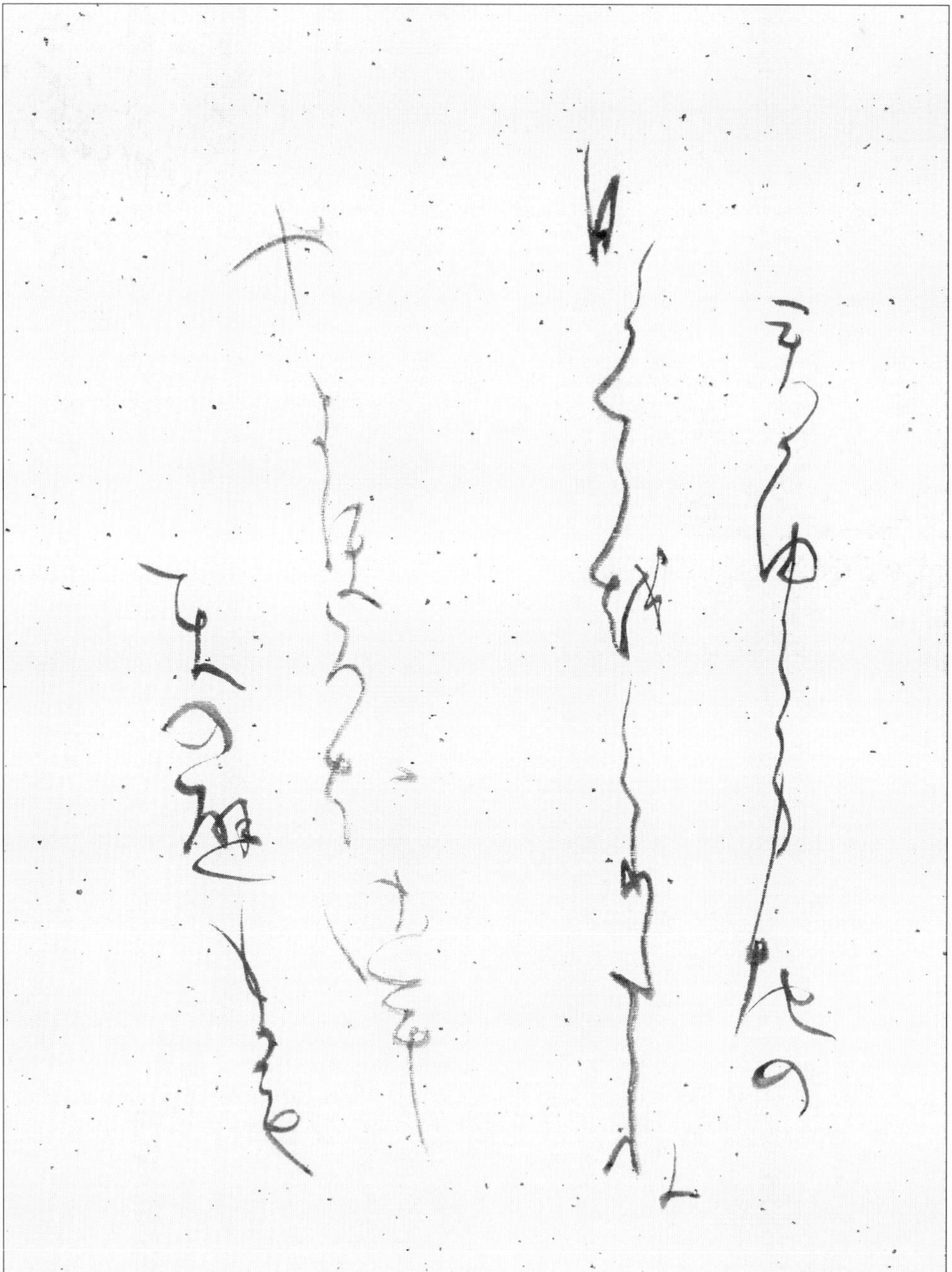

85 君《きみ》が行《ゆ》く 道《みち》の長手《ながて》を 繰《く》り畳《たた》ね 焼《や》き滅《ほろ》ぼさむ 天《あめ》の火《ひ》もがも

（巻一五・三七二四）

原文 君我由久　道乃奈我弖乎　久里多々祢　也伎保呂煩散牟　安米能火毛我母

意味 貴方様が行く長い道を手繰って折り重ねて、焼き滅ぼしてしまうような天の火があってほしいものだ。

解説 巻一五・三七二三番題詞に「中臣朝臣宅守《なかとみのあそみやかもり》と狭野弟上娘子《さののおとがみのをとめ》とが贈答せる歌」（目録に「中臣朝臣宅守、蔵部《くらべ》の女孺《にょじゅ》狭野弟上娘子を娶《めと》りし時に、勅して流罪に断じ越前国《こしのみちのくに》に配《なが》す。ここに夫婦別れ易く会ひ難きことを相嘆きて、各慟む情を陳べ、贈答せる歌六三首」とある）の第二番目の歌で、三七二六番左注に「右の四首、娘子が別れに臨みて作る歌」とあり、狭野弟上娘子（または狭野茅上《ちがみ》娘子とも）の作である。

この贈答歌群の作者については諸説がある。また宅守が流罪になった理由の詳細を示す文献もない。流罪の理由に、弟上娘子との結婚（女孺は斎宮寮に仕える女官）が関係しているとする説があるが、それ自体が流罪の理由と言えるかどうか難しく、未詳とするしかない。「道の長手」は、長い道のりのこと、「天の火」とは雷を指しているものかと言われる。都に残された娘子は、「越前国は幾山河の向こうの遠い地、その道を焼き滅ぼす天の火がほしい」と詠み、流刑による離別を悲しむ。いささか誇張が過ぎるが、それくらい夫を愛する想いが激しかったのだ、と解することができよう。当該贈答歌群中の絶唱と称される歌である。

創作のポイント

君可ゆく　身地の那可て
越　く利多ゝね　や支ほろ
本佐牟　天の避も可毛

書き出しから強固な連綿集団としています。

第二行では、「く利多ゝね」の中に徐々に高まる心情を託し、各行脚を牽引します。

第三行は渇筆ですが、左右への大きな振幅をもち、山場となります。

横へ広がる「や」と「支ほろ」との間、続いて「本」の周辺の余白、「佐牟」の一文字化、抱えた緩やかな時間。第四行の墨継ぎによる集団性が作品全体に一体感を与えます。

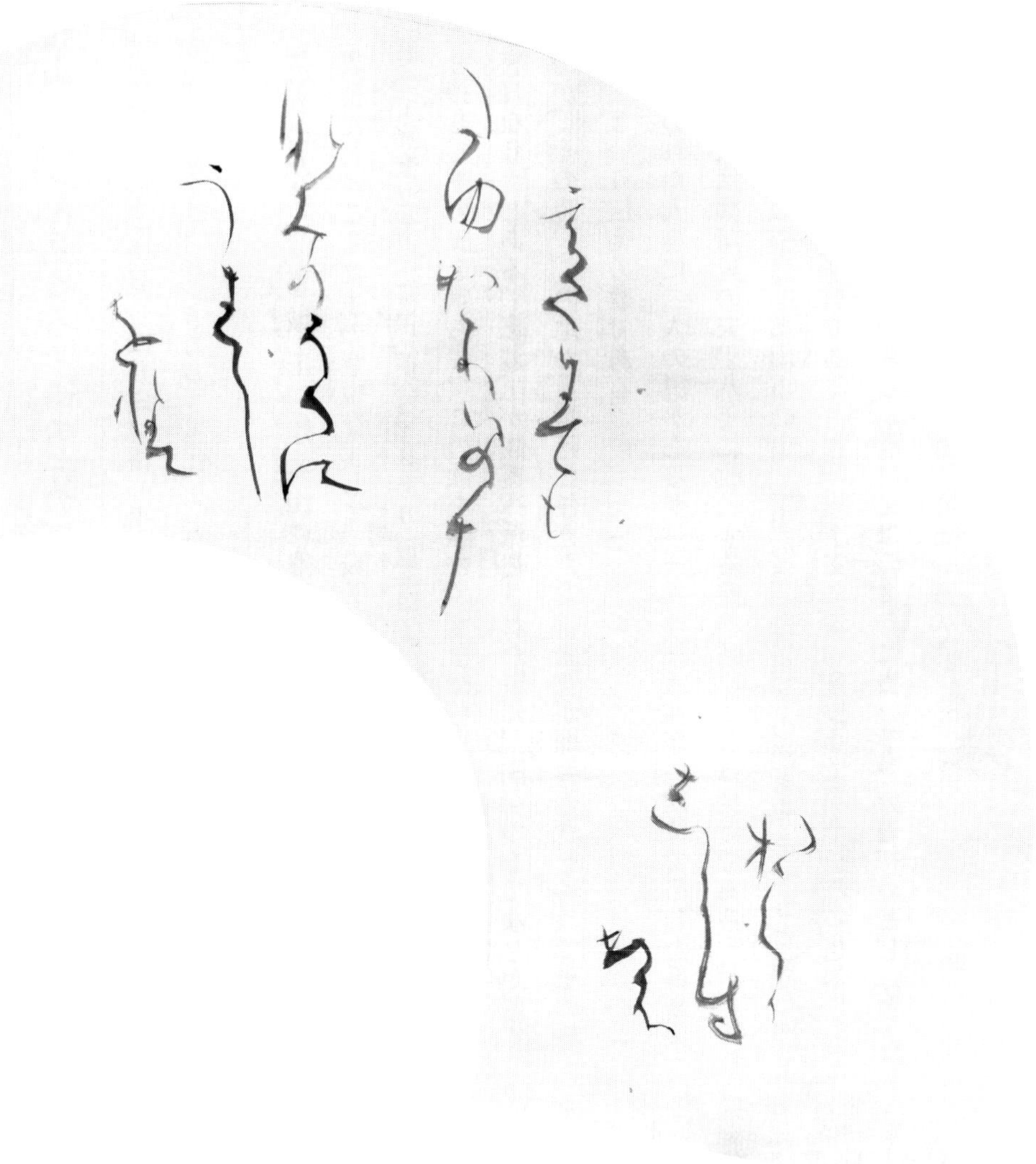

87　家《いへ》にても　たゆたふ命《いのち》　波《なみ》の上《うへ》に　浮《う》きてし居《を》れば　奥《おく》か知《し》らずも　（巻一七・三八九六）

原文　家尓氏母　多由多敷命　浪乃宇倍尓　宇伎氏之乎礼婆　於久香之良受母

意味　家でも不安定な命なのに、波の上に浮かび揺れていると、なおのこと不安になってしまう。

解説　三八九〇番題詞に「天平《てんぴょう》二年庚午《こうご》の冬一一月、大宰帥大伴卿《だざいのそちおおともきょう》大納言《だいなごん》に任ぜられ帥を兼ぬること旧の如し、京に上る時に、傔従《けんじゅう》等《ら》別に海路を取りて京に入る。ここに羇《き》旅《りょ》を悲傷《ひしょう》し、各《おのもおのも》所心《おもい》を陳べて作る歌十首」とある中の一首。三八九九番左注に「右の九首は、作者の姓名を審らかにせず」とあるが、海路にて上京した傔従（従者）の一人の歌であることは間違いない。

「たゆたふ」は不安定な様子、「奥か知らずも」の「奥」は先の見えない深いところや果てのないことをさす。題詞に「羇旅を悲傷し」とあることから旅路そのものへの不安と見るべきだが、上官旅人の置かれた状況（心境や体調など）への配慮もあろう。旅人が大納言遷任で上京するのだから、もう少し前向きの歌でもよさそうだが、そうもいかなかったのだろう。大宰府で妻を亡くした旅人は悲嘆に暮れた。その上、長屋王の変以後、藤原氏が力を増しつつある状況だった。巻三・四五〇番「行くさには二《ふた》人《り》我が見しこの崎をひとり過ぐれば心悲しも」の旅人の歌もある。傔従等も旅人の気持ちを十分に理解しており、旅路の不安以上に旅人の心情に配慮したとも見えよう。

創作のポイント

意へ尓ても　多ゆたふいの
千　那みのうへに　う支てし
をれ盤　於く可志らす裳

「本阿弥切」をベースとし、扇形中に二つの集団とした作品。

上の大きい集団のもっとも背の高い第二行における揺さぶり、第三行における漸減漸増の効果、さらに第四行と第五行における伸縮の効果を用いています。下の小さい集団では、上の集団を見つめながら右下に沈むことによって、扇形の中心を呼び出します。

墨継ぎ「うへに」「裳」による漸増漸減が両者を対比させています。

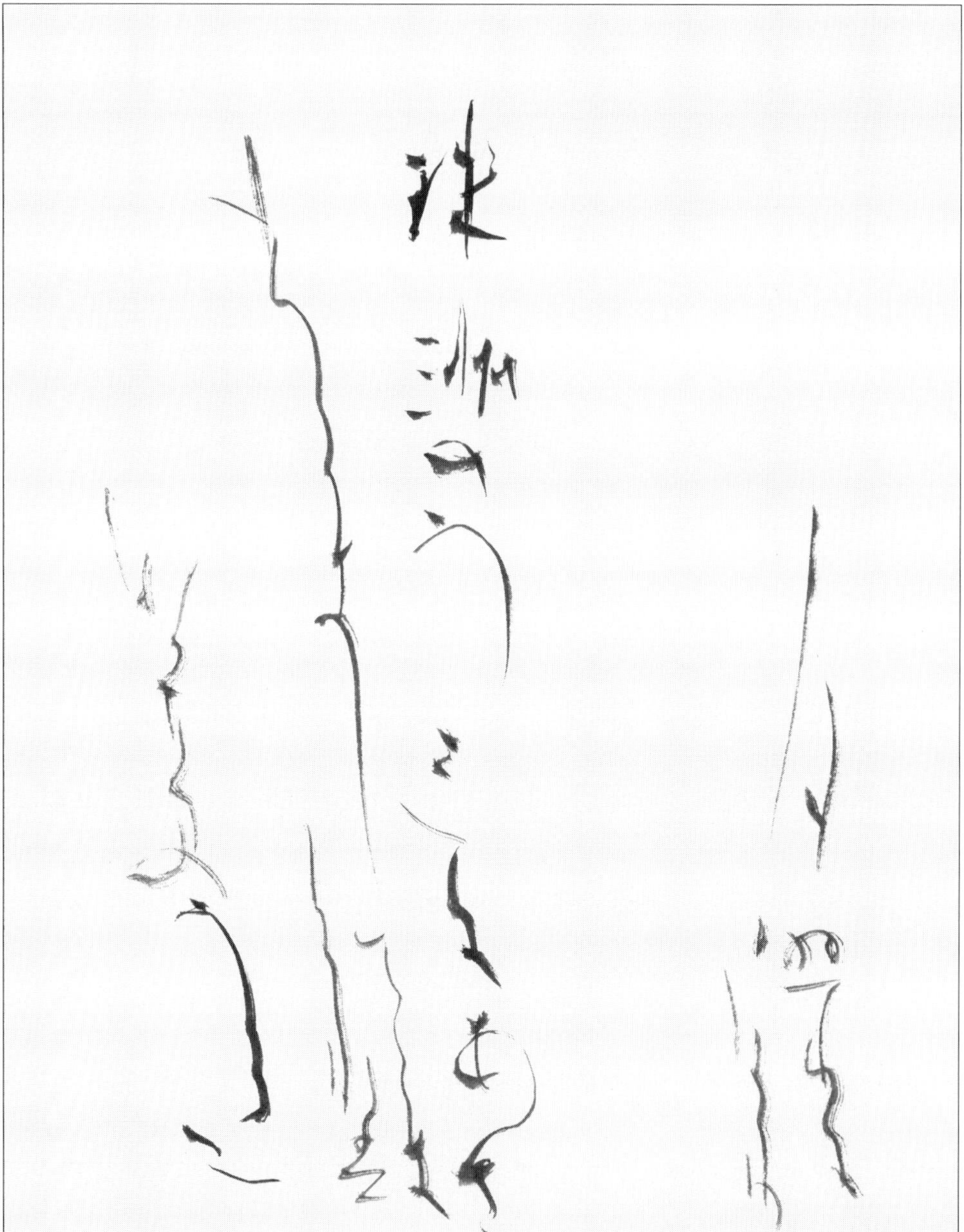

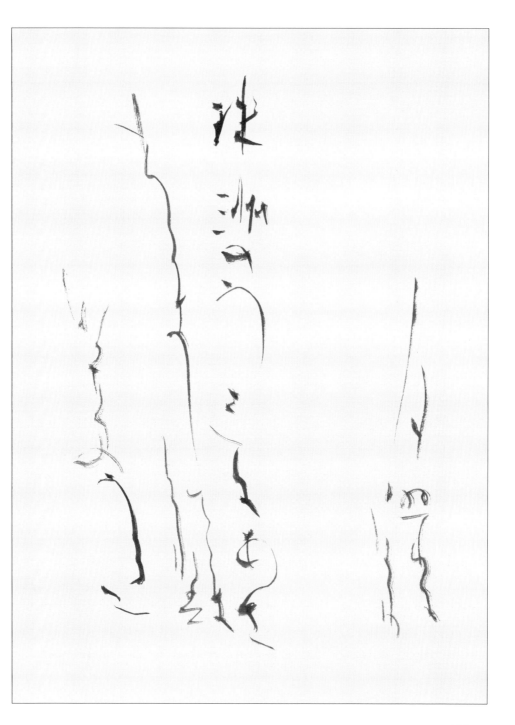

88 珠洲《すず》の海《うみ》に　朝開《あさびら》きして　漕《こ》ぎ来《く》れば　長浜《ながはま》の浦《うら》に　月照《つきて》りにけり

（巻一七・四〇二九）

原文　珠洲能宇美尓　安佐妣良伎之弖　許芸久礼婆　奈我波麻能宇良尓　都奇氐理尓家里

意味　珠洲の海に朝早く船を出して漕いでくると、長浜の浦に月が照っている。

解説　「珠洲郡より船《ふな》発《で》し、太沼郡に還《かへ》る時に、長浜の浦に泊まり、月の光を仰ぎ見て作る歌一首」と題される歌で、左注に「右の件の歌詞は、春の出挙《すいこ》に依りて、諸郡を巡行し、当時当所にして、属目《しょくもく》（注意して物を見ること）し作る。大伴宿禰家持《おおとものすくねやかもち》」とある。四〇二一番から越中国守として諸郡を巡行した折に詠んだ家持の歌が並ぶが、その最後を飾る歌である。

「珠洲」（現在の石川県珠洲市）を早朝に出発した船が、「太沼郡」に戻る際、「長浜の浦」に着くころには月が照っていたというのである。題詞にある「太沼郡」は越中国には無い郡名で未詳。元暦校本《げんりゃくこうほん》に「還治布」、類聚《るいじゅう》古《こ》集《しゅう》などに「還治郡」などとある。このことについて鴻巣盛広《こうのすもりひろ》（『萬葉集全釈』）は「治布は治府の誤りではあるまいか」として国府をさすと解している。そのように考えると「長浜の浦」も三九九一番歌に見える「松田江の長浜」（富山県氷見市）を想定しやすくなる（なお、『倭名《わみょう》類聚抄《るいじゅうしょう》』には能登郡にも長浜の地名が見える）。春出挙の巡行を無事に終え、国府に戻る国守家持の安堵感、充実感が感じられる歌である。

創作のポイント

珠洲のう三尓　あさ悲ら支して　こ支くれ盤　那可者万のうら二　月照利尓介利

左側の大きな集団から書き始めています。

中央「珠洲」の複雑な書き出しと、「う三尓」の対照的な表現。寄り添うような「悲ら支…」と「くれ盤」が第一行と一体感をもたせます。また、左側集団は、四行を抱えながらも、混雑しないよう工夫されています。疎・密・疎、字幅の広狭による第四行。大きな左の集団にダイナミックな心で右集団を書き、両者の間に広い空間を抱えます。

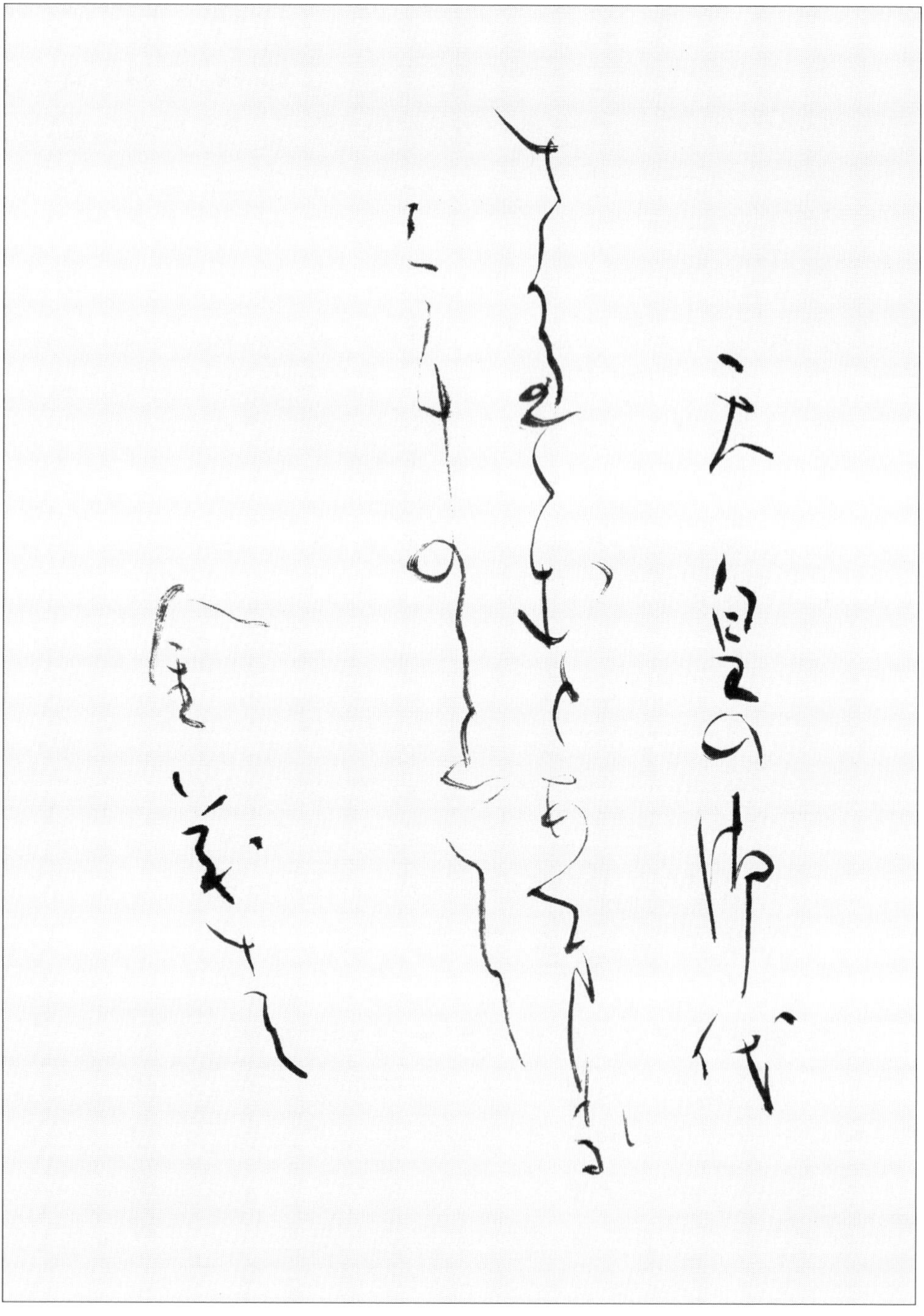

89 天皇《すめろき》の　御代《みよ》栄《さか》えむと　東《あづま》なる　陸奥山《みちのくやま》に　金花《くがねはな》咲《さ》く

（巻一八・四〇九七）

原文 須売呂伎能　御代佐可延牟等　阿頭麻奈流　美知乃久夜麻尓　金花佐久

意味 （歴代皇統を継いでいらっしゃる）天皇の御代は栄えることでしょうと、東国にある陸奥国《みちのくのくに》の山に黄金の花が咲いた。

解説 四〇九四番題詞に「陸奥国に金を出だす詔書を賀《ほ》く歌一首并せて短歌」とある反歌三首の中の一首。左注に「天平感宝《てんぴょうかんぽう》元年五月十二日に、越中国守《こしのみちのなかのかみ》の館《むろつみ》にして大《おほ》伴宿祢《とものすくね》家持《やかもち》作る」とある。天平二一（七四九）年二月二二日、陸奥国から黄金が貢納された。この黄金の出土は、聖武天皇をはじめ東大寺毘盧遮那仏《びるしゃなぶつ》造営に関わる多くの人々にとって大きな喜びだった。同年四月一日、天皇・皇后・皇太子が東大寺御像前殿に出御し、仏前に陸奥国の黄金産出の恵みを慶賀する宣命が、続けて親王以下天下公民に黄金出土を知らせる宣命が出された。その中には「大伴・佐伯宿祢《さえきのすくね》は常も云はく、天皇が朝守り仕へ奉る……」と大伴氏が天皇の側近として働く家柄として挙げられている。もちろん、それ以外の氏族の名も挙げられており、このこと自体が家持にとって劇的に感動するものではなかったかもしれない。

とはいえ、少なからず晴れがましい想いに至っただろうことは、四〇九四番が家持作品中最大の長歌で、反歌三首もその内容を受けた晴れがましい歌になっていることから十分に伺える。この歌自体は、天皇の御代が永遠に栄えることを寿ぐ歌ということで理解すればよいが、結句「金花咲く」は奇瑞の発現のような雰囲気をもち、興味深い。

創作のポイント

天皇の　御代さ可盈むと
あつ万那る　三千のく山耳
金花さく

第一行の「天皇の御代」の存在を主にしてもっとも長い第二行、そして添えるように第三行が配されます。「金花さく」は遠く離しながらも徐々に右下へ、前半三行に寄り添う行です。

静寂な第一行から、モーションの大きい第二行へ、脚部は縮小に向かい、寄り添う第三行は左側に空間を抱え右側は直線的なエッジライン。縦重視の線の中に、広やかで右下に空間をもつ「金」の字が紙面を漂います。

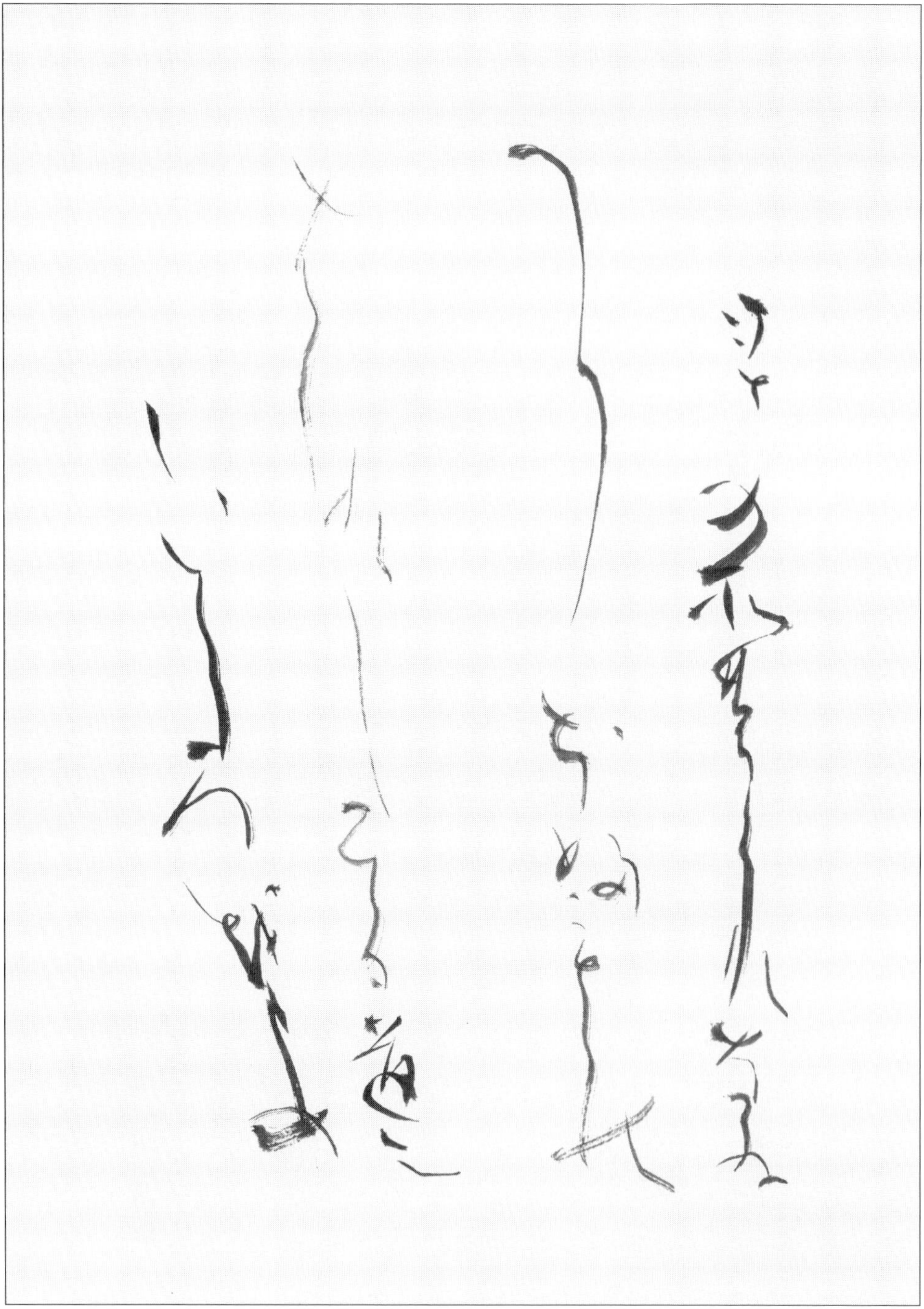

90 春《はる》の苑《その》 紅《くれなゐ》にほふ 桃《もも》の花《はな》 下照《したで》る道《みち》に 出《い》で立《た》つ娘子《をとめ》

（巻一九・四一三九）

原文 春苑　紅尓保布　桃花　下照道尓　出立𡢳嬬

意味 春の園に紅に美しく映えている桃の花、その木の下を照らしている道に出《い》で立っている少女よ。

解説 巻一九の巻頭にある歌で、題詞に「天平勝宝二年三月一日の暮に、春苑の桃李の花を眺矚《ちょうしょく》して作る二首」とある。家持が越中守として赴任してから四年目の春である。庭中の桃と李《すもも》が時を同じくして咲き誇って、まことにあでやかな美しさがある。家持の歌としては一風変わった表現で、第一句・三句・五句を名詞止めにして、『万葉集』の傾向である二句切れの歌と違った意味合いを感じる。

桃の花の咲き誇っている花かげの道に、美しい少女を登場させる艶麗《えんれい》な情景を客観的にとらえている構図は新鮮なものとして受けとめられる。北国の遅い春がやっと訪れ、人々は憧れをもって迎えるのである。越中の中ですばらしく美しい時期である。これは正倉院蔵の鳥毛立女《とりげだちおんな》の屏風の『樹下美人図』を思わせ、あたかも絵画的な世界に陶酔するようである。桃の花と美しい少女との配置は中国風であることは今まで言われているし、曹子建《そうしけん》の詩にも「南国に佳人あり、容華桃李の若し」とある。小島憲之（『上代日本文学と中国文学』）も「歌の内容より見て、中国の桃李春園の娘子を連想させるがこの『春の苑』も上の詞書にみえる如く『春苑』の翻訳語であろう」と述べている。

創作のポイント

春の所農　くれ奈ゐ耳本
婦　毛、能者那　し多てる
道二　いて多つ越とめ

第一行は疎・密・疎・密を交互に用いて小振りな行として、第二行はスケール大きく中央に山場を設けます。第三行は右下・左下・右下への動きを用いて展開させます。第四行は、左側面に凸凹を用いて、右側面では壁を作ります。行頭の高さと行尾の緩やかさの対比に留意しています。

全体として、いさぎよい判断力を根として、膨張感をもつ面となるよう、構成されています。

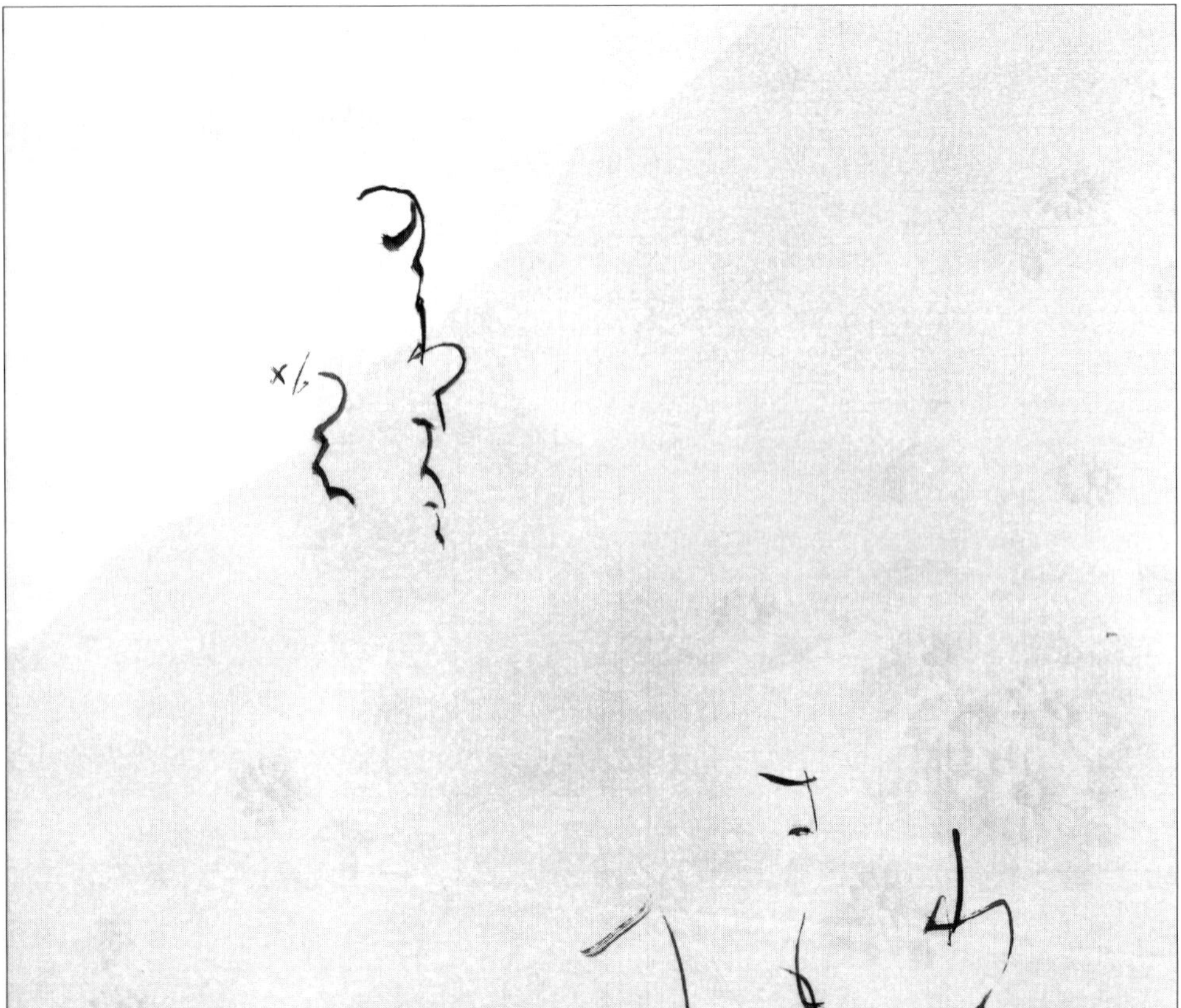

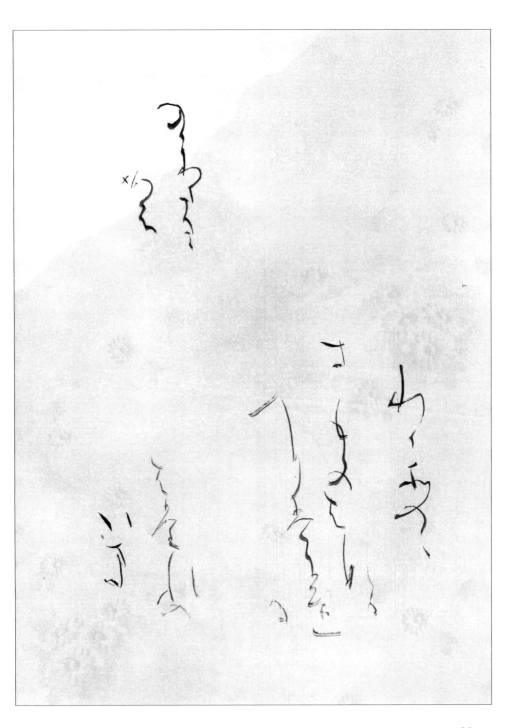

91 我《わ》が苑《その》の　李《すもも》の花《はな》か　庭《には》に散《ち》る　はだれのいまだ　残《のこ》りたるかも

（巻一九・四一四〇）

原文　吾園之　李花可　庭尓落　波太礼能未　遺在可母

意味　わが園の李《すもも》の花が庭に散るのであろうか。それとも降った雪がまだ残っているのであろうか。

解説　前歌（四一三九番）に続くのであるが、これも中国文学の影響を受けていると思われる。「庭に散る」は原文「庭尓落」。落は「ふる」とも「ちる」とも訓めるが、ここでは「ちる」と訓むのがよいだろう。

「残りたるかも」は疑問表現が二つ並置されている場面、あとに述べたもののほうが事実に近いことが多い。しかしここでは、散った「李の花」のほうが実景と思われ、作者は新しい表現を試みたのだろう。庭中に散る花を残雪にたとえるのは万葉集の常用であるが、越中の李の花の白さと雪を対照させているのが表現効果を出している。

この歌に類似した作品として、父旅人の

我が園に　梅の花散る　ひさかたの　天より雪の　流れくるかも（巻五・八二二）

がある。家持はこの歌を学んでいると考えられ、家持なりのさらりと詠んでいるところに好感がもたれる。

また、この歌は三句切れである。しかし、第二句「李の花か」で切って、第三句「庭に散る」は「はだれ」に掛かっていくとする考えもある。そうすると二句切れとなるが、前者の考えがよいと思う。

創作のポイント

わ可所の、すも、の者那
可　耳盤尓遅る　者堂れの
い万多　のこ利多る可裳

紙面下部に大小二つの集団を作り、左右への大きな振幅から、徐々にこの振幅を抑えて後に広い空間を与え、ここまでの波動を「者堂れ…」へ到達させ、左下方へ沈ませることなく、「い万多」で左上方へ向かわせます。

この大きな下部集団に対して上部の小さな集団は充実した線によって小さくすることで、あえて広い大きな空間の存在感を高めています。

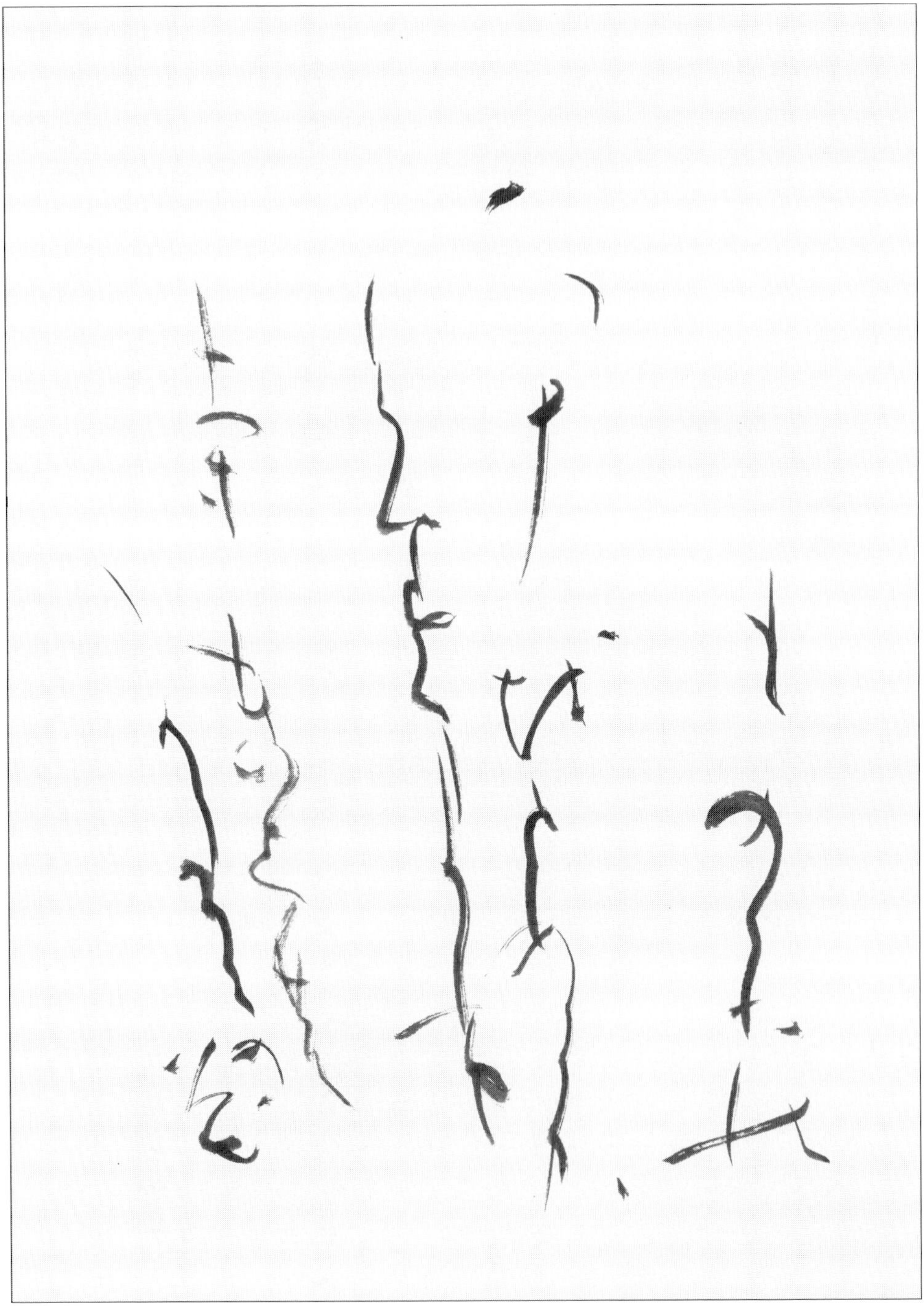

92 もののふの　八十《やそ》娘子《をとめ》らが　汲《く》みまがふ　寺井《てらゐ》の上《うへ》の　堅香子《かたかご》の花《はな》

（巻一九・四一四三）

原文　物部乃　八十媙嬬等之　挹乱　寺井之於乃　堅香子之花

意味　大勢の少女たちが入り乱れて水を汲んでいる。寺井のほとりに咲くかたかごの花よ。

解説　桃の花（四一三九・四一四〇番歌）の歌われた翌日二日の作品である。題詞に「堅香子の花を攀《よ》ぢ折る歌一首」とある。家持は越中に来ていろいろ珍しい事物（葦附《あしつき》・つまま・厚朴《ほほかしは》・鵜川・あゆの風）に興味を示し歌を詠んでいるが、「堅香子」もまたその一つである。「堅香子」は今の「かたくり」で、寺井のあたりに自生していたのであろう。かたかごの花を折って詠んでいるが、目前にある「かたかご」から想像の世界へと導かれる描写は写実的なものでなく、架空の世界を映発する。寺井の湧き出る井戸に、少女らが集まって入り乱れて水を汲んでおり、かたかごの花を眺めているわけではないのだろう。

中西進（『鑑賞日本古典文学『万葉集』』）は、「寺井に集う少女たちは、越中の国衙《こくが》に仕える少なくともこの地においては雅《みやび》な女性たちであり、それを通して家持の到達していた風景は都における官女たちのあでやかな姿であった」と述べている。越中の家持は遠く離れている都のことを思って、帰京したいと願っていたのであろう。

創作のポイント

もの丶ふ能　八十越とめら
か　久美万可布　寺井の上
農　可多可この花

ダイナミックな気持ちで紙面に向かっていきます。特に、第二行「八十越」での潔い運筆が余白に力をもたせ、スピード感のある作品を導いています。

第四行下部と第五行が密に接して、一段と中央部を動的に浮かび上がらせます。また、最後の「花」一文字の効果も肝要で、活動的な紙面をピタリとおさえて重要です。

各行が進む方向と行間の広狭にも留意しました。

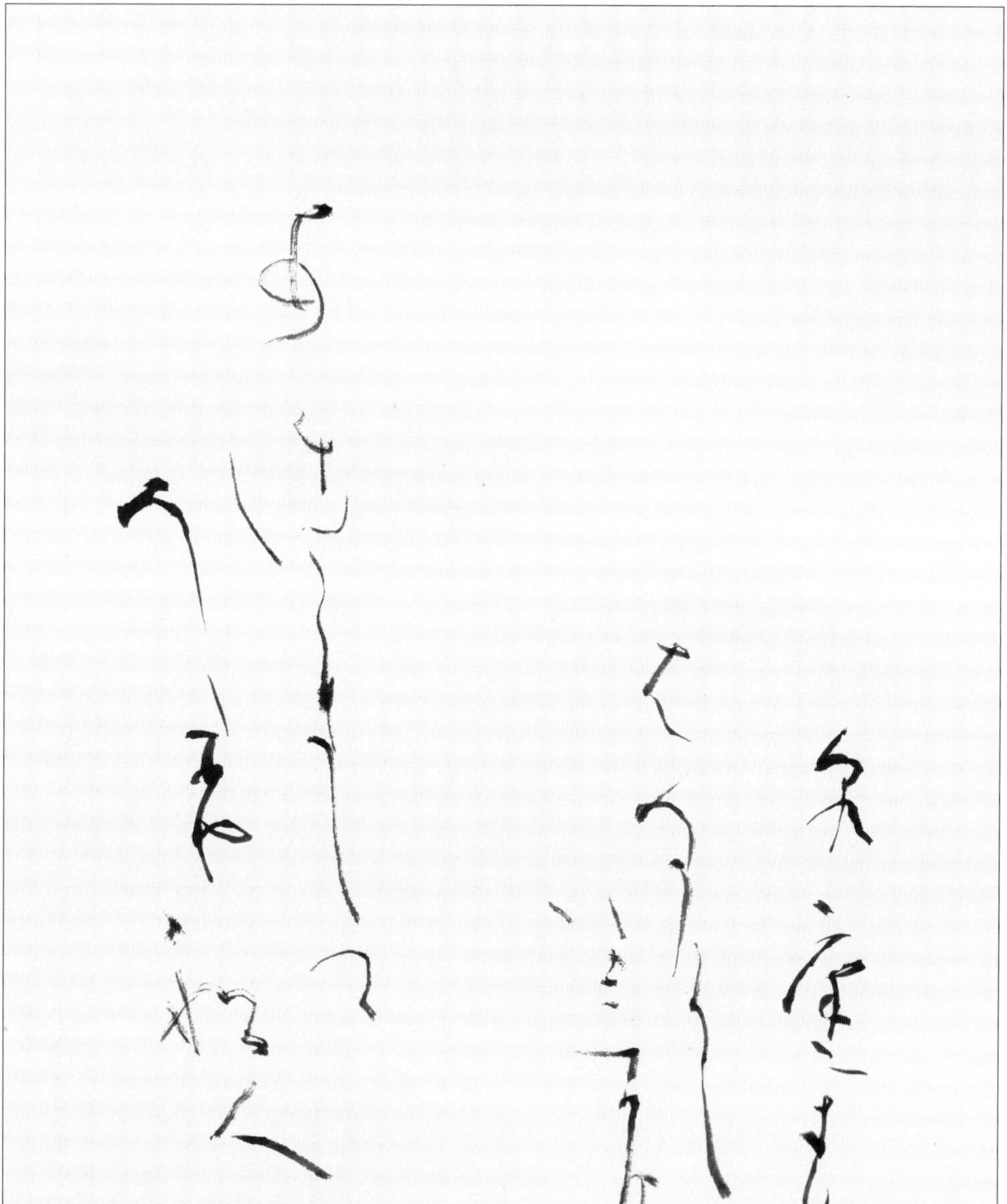

93 朝床《あさとこ》に 聞《き》けば遥《はる》けし 射水川《いみづかは》 朝漕《あさこ》ぎしつつ 唱《うた》ふ舟人《ふなびと》

（巻一九・四一五〇）

原文 朝床尓　聞者遥之　射水河　朝己芸思都追　唱船人

意味 朝の寝床に船歌がはるかに聞こえてくるよ。射水川を朝早く漕ぎながら歌う船人の声が。

解説 題詞に「江を泝《さかのぼ》る舟人の唱《うた》を遥かに聞く歌一首」とある。三月三日の朝、まだ早いためか家持は国守の館にあって、寝床で静かにじっと耳をすまして船人の歌を聞いている。射水川（現在の小矢部川。富山県高岡市二上山の東を流れて海へ入る）をさかのぼって行く船人の声が遠くかすかに聞こえ、静寂さが感じられる。快い響きとして伝わってきてさわやかな気持ちで詠んでいる。

第三句の「射水川」は越中の国府の館から近い。第五句の「唱《うた》ふ」は「うたふ」と「となふ」の二つの説があるが「うたふ」と訓むのが通説である。

佐佐木信綱（評釈万葉集）は「〈遥けし〉の一句は、その実状とほのぼのとした情趣を写すに適ひ、胸に浮ぶ複雑な思ひを微妙にぼかしあげてゐる」と述べている。

巻一九の巻頭歌群一三首が三日間にわたり、見る歌（四一三九～四五）から聞く歌（四一四六～五〇）への秩序を織り成し、かつ一日（暮↓夜）、二日（昼↓夜）三日（暁↓朝）と順序よく時を進めて一まとまりをなしていると指摘した伊藤博の考えに賛意を表する。

朝床二　支介八者る介し
い三つ可は　あ佐こ支しつ、
う多布船人

創作のポイント

右下集団は「密」を感じる構成で、ピリッとした無駄のない筆の運びを連想します。第一行「支介八」は小さく構え、「朝床」を浮かび上がらせています。「い三つ可は」の緊密な文字集団は、「者る介し」の伸びやかな歩みと抱き合い、響いています。
転じて左集団は大きな心情で書き放たれ、「疎」的な印象のダイナミックな構成です。

二集団間には、相反する美の要素の交響が満ちています。

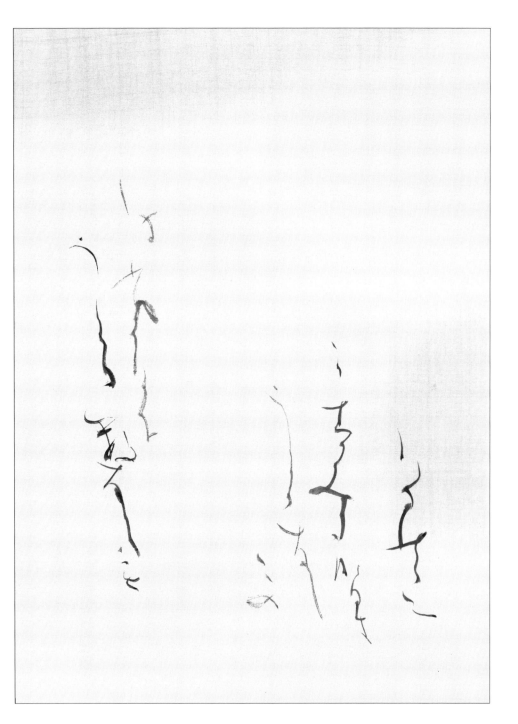

94 春《はる》の野《の》に　霞《かすみ》たなびき　うら悲《がな》し　この夕影《ゆふかげ》に　うぐひす鳴《な》くも

（巻一九・四二九〇）

原文　春野尓　霞多奈毗伎　宇良悲　許能暮影尓　鶯奈久母

意味　春の野に霞がたなびいてなんとなくもの悲しい。この夕方の光の中にうぐいすがしきりに鳴くことよ。

解説　題詞に「二三日に、興に依りて作る歌」とある。前後の歌の配列から天平勝宝五（七五三）年二月二三日、興によって作った二首の中の一首である。巻一九の巻末に家持の連続の三首（四二九〇～四二九二）があるが、これが家持の芸境の最高傑作と言われる春愁の歌である。この三首はいずれも春愁を主題として見聞く歌（四二九〇）→聞く歌（四二九一）→見る歌（四二九二）と歌われて、愁いを自覚的に深めていると理解するのが一般的である。しかし三首を一連と見るべきでないという中西進（「絶唱三首の誤り」『万葉の時代と風土』）説もある。

すでに天平勝宝三年（七五一）七月一七日に少納言に任ぜられて、翌八月五日任地越中から帰京している。この作は都での作品であるが、都では家持をこころよく迎えてくれず、藤原氏が専横を極めて大伴氏も衰退の傾向にある。そうした憂愁の思いに閉ざされる家持はやるせないのである。上句の「春の野に霞たなびき」の表現は、佐保の自宅あたりかと思われるその情景はおだやかなものとして映し出されてくるが、家持の気持ちは晴れやらず満たされていない。家持の心境は孤独であり、なんとも言えない哀愁を感じるのである。

創作のポイント

八る能ゝ二　可春み多那日支　うら可奈し　このゆ布可介尓　うく日数奈く毛

後半の集団が一行化しているようにも見えるのは、隣り合う文字のかみ合わせによるものです。さらに「ゆ」の表情と「う」の表情。「布可介」の中間的墨量での線の充実。「日数奈く」における間、太細の線と相乗効果が期待されています。

前半の集団では、ゆるやかな中央の盛り上がりの効果による立体感。集団同士の対応に配慮した作品です。

95 我《わ》がやどの　いささ群竹《むらたけ》　吹《ふ》く風《かぜ》の　音《おと》のかそけき　この夕《ゆふべ》かも

（巻一九・四二九一）

原文　和我屋度能　伊佐左村竹　布久風能　於等能可蘇気伎　許能由布敝可母

意味　わが家のほんの少しの竹群を吹き過ぎていく、風のかすかに聞こえてくるこの夕暮れよ。

解説　前歌に続く「春愁」の歌の二首目である。前歌（四二九〇番）では「春の野に」と視覚的な面で捉えたのであるが、この歌では聴覚的な面を捉えている。まず「我がやどの」と場所の限定をし、「いささ群竹」とほんの少しの竹が生い茂っている所に夕風が吹いてかすかな音をたてると歌う。「いささ群竹」のイササは数量や程度のわずかであることを示す。イササカの接頭語的用法と見る説（古典全集）と「い」は「ゆ」と同じ性質の接頭語であって、「ささ」は小竹の意（沢瀉久孝『万葉集小径』）とする説がある。前者が通説。家持はその音に耳をすましているのである。

この歌について山本健吉（『大伴家持』）は「市原王《いちはらのおおきみ》の歌の〈吹く風の声の澄めるは〉の句がこの歌に影響しているだろう」と言う。家持の習作態度について従来から言われているが、市原王歌とはその境地は違っているだろう。

この歌も家持の芸境の最高に達している時の作品である。

創作のポイント

王可やとの　いさゝむら堂け　ふく可せ能　音の可曽介き　このゆふへ可毛

「寸松庵色紙」を拠り所としています。「王可や」の文字の傾斜から安定感のある「との」へ。「いさゝ…」の行は左へ倒し集団を短長の組み合わせとし、「ふく可せ…」の行は長短の集団にし大きな動きで作品中最大の山場としています。

第四行の「可曽…」は幅の狭い行で寄り添わせ、小さい行の「このゆ…」は密度感を高め、重心を下げて全体をまとめています。膨張感ある大きな一集団の面を構成しました。

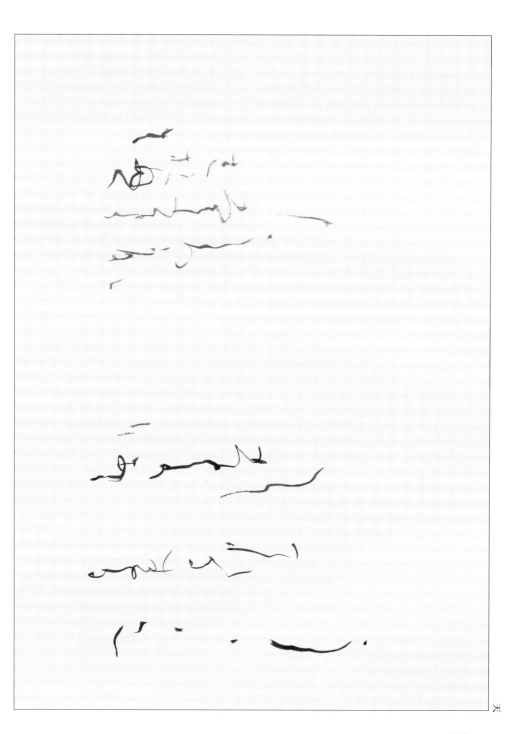

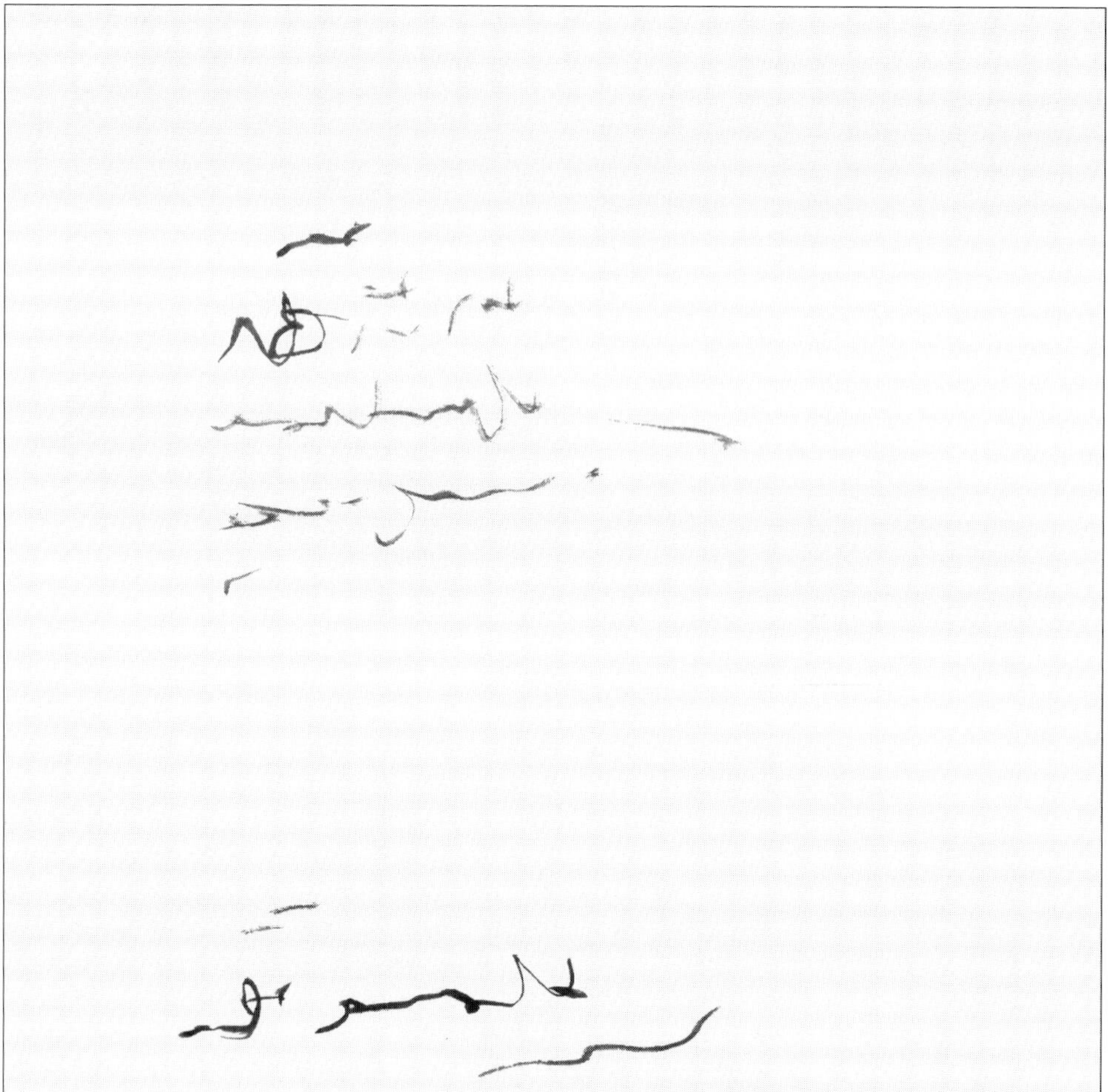

天

96 うらうらに　照《て》れる春日《はるひ》に　ひばり上《あ》がり　心悲《こころがな》しも　ひとりし思《おも》へば（巻一九・四二九二）

原文　宇良宇良尓　照流春日尓　比婆理安我里　情悲毛　比登里志於母倍婆

意味　うらうらに照っている春の日にひばりがさえずり、心が悲しいことよ。ひとりでもの思いにふけっていると。

解説　前の二首（四二九〇・四二九一）の歌が詠まれた二日後の二五日の作である。「うらうらに照れる春日にひばり上がり」は前歌「春の野に霞たなびき」と同じく眼前の光景を詠んでいる。下二句の「心悲しもひとりし思へば」は家持自身の悲しみを形式的でなく、現実的に鋭く働かせている。ひばりの声の響く空に家持の憂愁は一層深められていった。それは孤独であったからという。

一方、越中から奈良へ帰京してみると、藤原氏と橘氏とのひどい勢力争いがあった。橘奈良麻呂から誘いをうけたであろう家持は、すぐに協力的な態度をとることもできなく悩んでいたであろう。今まで天皇に奉仕してきた大伴家、その氏上として家持は行動を慎まねばならない。大伴家の衰勢を考えると深い悲しみにおそわれる。

この三首にみられる憂愁の中に、こうした意味合いも存在していたのかもしれない。これらの作品が詠まれた時は、決して安穏な生活をしている時ではなかったであろう。この歌に左注があり、それを読むことによって、家持の作歌態度を理解することができ、歌によって鬱屈《うっくつ》した心が晴れたというのもわかる。

創作のポイント

うら〻二てれる春日耳
悲者利あ可り　こ〻ろ可那
し裳　悲と利志於母へ者

継色紙における、二集団から生み出される高度な美。行にうねりを抱える「うら〻二」、ふくよかなプロポーションを見せる「てれる春日」、直線的エッジラインをもつ「悲者利」。両者は一文字の「耳」によって波動します。添えられた「り」の配置と表情が、左集団へと誘います。

左集団は密な行間で一体化させて頂点をもたせ、行頭において右集団における高低に対応します。

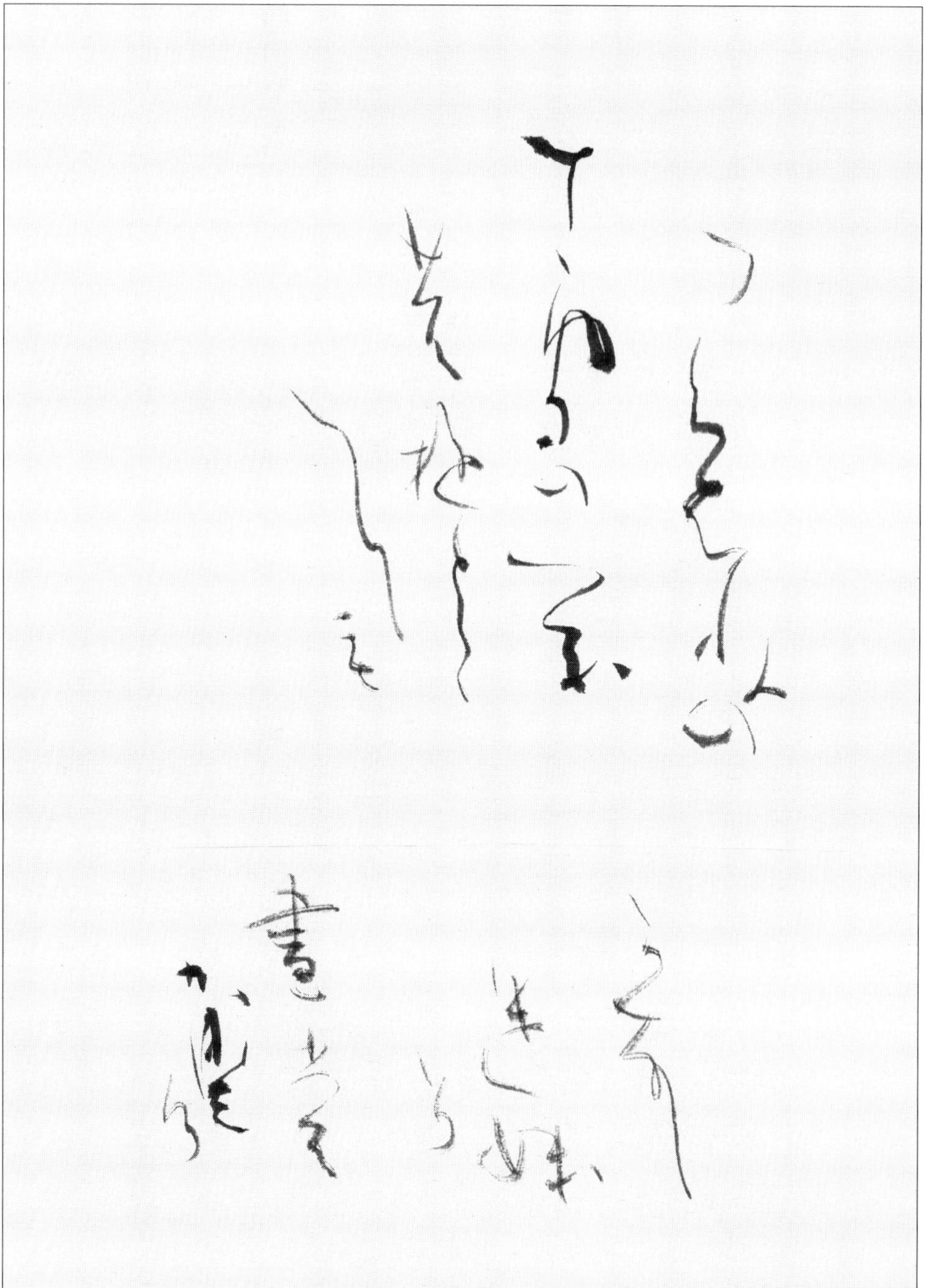

97 筑波嶺《つくはね》の　さ百合《ゆる》の花《はな》の　夜床《ゆとこ》にも　かなしけ妹《いも》そ　昼《ひる》もかなしけ

（巻二〇・四三六九）

原文　都久波祢乃　佐由流能波奈能　由等許尓母　可奈之家伊母曾　比留毛可奈之祁

意味　筑波山のさ百合の花のように、夜床でも愛しい妻よ。昼も愛しい。

解説　四三二一番の題詞に「天平勝宝《てんぴょうしょうほう》七歳乙未の二月に、相替りて筑紫に遣はさるる諸国の防人《さきもり》等が歌」とあり、この歌は常陸国《ひたちのくに》の防人歌の中の一首。四三七〇番歌の左注に「右の二首、那賀郡《なかのこおり》の上丁大舎人《おおとねりの》千文《ちふみ》」とある。すでに筑紫に向かうために故郷を離れた後、詠んだ歌であろう。作者は那賀郡の人物とあり、筑波嶺は常陸国を代表する象徴的な存在である。

「筑波嶺のさ百合の花」の表現も、単なる序詞と見るよりも、故郷を想起させる景物としてとらえるべきであろう。筑波嶺にひっそり、しかし豊かな香りを放ち咲くさ百合に妻をにおわして、妹に対する想いの深さを表している。「ゆとこ」は「よとこ」の訛りで、妹との共寝を思い出す。昼でも妻の愛しさを思わずにはいられないというのだ。故郷を離れ、家族と離れ、さらに厳しい労役に対する不安や寂しさがつのってくる。そのような男にとっても、妹の存在はより大きなものとして感じられたことだろう。

創作のポイント

つく者ねの　さゆるの花農
遊とこ耳毛　可奈し遣妹
曽　昼裳か那志介

上段は大きな振りを活かし徐々に弱まる行展開です。また、屈折する行から直立への遷移も起こります。「さゆるの花」を山場として、上部の集団化を求めました。

下段は字数の少ない行により、左下・右上へと波を起こす二つの集団です。墨継ぎを「か那志」として上集団の墨継ぎより短めの文字群で対応しています。行頭行尾の高さにも配慮されています。漢字「花」「妹」「昼」の表情も注目です。

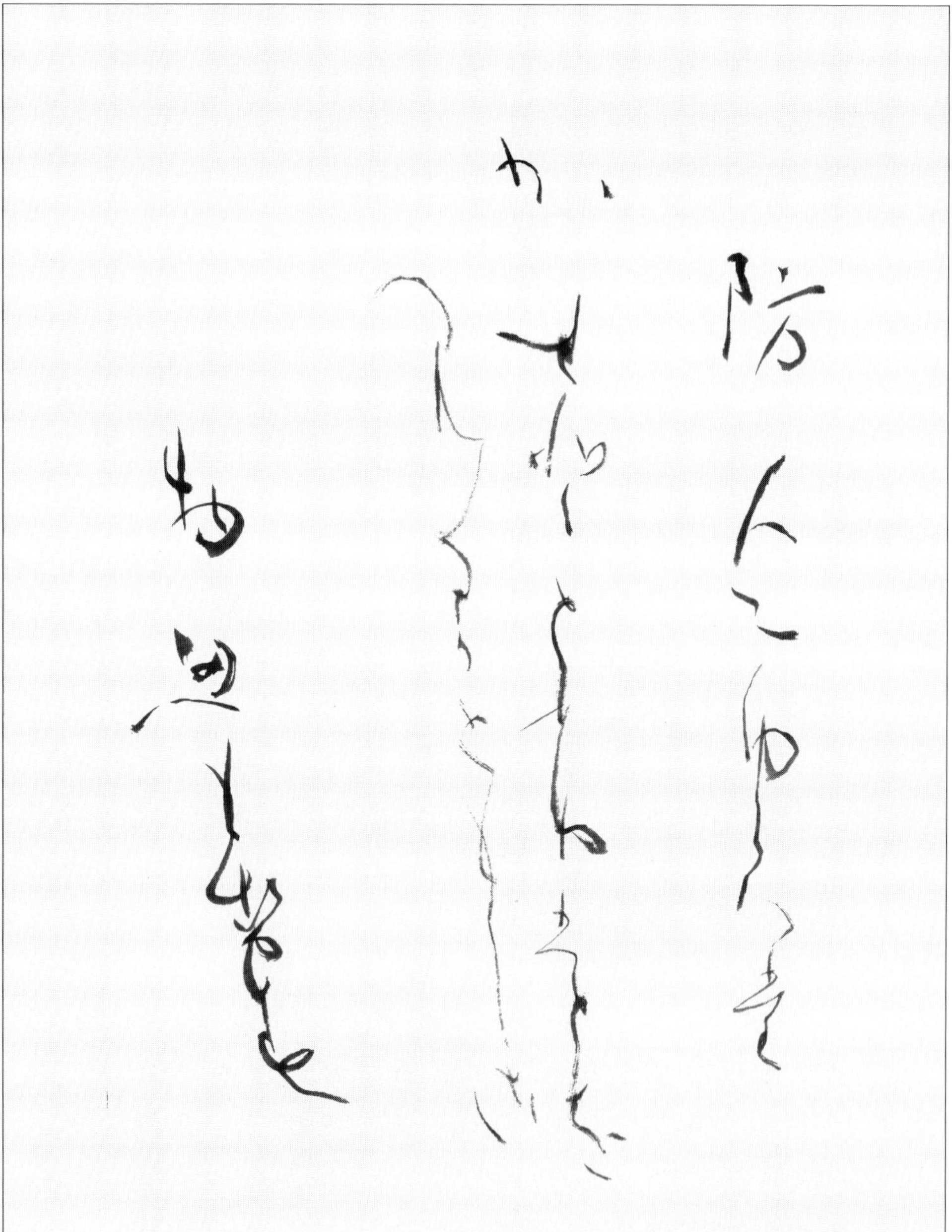

98 防人《さきもり》に　行《ゆ》くは誰《た》が背《せ》と　問《と》ふ人《ひと》を　見《み》るがともしさ　物思《ものもひ》もせず

（巻二〇・四四二五）

原文　佐伎毛利尓　由久波多我世登　刀布比登乎　美流我登毛之佐　毛乃母比毛世受

意味　防人に行くのは誰のご主人ですか、と尋ねている人を見るとなんともうらやましい。何の心配もしないで。

解説　四四三一番の左注に「右の八首、昔年の防人が歌なり。主典刑部少録正七位上磐全《いわれの》伊《い》美《み》吉《き》諸君《むろきみ》抄写し、兵部少《ひょうぶのしょう》輔《ふ》大伴宿禰《おおとものすくね》家持《やかもち》に贈る」とある中の最初の一首。

「ともしさ」は羨望感や欠乏感を意味する語で、ここではうらやましいの意。「昔年の防人が歌」とあるがいつの年代であるか不明。作者は防人の妻の歌である。夫が防人になって筑紫へ行くが、それを見送る妻の気持ちを直接述べないで、群衆の中の一人の女性として表現している。「問ふ人」が男性か女性か明確には分からないが、女性を連想することができよう。問いかけた人が「物思もせず」だったかどうかは分からない。しかし防人の妻の目には、寂しさを感じることもない人として映った。だから「ともしさ」を感じているのであり、ここでの羨望の想いは、同性しかも夫を持つ妻の立場と見てよいだろう。夫が防人として故郷を離れることへの自らの寂しさを述べるのでなく、他人事のように会話する第三者への批判という形で、その寂しさを表出しているところに、かえって真に迫るものが感じられる。

創作のポイント

防人二　ゆく八堂かせ登
と布悲とを　見るかともし
佐　物思も勢春

第一行と第二行の間、紙の下の方に集約点をもつ四行による構成です。各行は文字の軽重、指向する方向を変えながら、たたみかけるように降下してゆきます。スピード感を感じますが、各行は時間を抱え込み、「タメる」場所をもち、速度は一様でないことを看取できます。

また、「物思も勢春」の行は墨継ぎして重厚さを加えて降り、前三行を受け止めています。

99 初春《はつはる》の 初子《はつね》の今日《けふ》の 玉箒《たまばはき》 手《て》に取《と》るからに 揺《ゆ》らく玉《たま》の緒《を》

（巻二〇・四四九三）

原文 始春乃 波都祢乃家布能 多麻婆波伎 手尓等流可良尓 由良久多麻能乎

意味 正月の初子《はつね》の今日の玉箒を手に取るだけで、ゆらゆらとゆれて鳴っている玉の緒であるよ。

解説 題詞に「二年春正月三日に、侍従・豎子《じゅし》・王臣等を召し、内裏の東の屋の垣下に侍《さもら》はしめ、即ち玉箒を賜ひて肆宴《しえん》したまふ。ここに、内相藤原朝臣《ふじわらのあそみ》勅《みことのり》を奉じ宣《の》りたまはく、『諸王卿等、堪に随ひ意の任に歌を作り并せて詩を賦せよ』とのりたまふ。仍りて詔旨に応へ、各心緒《おのもおのもおもひ》を陳《の》べ、歌を作り詩を賦す。未だ諸人の賦したる詩并せて作る歌を得ず」とある一首で、作者は大伴家持《おおとものやかもち》。

古来中国で正月初子の日に「帝王躬耕《きゅうこう》、后妃親蚕《しんさん》」の儀式が行われており、それが日本に伝わったと言われる。「玉箒」は玉を飾りつけた箒のこと。現在、正倉院南倉に天平宝字二年のこの行事に用いられた目利箒二枚と手辛鋤《てがらすき》二枚とが残っており、その玉箒には色とりどりの瑠璃《るり》玉がついている。「揺らく玉の緒」のユラクは揺すぶられて音を発すること。玉の緒は玉箒の玉を緒に通して吊したものをいうが、生命を意味する語として、それを見たり聞いたりする人の心の躍動をも表すことになり、正月の祝宴にふさわしい賀歌となっている。なお左注に「右の一首、右中弁大伴宿禰家持が作。ただし、大蔵の政に依りて、奏し堪へず」とあり、実際には家持は大蔵省の事務に関わっていて多忙であり奏上できなかったようである。

創作のポイント

八つ者る能 初子の介ふの
多万者ゝ支 て耳とる可ら
二 ゆらく玉の乎

紙面下部にまとめ、上部は広い空間としました。右の集団では徐々に行を倒し、左の集団では背を高く。「とる可ら」と「玉の乎」の三行が一体化し、この密が上部の伸びを助長させます。そしてこの密な集合は右の集団の波動を受け、左下方へさらに沈めてゆく働きをもちます。

右から左への横展開の中に、行の「うねり」「波動」を埋め込んだ、粘りのある時間を抱えた作品です。

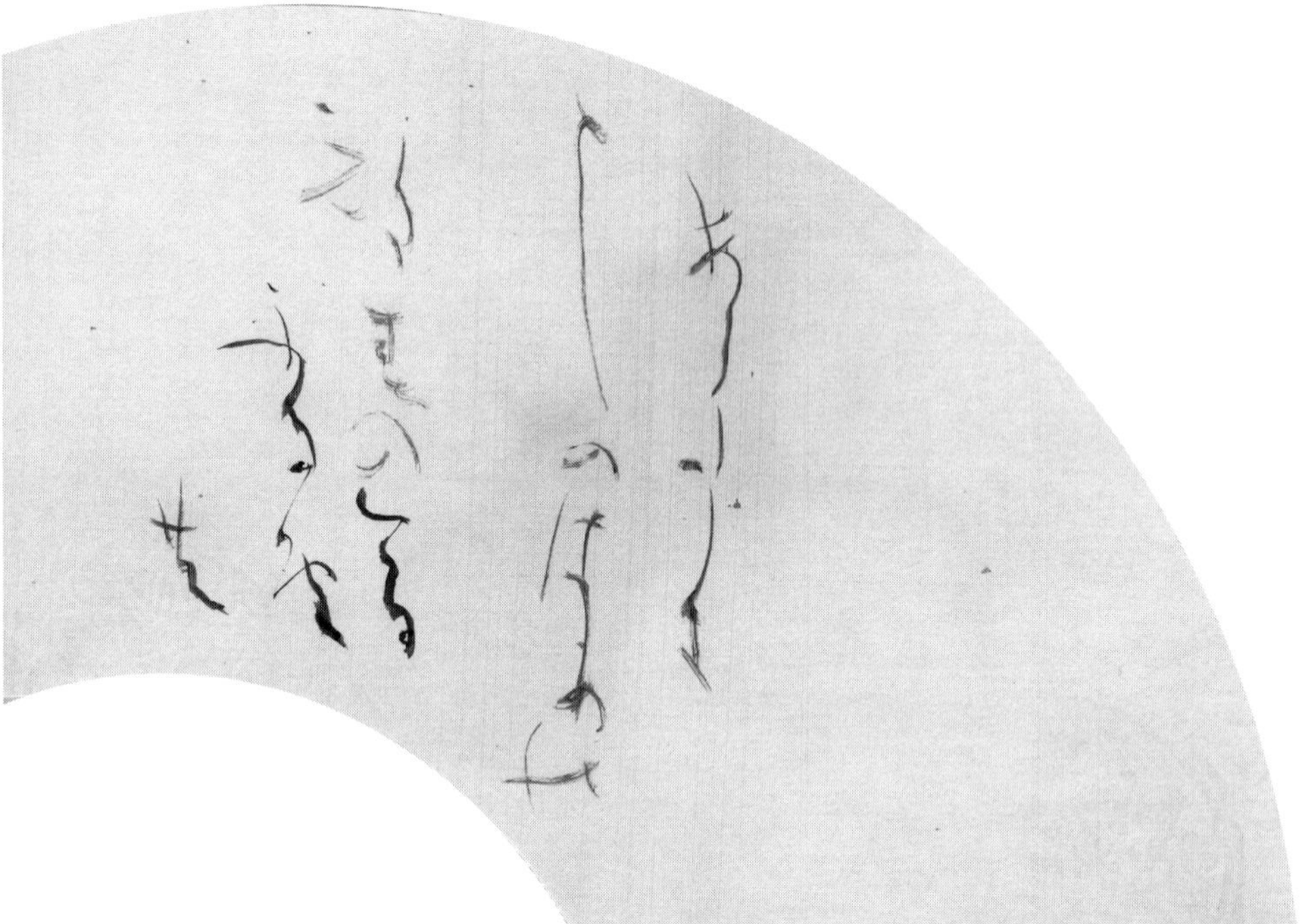

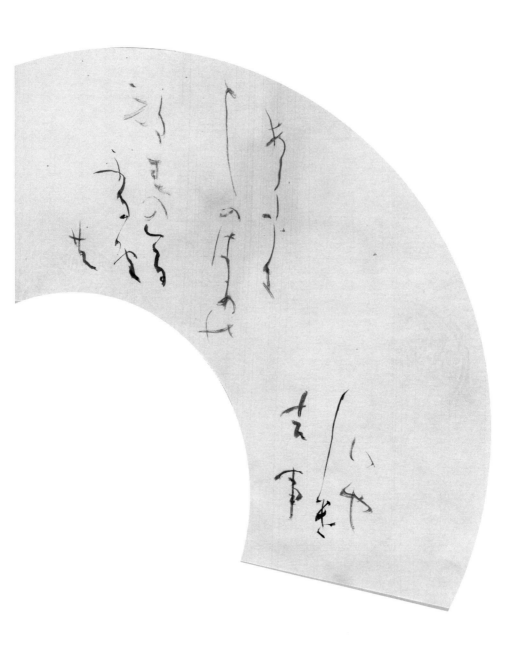

100 新《あらた》しき 年《とし》の初《はじ》めの 初春《はつはる》の 今日《けふ》降《ふ》る雪《ゆき》の いやしけ吉事《よごと》

（巻二〇・四五一六）

原文 新 年乃始乃 波都波流能 家布敷流由伎能 伊夜之家余其騰

意味 新しい年のはじめである初春の今日は、降りつもる雪のように、いよいよ重なれよいことが。

解説 題詞に「三年春正月一日、因幡国の庁にして、饗を国郡の司等に賜ふ宴の歌一首」とある。この歌を新春の賀宴の時に大伴家持《おおとものやかもち》は詠んだ。前年六月に因幡の国司となって初めて迎えた新年である。役人・郡司たちが朝拝をすませた後の宴席の場の歌で、恐らく朗誦されたのであろう。それを聞く人たちは大伴氏の族長・家持の歌として受けとめたのであろうが、当の家持は国司として新年を迎えることはすでに経験ずみである。しかし、因幡と越中の国司として置かれていた位置は違ったものであっただろう。この地に家持が来たのは政治的理由であり、いわば藤原仲麻呂政権からの追放であった。家持の深い寂寥感《せきりょうかん》が分かる。

雪が豊年のしるしとされていたから、慶賀の意を表現している。降っている雪には、めでたさと願望の意味がある。「いやしけ吉事」と言うのも期待である。明るい明日への希望のもてるものは家持には考えられない。降りしきる雪は一層暗いものとして、その気持ちにのしかかるように感じられた。家持は、望んでいない夜明けを、物悲しげにいつまでも降りしきる雪を見つめて、時間の経過を待った。この歌をもって『万葉集』は幕を閉じるが、公的な祝福の歌で終わるのも理解される。

創作のポイント

あら多し支 としのはしめ
能 初春の 今日ふる雪農
いやし遣吉事

扇形の中に大小二つの集団による構成。上の集団では、さらに二つに分割します。控えめの墨で書き出して、第二行では左右への大きな振幅を作り、左集団は密な集団としながら右下への指向を強め、太細の変化を増大させています。

下の集団では、ハーフトーンの墨色で右側の空間に溶け込ませ、墨継ぎした「し」の響きのある線が、最終行「吉事」を誘い出します。

あとがき

今回、針原孝之先生が心血を注がれたご研究「万葉集」から百首をお選びいただき、浅学の私が「かなの書」として執筆させていただく機会を得ましたことに、深く感謝申し上げます。

私自身、書と出会って四十数年の時が流れました。積み上げてきた研究と実作は道半ばですが、この百選の揮毫を通して次の一歩へ、新たな扉を開こうとする自分がいることに気付かされました。

書という営みはすべての世代の方々が経験し生涯向き合う伝統文化です。文字伝来から長い歳月を経て「かな文字」を作り、さらに高い美的水準にまで到達させた平安の人々には頭が下がる思いです。

そして平安以降、各時代に「かな美」は創出され、特に昭和における先行研究としての書作家による名作の数々は平安古筆研究の遍歴の果てであり、昭和という時代の到達点であります。ここから私共は学書の姿勢を学び、次の時代への橋渡し役を担うべく平成のかな創出に心血を注いでおります。

平安古筆の美と底流でつながることによって古典の美と現代の美の融合を目指している中で、今回の百首揮毫となった次第です。針原先生のお選びになられた万葉百首には書作として手強い歌もございましたが、行の表現では高野切第一種、関戸本古今集、本阿弥切、針切、中務集、山家心中集、香紙切れ寄添い、面構成では寸松庵色紙、継色紙、元永本古今集にゆだね、高い精神性、空間の響きを求めましたが、技においても精神においても遠く及びません。

初学の皆様には硬筆や毛筆で習っていただき、経験者の皆様には各自寄り添われている古筆、書風にて一層味付けされ執筆いただければ幸いに存じます。

本書の制作にあたりましては、特に実作のポイントについて佐藤優弘君の協力があって進めることができました。古筆や作品研究で培った解析力に感謝しています。
あわせて、この本の制作は大学以来の友、稲葉義之氏のお陰であります。心から感謝の意を捧げたいと思います。

二〇一八年一月

福島一浩

索引

針原孝之（はりはら　たかゆき）
1940年富山県生まれ。國學院大學国文学部卒業、東洋大学大学院修了。文学博士。二松学舎大学名誉教授。著書に『大伴家持研究序説』（桜楓社）『越路の家持』（新典社）、『家持歌の形成と創造』（おうふう）、『万葉集歌人事典』（共著／雄山閣出版）など。

福島一浩（ふくしま　かずひろ）
1955年東京都生まれ。明治大学商学部卒業。二松学舎大学教授。日展会友。公益社団法人全日本書道教育協会理事長。読売書法会理事。全国大学書写書道教育学会会員。葛飾柴又帝釈天全国書道コンクール実行委員長ほか。著書に『書･思索と実践』（小径社）、『寸松庵色紙』（かなの書研究会）、『書道要說（日本）』（二松学舎サービス）など。

執筆協力

清水道子（しみず　みちこ）
二松学舎大学非常勤講師。文教大学非常勤講師。

桐生貴明（きりゅう　たかあき）
茨城工業高等専門学校准教授。

佐藤優弘（さとう　まさひろ）
公益社団法人全日本書道教育協会、一浩七哲塾所属。

解説と鑑賞　書で味わう万葉百歌

2018年3月1日　第1刷発行

編著者　針原孝之･福島一浩

発行者　稲葉義之

印刷所　株式会社シナノパブリッシングプレス

発行所　株式会社 **小径社** Shokeisha Inc.
〒350-1103　埼玉県川越市霞ヶ関東5-27-17　TEL 049-237-2788
http://www.shokeisha.com/

ISBN　978-4-905350-08-8
◎定価はカバーに表示してあります。
◎落丁・乱丁はお取り替えいたします。